秀吉襲来

渡邊大門［編］
Daimon Watanabe

東京堂出版

はじめに

近年、織豊期への関心が高まっており、優れた研究が相次いでいる。とりわけ、織田信長、徳川家康に関しては、早くから奥野高廣『増訂 織田信長文書の研究』（吉川弘文館）、中村孝也『徳川家康文書の研究』（吉川弘文館）が刊行され、いち早く研究が進んだ。最近では、信長、家康の一般向けの伝記が次々と刊行され、活況を呈している。

しかし、本書がテーマとする豊臣秀吉に関しては、ようやく史料集（名古屋市博物館編『豊臣秀吉文書集』吉川弘文館）の刊行が終盤に近づいてきたばかりである。むろん、秀吉に関する研究は非常に多いものの、長らく一般向けの伝記は刊行されていない。その理由は「鶏が先か、卵が先か」のような話になるが、秀吉の史料集の刊行が進まなかったからだろう。

秀吉の時代の研究テーマは、実に多岐にわたる。古くは戦後の太閤検地論争が有名であるが、以後も刀狩り、惣無事などの諸政策、文禄・慶長の役などの対外関係史など、話題は実に豊富である。

本書がテーマとするのは、秀吉がいかにして台頭し、諸大名を屈服あるいは滅亡に追い込んだかなどの交渉や合戦である。要するに「秀吉の天下統一過程」である。その範囲は、おおむね本能寺の変が勃発し、織田信長が横死した天正十年（一五八二）六月から小田原征伐が終わった天正十八年七月までである。執筆に際しては、戦いの経過は必要最小限に抑え、秀吉が諸大名を配下に収めるまでの交渉過程に力点を置いた。これにより、秀吉の権力形成過程や天下統一の経緯を明らかにしようと試みるものである。

秀吉は天下統一を進める上で、様々な手段を講じて諸大名を従属下に置いた。例えば、毛利氏に対しては、領土画定の交渉を通して服属させることに成功した。土佐長宗我部氏や薩摩島津氏に対しては、圧倒的な軍事力をもって実際に彼らの領国へ攻め込み、降伏させた上で和睦条件を飲ませ、配下に収めた。一方で、小田原北条氏に対しては二十数万人もの大軍を動員し、直接攻め込んだ上で滅亡に追い込んでいる。いずれの場合においても、秀吉は当事者の大名のみならず、関係する諸大名と書状を取り交わして、巧みに和睦などの交渉を進めたのである。本書は、秀吉による和睦などの交渉に分析の力点を置いたのが特長である。

本書を通して、時系列（秀吉が諸大名を屈服、和睦、滅亡させた順）に沿って、秀吉の天下統一の過程をご理解いただけると幸いである。

秀吉襲来

目次

第一章　清須会議後の羽柴秀吉と柴田勝家

角　明浩

信長在世期の柴田勝家

柴田勝家は、尾張国上社《かみやしろ》村（下社村とも。名古屋市名東区）出身で、織田信勝《のぶかつ》（信長の弟）付きの家老として一時は信長に敵対したが、信勝死後は許されて、以降は信長に仕えた。信長が永禄十一年（一五六八）に足利義昭を奉じて上洛したあとは、信長の奉行人として文書を発給するなど政務に携わる。また、畿内や近江国・越前国など各地を転戦した。

天正三年（一五七五）、朝倉家滅亡後に蜂起した一向一揆を信長が鎮圧すると、勝家は越前のうち八郡（坂北《さかきた》・坂南《さかみなみ》・吉田《よしだ》・足羽《あすわ》北・足羽南・丹生《にゅう》北・今北《いまきた》西・今北東）を任された。また前田利家・佐々《さっさ》成政《なりまさ》・不破《ふわ》光治《みつはる》の三人には府中周辺の二郡が、金森長近《かなもりながちか》には大野《おおの》郡の約三分の二、原政茂《はらまさしげ》には約三分の一がそれぞれ任された（『信長公記』）。信長による新たな越前支配は、このように武将を配置して分割統治させ、また勝家が軍事指揮権を付与され、これら諸将を統率するというものだった。

勝家は、畿内から北陸地方へ抜ける際の玄関口にあたる越前の支配を強固なものとすると同時に、隣接する加賀の一向一揆、さらにその背後にいる越後の上杉家（上杉謙信）に対して、越前北庄《きたのしょう》（福井市）を本拠に織田家の北陸方面の総責任者としてその攻略にあたった。勝家は東北の伊達輝宗《てるむね》の家臣遠藤基信《えんどうもとのぶ》に宛てた書状で、自らを「北国表の警護のため越前に居置かれ候」、つまり北国の警護のために越前に置かれた、と述べている（「建勲神社文書」）。実際、勝家は天正八年から九年頃までに加賀国、また能登国を平定し、さらに上杉景勝《かげかつ》と戦って越中国のほぼ半分を攻め取っていた。

勝家の越前支配については、これまで織田権力下での家臣による領域支配の好事例として研究が進み、その支配が自律的・独立的だったか、それともあくまで信長の裁量に規制されるものだったかが議論されてきた。近年では、勝家をはじめ領域支配者には「排他的」支配権が委ねられたとし、越前での黒印状を多用した勝家の領域支配の展開は、羽柴秀吉や明智光秀の支配領域にも見られない独自のものと評価されている（丸島：二〇一二）。

なお、本書の主題である秀吉との関係で言えば、秀吉は天正元年から「木下」に代わり「羽柴」姓を名乗るが（その後も「木下」姓は通用し、また自分でも用いていた）、この姓は織田家の重臣丹羽長秀と柴田勝家のそれぞれの姓の一字を採ったものとされ、このことは竹中重門《しげかど》（重治《しげはる》の嫡男）の著書『豊鑑《とよかがみ》』にも書かれている（谷口：二〇一〇）。また天正三年八月、勝家を総大将とする北陸攻略軍において、南下する上杉謙信への対応をめぐり、陣中で勝家と秀吉が対立。秀吉が勝手に帰陣して、信長が秀吉に激怒するということもあった（『信長公記』）。

本章では、本能寺の変後から清須《きよす》会議後の政局、また勝家と秀吉の対立の顕在化、賤ヶ岳《しずがたけ》合戦、そして勝家の滅亡に至るまでを紹介する。なお、関連史料として『柴田退治記』『賤嶽合戦記』『余吾庄合戦覚書』（いずれも『続群書類従』第二〇輯下に所収）などの軍記物語があるが、これらは後世に書かれたもの（二次史料）で、特に秀吉の命で大村由己《おおむらゆうこ》が書いた『柴田退治記』をはじめ、秀吉にとって都合が悪く不利なことは書かれておらず、多分に脚色・虚飾され真実を伝えていない。そこで、こういった二次史料は補足的に用い、当時の人物の書状など同時代史料（一次史料）を中心に論じたい。

もっとも、秀吉の書状も、特に外交的なものは自分の優位性を伝えるために誇張・喧伝を交え、不利なことを隠して書いており、注意が必要である。まして秀吉は、本能寺の変後に、明智光秀を討つため中国から戻る途中で、摂津国の武将らを自軍へ引き込むために、中川清秀《きよひで》に宛てた書状にも「信長・信忠父子は本能寺を切り抜けて無事である」と虚報を伝えた（「梅林寺文書」）〝前例〟がある。

そこで、秀吉書状だけでなく、勝家本人や、勝家と秀吉に深く関わる丹羽長秀の書状、さらに当時の公家や僧侶の日記、キリスト教宣教師の書簡などを交えて追っていきたい。なお、丹羽長秀は、信長在世時の天正三年から「惟住《これずみ》」姓を名乗っているが、本章では一般的に知られている「丹羽長秀」で統一することを予めお断りしておく。

本能寺の変後の勝家の動き

本能寺の変が起こった天正十年六月二日、勝家は上杉方の越中魚津《うおづ》城・松倉《まつくら》城（富山県魚津市）を包囲している最中で、ちょうど変事の翌三日に魚津城を攻め落とした。勝家はその後、京都で起こった変事の報を六日に受けて、撤退を始め、九日に越前北庄へ帰着している。当時の通常の行軍速度は一日約四十キロ前後で、秀吉が変報を受けて引き返した「中国大返し」もそれと同程度だったという（盛本：二〇一六）が、勝家が変報を受けた越中の堺《さかい》（宮崎。富山県朝日町）から北庄まで約百九十キロの距離であれば、長く見積もって四日としても、一日平均約五十キロもの進軍速度であり、勝家の北庄への帰還のほうが、秀吉の「中国大返し」以上の強行軍だった（金子：二〇一六）。

本能寺の変直後の勝家の動きについては、これまで藤田達生氏や金子拓氏らによって論じられてきたが、近年では大河内勇介氏が、丹羽長秀の動向も交えて関係史料を考察しながら総括している。勝家が明智光秀討伐に間に合わなかった主な理由として、

①秀吉と比べて遠方の魚津城に在陣して変報を聞くのが遅くなり、急いで北庄に戻っても、京都までの行軍距離を考えると軍勢を休ませる必要があった。

②上杉方の追撃に警戒する必要があり、実際に上杉方が盛り返していて迂闊に動けなかった。

③明智方に近江を押さえられ、迂回ルートの若狭国高浜《たかはま》（福井県高浜町）から大坂にいる長秀と連

絡をやり取りする必要があった。

④若狭で牢人衆が蜂起した。

などが挙げられる。

秀吉に比べると、地理的に、かつ取り巻く情勢が悪かったのである。また、その状況下でも、長秀を通じて勝家と秀吉の情報共有が図られており、長秀が織田家中における情報伝達の結節点になっていたという(大河内:二〇二二)。

なお、六月十日付け溝口半左衛門尉らに宛てた勝家書状に「上様御存生の内の御覚悟共を相育むべき事」(「溝口半左衛門家文書」)、年月日未詳の勝家書状に「御在世の御置目を相育み、各相談の上をもって、四海御静謐の儀必定たるべく候」(「泰巖歴史美術館所蔵文書」)という文言がある。信長在世時の「覚悟」や「置目」を「相育」む、すなわちその施策や法を継承発展させ、家臣が相談して事を進めれば天下静謐が叶うと構想しており、織田家に忠実だった勝家像と共に、すでにこの時点で、のちの清須会議に繋がる考えを持っていたことが注目されるという(大河内:二〇二二)。

清須会議

本能寺の変による、織田権力の中枢だった信長・信忠父子の急死を受けて、天正十年六月二十七日(諸説あり)に、その後の織田家の体制をどうまとめるか、家臣による会合が行われた。この会合は尾張国清須（愛知県清須市）で行われたことから、その地名を採って「清須会議」と呼ばれる。清須会議およびその後の政治過程については、尾下成敏氏や加藤益幹氏、近年では金子拓氏、谷口央氏、柴裕之氏、渡邊大門氏らの成果があるので、それらに学びつつ、秀吉と勝家の動向や関係を中心に見ていきたい。

奈良興福寺《こうふくじ》の僧侶多聞院英俊《たもんいんえいしゅん》の日記には「天下の様、柴田・羽柴・丹羽五郎左衛門・池田紀伊守・ホリ久太郎、以上五人シテ」（天正十年七月六日条）とあり、会議には柴田勝家・羽柴秀吉・丹羽長秀・池田恒興《つねおき》・堀秀政《ひでまさ》の五人が参加したという。実際に六月二十七日付けの蒲生氏郷《がもううじさと》への知行宛行状（「本居宣長記念館所蔵文書」）、高山重友《しげとも》への知行宛行状（「塚本文書」）、堀秀政への知行宛行状写（「延岡堀文書」）、また同日付けで上下京中に「洛中政道」について述べた連署状写（「小西康夫氏所蔵文書」）には、それぞれ勝家・秀吉・長秀・恒興が連署している。

さらに、秀吉が十月十八日に、斎藤利堯《としたか》（斉藤道三の子。織田信忠の家臣）・岡本良勝《よしかつ》（信長の三男信《のぶ》孝《たか》の家臣）に宛てた書状に、清須で談合し、織田家家督である三法師（信忠の嫡男）を盛り立てようと定めた「四人之宿老共」、と書いてあることから（「金井文書」）、勝家・秀吉・長秀・恒興の四人が会議に参加していたことは間違いないだろう。

なお、彼らと同じく織田家の重臣で、上野国と信濃国佐久《さく》・小県《ちいさがた》二郡を与えられ、関東方面の責任者を担っていた滝川一益《かずます》は、本能寺の変後に敵対した北条氏政《うじまさ》の軍と戦い、持ちこたえるも、神流《かんな》川《がわ》合戦で敗れて、本領の伊勢国長島《ながしま》（三重県桑名市）に帰国。清須会議には出席できなかった。

ところで、本能寺の変で信長と共に亡くなった嫡男信忠には弟がいた。信長の二男信雄《のぶかつ》と、三男信孝である。信雄は永禄元年（一五五八）に生まれ、その母は兄信忠と同じく生駒《いこま》氏であり、信忠の嫡男三法師から見れば直接の叔父にあたる。信長から伊賀国三郡を与えられていたが、本能寺の変後は、伊賀国衆の不穏な動きから軍を進められず、近江日野《ひの》城（滋賀県日野町）を支援するのみで、直接、明智光秀討滅に参加できなかった。

信孝は信雄と同じ永禄元年の生まれであり、母は坂《さか》氏で、信忠・信雄とは異母兄弟にあたる。一門衆の序列としては信忠や信雄より下位にあった。本能寺の変の際は、ちょうど四国の長宗我部《ちょうそかべ》氏討伐の総大将として丹羽長秀と共に大坂におり、四国へ渡る直前だった。変のあとには長秀と共に光秀の娘婿である津田信澄《つだのぶずみ》（信長の弟信勝の嫡男）を殺害。備中国から戻ってきた秀吉軍と合流し、主将として山崎合戦で明智軍を破った。先の秀吉書状（「金井文書」）によれば、清須会議後に決定事項を信雄・信孝兄弟に報告し、了承を得ているので、両者は会議の場にはいなかったという（柴：二〇一八）。

ところで、清須会議についての一般的なイメージは、会議で信雄と信孝が後継者の地位をめぐって争い、信孝を織田家の後継者として推す勝家に対して、光秀討滅の功績があった秀吉が、信忠の遺児三法師が後継者となるのが筋であることを主張。これに丹羽長秀や池田恒興らほかの宿老も同調し、三法師が後継者に決まったというものである。これは、江戸時代中期に書かれ、庶民に広く読まれた『絵本太閤記《えほんたいこうき》』によるもので、同書では、すでに懐《なつ》いていた三法師を秀吉が抱き、会議列席の諸将の上座に座り、後継者である三法師に平伏する諸将があたかも秀吉に平伏しているような様子が、ドラマチックに描かれている。

しかし、小瀬甫庵《おぜほあん》の『太閤記』や、『絵本太閤記』のもとになった『川角《かわすみ》太閤記』、また『細川忠興軍功記』『総見記』『惟任謀叛記』（『惟任退治記』）などの二次史料の記述を一覧すると、おおよそ①織田家の家督は三法師が継承、②信雄に尾張国が与えられる、③信孝に美濃国が与えられる、④以後は羽柴秀吉・柴田勝家・丹羽長秀・池田恒興の四人が政務を執る、といった点が共通しているという。従来言われてきたような信雄・信孝の家督争い、秀吉と勝家の確執は多少描かれているものの、我々が今日知るよう劇的なものではなく、それらは『絵本太閤記』といった江戸時代の創作物や二次史料をもとに、歴史小説やドラマ・映画などで誇張されたものだという（渡邊：二〇二〇）。

会議では、織田家の家督を継承するのは三法師と正式に決まっており、実際に問題になったのが、未だ幼少の三法師の「名代」を信雄と信孝のどちらが務めるかだった。光秀討伐には関わらなかったが、三法師との直接的な血縁から立場の死守を目指す信雄と、仇敵の光秀を討滅した功績を楯に立場の上昇を求める信孝とが、三法師が幼少であるための暫定的な家督の名代の地位をめぐってぶつかり合ったのである（柴：二〇一八）。この兄弟はのちのちまで対立を続け、やがて秀吉と勝家の争いに繋がり、ひいては織田家の体制そのものにも大きく影響を与える。

会議では、信長・信忠父子の死去や光秀の討滅により、領有者が不在となった所領の配分も協議された。その結果、信雄は尾張、信孝は美濃、勝家はこれまでの越前に加えて近江長浜領、堀秀政は近江中郡、丹羽長秀はこれまでの若狭に加えて近江高島郡・志賀郡、池田恒興は摂津の大坂周辺、秀吉

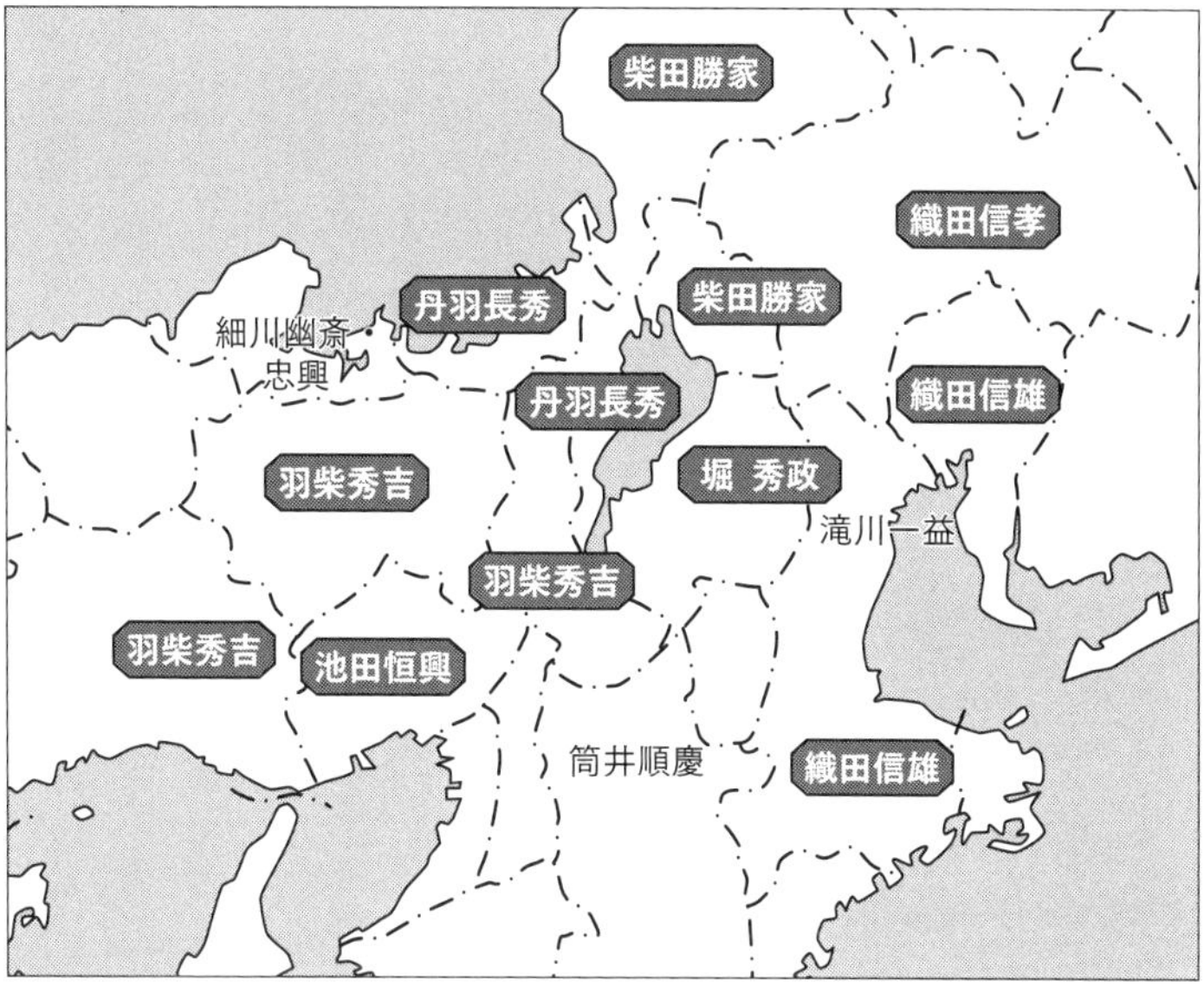

はこれまでの播磨国に加えて山城国・丹波国・河内国東部と、それぞれ所領を得た。『多聞院日記』が「分取ノ様」（天正十年七月六日条）と記すように、まさに諸将による織田領国の再配分だった（地図）。

　この結果、織田家内で勢力を一層伸張させたのは、山城を得て京都の統治にも関わるようになった秀吉である（柴：二〇一八）。『多聞院日記』はこの会議について「ハシハ《（羽柴）》カマヽノ様也」（天正十年七月七日条）、つまり秀吉の思い通りの様としている。光秀討伐の主力になったことが、会議での大きな発言力の背景となり、秀吉に優位な結果をもたらしたことが窺えよう。

　なお、『多聞院日記』では「名代ナシニシテ、五人シテ異見申モリタツヘシ」（同月同日条）とあり、三法師が織田家の主体となり、その名代は信雄・信孝いずれにも決せず、今後は三法師を支える宿老（勝家・秀吉・長秀・恒興）と三法師の傅役《もりやく》である堀秀政らによる合議のもとで、統治運営を進めることになった。この、信長死後も続く織田家中の体制を「織田体制」（堀：二〇一〇）と言う。

対立の兆し

清須会議後、いくつかの問題が生じていた。まずは関東から帰ってきた滝川一益が、これまでの伊勢五郡に加えて、さらなる所領の加増を求めていた。しかし、清須会議での所領再配分も終わったばかりで、一益の所領加増要求への対応がなされないまま、不満を持った一益は、のちに勝家・織田信孝に接近し、再起を図る（柴：二〇一八）。

また、尾張を領する織田信雄と、美濃を領する信孝の間で国境をめぐる争いが生じていた。信雄は尾張・美濃の国境を本来の両国の範囲で境を定める「国切」を主張。一方の信孝は、木曾川を両国の国境とする「大河切」を主張していた。信孝は美濃の可児《かに》郡・土岐《とき》郡・恵那《えな》郡南部を割譲することも提案したが、信雄は「国切」にこだわった。両者は解決を宿老衆に求めたが、秀吉は八月十一日付け丹羽長秀宛ての書状で、信孝が要望する「大河切」で国境を定めるべきとし（「専光寺文書」）、一方で勝家は、九月三日付け長秀宛ての書状で、所領の確定にあたって信雄・信孝双方から奉行を出して直接調査・決定することに言及（「徳川記念財団所蔵文書」）している。この時点で、秀吉は信孝の意に沿う努めていたのである（加藤：二〇〇六）。

さらに、織田家家督である三法師の所在をめぐって対立が生じていた。かつて信長が座した城で、織田家家督者が入るべき近江安土城（滋賀県近江八幡市）は、山崎合戦後の混乱で焼失していた。そこで、三法師は安土城修築の間、叔父信孝の後見のもとで美濃岐阜城（岐阜市）に置かれていた。秀吉は先の八月十一日付け長秀宛て書状で、安土城修築を急がせていた（「専光寺文書」）が、一方で勝家は長秀宛て書状で、三法師は幼少であり、安土城への移徙《いし》を急ぐ必要はなく、修築が終わってから移るのが世間体としても良いとしていた（「徳川記念財団所蔵文書」）。秀吉が安土城の普請と三法師の動座を急いでいたのに対し、勝家は慎重な姿勢をとっていたのである（柴：二〇一八など）。

なおこの頃、京都の公家や門跡・寺社は、信長が死去し、織田家内で代替わりがあったことで、信孝を後継者と見なし、所領保証や訴訟解決を信孝に求め、信孝もこれに積極的に応えて「継目安堵」を行っていた。秀吉が三法師の安土移動を求めたのも、信孝に名代としての大義名分を与えないためだった（山崎：二〇一五）。清須会議の結果、山城を領して京都における訴訟などを裁許する立場にあった秀吉にとっては、信孝のこうした動きは見過ごせず、信孝から三法師を引き離そうと焦燥感に駆られていたのだろう。

ところで、先ほど紹介した秀吉と勝家の書状を見ると、秀吉から丹羽長秀に意見を出して、それが勝家に伝わり、勝家の返事も長秀に出されている。つまり、長秀のもとに意見が集まり、その意見を各宿老に伝える形だった（谷口：二〇一六）。本能寺の変直後も、長秀を通じて勝家と秀吉の情報共有が図られていたことを先に紹介したが、清須会議後も、長秀が勝家と秀吉の結節点になっていたのである。キーマンとなった長秀の去就は、のちに勝家の運命を大きく左右する。

十月六日、勝家は堀秀政に書状を送った（『南行雑録』）。その中で勝家は、秀吉の勝手な行動に対する苦情、三法師が岐阜城に置かれるに至った経緯、また勝家自身が織田家のために働いていることなどを述べている。さらに、信長死後に背信して敵対した北条氏と徳川家康が戦っていることを述べ、内輪争いをやめて四方の敵に向かうべきなのに、新たに山崎（京都府大山崎町）に城を築いた秀吉を「御分国の内に私のため新城を構え、種々の雅意、何を敵と仕り、かくの如く候哉」と、誰を敵にするつもりかと厳しく糾弾している。そして「上様」（信長）が苦労して治めた「御分国御仕置」を守るべしとし、挙句の果てては「友喰ニテ相果テシ、人之国ニナスヘキ哉」と、内輪揉めで共に滅んで国を奪われてしまうと警鐘を鳴らしているのである。

なおこの勝家書状の一条目に「羽筑《（秀吉）》と申し合わす筋目、相違無き事」「縁辺之儀、いよいよその分に候」とあり、具体的なことは不明だが、秀吉との申し合わせで「縁辺」（＝婚儀）のことが決まったとある。これは、勝家と信長の妹であるお市の方との結婚を示していると思われる。

お市の方はかつて、近江の浅井長政《あざいながまさ》のもとに嫁いでいたが、天正元年に小谷城《おだに》（滋賀県長浜市）が落城して長政が滅亡した際、彼との間に生まれた三姉妹と共に信長のもとへ戻っていた。勝家とお市の方との婚姻の時期については、清須会議後というのが一般的だが、実は小谷落城後のいつのことか、正確なことは不明である（谷口：二〇一〇）。従来は、秀吉と勝家がお市の方との再婚をめぐって争い、織田信孝が仲介してお市の方を勝家に娶らせたというが（桑田：一九八五）、先の勝家書状によれば、勝家は秀吉との話し合いでお市の方と再婚していたようである。

秀吉が、十月十四日に信孝の家臣幸田彦右衛門・岡本良勝に宛て（国立公文書館蔵「松花堂式部卿昭乗留書」）、同じく十八日に斎藤利堯・岡本良勝に宛てて（「金井文書」）、自らの正当性と信孝への取り成しを頼んだ書状に、それぞれ「柴田（勝家）と拙者の間柄の儀、何とや覧聞し召すに及ばれ、扱仰せらるべきの旨、忝き次第に候」あるいは「柴田・我らの間柄、何とや覧聞し召され、御肝煎ならるべくの由、忝く存じ奉り候」とあり、自らと勝家の関係について心配をかけたこと、また仲介の提案を謝した上で、誓紙血判に相違があってはいけないと述べている。つまり、天正十年十月の段階で、秀吉と勝家の間に何らかの緊張感が漂い、それが周知のものになっていたことがわかる。

この時、秀吉と勝家が話し合っていたのは、信孝が三法師を抑留したまま手元に置いていた件であると思われる。秀吉はいち早く三法師を安土へ帰還させたいと思い、信孝は秀吉が敢行した信長の葬儀（後述）に参加せず、秀吉との関係もこじれていた。秀吉は先の書状で、信長の厚恩を受けたことを重ねて記し、書状を信孝に披露することを頼んでおり、秀吉はこの時点でまだ、誤解を解き、信孝との関係修復を願っていたと考えられる。秀吉と信孝の間に対立の兆しが見え、秀吉の行動に勝家が不信感を募らせていたのが、この頃の状況だったが、まだ信孝と勝家が共闘して秀吉に対抗しようとした史料や形跡は確認できない（尾下：二〇〇六など）。

秀吉一派の形成と信雄擁立

一方で秀吉は、九月十八日に京都で丹羽長秀・堀秀政・長谷川秀一《はせがわひでかず》（秀政と同じく信長の側近）と会談しており（『言経卿記』など）、また二十日にも長秀と会談をしている（『兼見卿記』）。さらに、十月二十一日に家臣の小出秀政《こいでひでまさ》らに宛てた秀吉書状によると、秀吉は摂津の高山右近《うこん》・中川清秀《きよひで》、大和国の筒井順慶《つついじゅんけい》、さらに河内の三好康長《やすなが》や若江《わかえ》の多羅尾常陸介《たらおひたちのすけ》・野間長前《のまながさき》・池田教正《のりまさ》らから人質を徴収し、池田恒興や長秀と懇意の間柄であることを記している（「相州文書」）。また、丹後国の長岡（細川）幽斎も秀吉が主催した信長の葬儀に参列しており、この時点で、秀吉がこれらの武将たちと一つの政治グループを形成していたことがわかる（尾下：二〇〇六）。

なお、秀吉は九月より信長の葬儀の準備を進めていたが（「大徳寺文書」）、十月十五日に京都大徳寺《だいとくじ》（京都市北区）にて信長の葬儀を挙行し、秀吉自ら信長の太刀持ちを務めた（『晴豊公記』など）。五山やほかの諸寺の僧侶も出て、丹羽長秀より名代三人が出席し、長岡幽斎も上洛したという。なお、興福寺蓮成院《れんじょういん》の僧侶が記した『蓮成院記録』によると、滝川一益、長秀、勝家、信孝の名代池田恒興らが上洛したが抑留された、つまり葬儀には出られなかったというが、詳細や真偽は不明である。

この葬儀に先立ち、九月十一日には、お市の方と信長の乳母が、信長の百日忌を行った（『月航和尚語録』）のをはじめ、翌十二日には、信長の四男で秀吉の養子になっていた秀勝《ひでかつ》が大徳寺で百日忌を催した（『法用文集』）ほか、阿弥陀寺の清玉も信長・信忠父子の百日忌法会を行う（『言経卿記』）など、信長の親族や関係者によって信長の百日忌が行われており（渡邊：二〇二〇）、大徳寺での信長の葬儀にしても、事実上は秀吉主催の葬儀だった。

その後、事態は急展開を見せる。秀吉が十一月一日に徳川家康の家臣石川数正《かずまさ》に宛てた書状によると、畿内の諸将から人質を取っていること、また毛利家ともうまくやっていることを述べると共に、「柴田《（勝家）》の所行をもって、三七殿《（織田信孝）》御謀叛を企まれ候条、この上は惟五郎左衛門尉《（丹羽長秀）》・池田勝三郎《（恒興）》・我ら申し談じ、三介殿《（織田信雄）》を御代に相立て馳走申すべくに大方相究まり候」と述べ、勝家の行いによって織田信孝が謀叛を企んだので、丹羽長秀・池田恒興と図って、織田信雄を新たに織田家の家督にしたと伝えている（「小川文書」）。

尾下成敏氏によると、これは「三法師を織田家督として擁立した清須会議の決定事項を反故にするもので、かつ信雄・秀吉・惟住・池田等によるクーデター」（尾下：二〇〇六）であり、三法師の名代を置かないとした清須会議での決定を覆したことになる（渡邊：二〇二〇）。また、あくまでも秀吉の主張だが、勝家によって信孝が謀叛を企んだという言説が、初めて登場しているのも注目される。

実際、このあと北伊勢で反旗を翻した滝川一益の討伐のために秀吉が出陣した際、秀吉は書状に「今日廿八日、殿様《（信雄）》此表へ御出張成られる事」（二月二十八日付け藤井主計宛て書状「近藤文書」）、「峯《（峯城）》の儀は殿様《（信雄）》御人数仰せ付けられ」（三月十日付け村上勝頼宛て書状「秋田藩家蔵文書」）と、一緒に出陣した信雄を「殿様」と呼称している。秀吉は織田家家督である信雄を立てると共に、のちに主筋の信孝を攻める際にも直接攻撃はせず、また勝家を滅ぼしたのち、信孝への攻撃から切腹に至るまでも、秀吉自らではなく信雄によって実行されたという（谷口：二〇一六）。

秀吉の挙兵と柴田勝豊の降伏

勝家を抜きにして進められた清須会議路線の変更により、排除された形の勝家・信孝と秀吉派両陣営の対立は、天正十年末に顕在化する。秀吉は織田家当主となった信雄を安土城へ迎え入れることを名目に兵を挙げた。蜂須賀正勝《はちすかまさかつ》・黒田孝高《よしたか》に秀吉が宛てた十二月七日付け書状には「三介殿《（信雄）》御迎えのため、江州へ明後日相越し候条」とあり（「黒田家文書」）、宇喜多八郎《うきたはちろう》（のちの秀家《ひでいえ》）に宛てた秀吉書状にも、信雄を迎えるため、近江の瀬田《せた》城（滋賀県大津市）や安土城・山崎城に兵を入れ、十一日には佐和山《さわやま》城（滋賀県彦根市）に入ったことが書かれている（「小早川家文書」）。

宇喜多八郎宛て書状には、さらに「江州北郡表へ人数打ち出し、長浜の儀、すでに取り詰めるべきと存じ候処に、柴田《（勝家）》かたより何様にもこのほう次第の由候て、金森五郎八《（長近）》・中村掃部を差し上げ候、向後は別儀有るまじく乞い請けるため、柴田伊賀《（勝豊）》人質を出し候間、是非に及ばず」とあり、秀吉は北近江にも兵を向けて、柴田勝豊《かつとよ》（勝家の甥にして養子）がいる長浜城も取り囲んだことがわかる。十二月晦日付けで平塚三郎左衛門尉に宛てた書状にも「三七殿《（信孝）》・柴田《（勝家）》何かと在る由候間、江州北郡へも人数打ち出し候処、柴田伊賀《（勝豊）》人質出し候間、是非に及ばず和睦せしめ候」とある（「鎌田善弘氏所蔵文書」）。先の書状と合わせて、江北（北近江）を取り囲んだところ、勝家より和睦の使者として金森長近《かなもりながちか》・中村掃部《かもん》が来て、今後は別儀なく秀吉次第だと言ってきて、勝豊も人質を出したので、和睦に応じたというのである。また、秀吉が江北に兵を進めたのは、信孝と勝家に何か企みがあったということが、その名目上の理由だったようだ。

その後、秀吉は丹羽長秀や池田元助《もとすけ》（恒興の嫡男）らの軍勢を加えて美濃へ進軍し、十二月十六日に大垣城《おおがき》（岐阜県大垣市）へ入った（「西尾英吉氏所蔵文書」）。稲葉《いなば》氏をはじめとする西美濃衆は、秀吉に人質を出して従属（「小早川家文書」）。その後、尾張から出陣した信雄も加わり、信孝の籠もる岐阜城を取り囲んだ。信孝は秀吉に抗戦できず、清須会議以後、約半年にわたって留めていた三法師を秀吉に渡し、また母親の坂氏も人質に出した（『兼見卿記』など）。三法師は安土城に移り、こうして「織田体制」は、当主信雄とそれを補佐する秀吉・丹羽長秀・池田恒興の宿老衆のもとに再始動する（柴：二〇一八）。実際、十二月二十一日に遠山佐渡守宛て（「安土城考古博物館所蔵文書」）、また和田光明宛て（「小里家譜」）、十二月二十六日に小島民部少輔に宛てて（「小島文書」）、秀吉・長秀・恒興による連署状が出されている。

かつて勝家は、清須会議で秀吉の旧領だった近江長浜領を得たにとどまったが、長浜領の獲得により、越前を中心とした勝家領国と、織田領国の中央拠点だった近江国安土に通じた結節地域を押さえていた（柴：二〇一八）。清須会議後、長浜城主となった柴田勝豊は、天正十年八月二十四日に、阿閉《あつじ》貞征《さだゆき》の旧領と浅井郡錦織《にしごり》郷から二千石を大澤次郎左衛門尉に宛行い（「士林証文」）、竹生島《ちくぶじま》に浅井郡早《はや》崎《ざき》村の百石を寄進（「竹生島文書」）。また同二十八日に浄信寺《じょうしんじ》へ毎年二十石の寄進を約している（「浄信寺文書」）。秀吉からすれば、信孝がいる美濃への出兵途上、勝家の勢力圏だった長浜がある江北を通過する上で、いざという時に背後を取られる恐れがあり、長浜を攻略する必要があったのだろう。

この頃、柴田勝豊は病身だったが、天正十一年に勝家と秀吉が直接対峙する賤ヶ岳《しずがたけ》合戦においては、手勢を出して秀吉方に与《くみ》することになる。例えば、丹羽長秀は二月二十七日に秀吉へ宛てた書状で、勝家が越前から出てきても、海津口《かいづぐち》には「柴伊」（柴田勝豊）「久太」（堀秀政）がいるので安心してほしいと伝えており（「上野五左衛門氏所蔵文書」）、また三月晦日付けで羽柴秀長《ひでなが》（秀吉の弟）に宛てた秀吉書状）からも、秀吉陣営に「柴伊衆」（勝豊勢）がいることがわかる（「長浜城歴史博物館所蔵文書」）。勝家が秀吉と対峙する上で、長浜を取られた点と合わせても、勝家にとっては痛恨事だった。

なお、『武家事紀』や『柴田退治記』『賤嶽合戦記』などの二次史料によると、勝豊はもともと勝家の養子だったが、勝家に実子権六《ごんろく》ができたあとに疎んじられたことや、折り合いが悪かった勝家の甥佐久間盛政《さくまもりまさ》が重用されたことなどにより、勝家を裏切り、秀吉に降伏したと書かれているが、実際のところは不明である。

天正三年八月に、信長が一向一揆を鎮圧して越前を再平定した際、勝豊は信長より豊原《とよはら》（福井県坂井市）を与えられ（「越前国相越記」）、その後、豊原から西方に城を築いた。現存天守の一つである丸岡《まるおか》城（同坂井市）である。松浦義則氏によると、「北庄城と豊原城を拠点とする柴田父子が国内の一向一揆に対抗するという構想」が信長によって命じられ、「越前国内の一向一揆の脅威が弱まると、加賀の一向一揆に対する防衛と攻撃の拠点として」「坂井平野を望む丸岡の地位が重要に」なるといい、また丸岡城主の勝豊も方面軍の重要な戦力だったという（松浦：二〇一九）。勝豊が信長在世期からの勝家方の主力武将だったのは間違いない。

勝豊宛ての勝家書状

ところで、柴田勝家が天正十一年（一五八三）と思われる閏正月二十九日に書いた書状（「大阪城天守閣所蔵文書」）がある。宛所は擦り切れて一部読めないが「□賀守□」とあり、文章の内容からも「伊賀守殿」、すなわち柴田勝豊に宛てたものとわかる。

書状ではまず、本日の夕刻に「松江」なる人物が到着し、いろいろと様子を聞いて書状も読んでいるとする。次に「煩《わずらい》之儀」、つまり病気について、快方しているとのことで満足していると伝える。もともと勝豊は、天正十年末に秀吉に攻められた時から身体の調子が悪かったようで、秀吉も翌十一年三月二十一日に、医者の曲直瀬正紹《まなせまさつぐ》に宛てて、勝豊が上洛するので同道して治療に専念させるよう申し付けている（「慶應義塾大学図書館所蔵文書」）。もっとも、療養の甲斐なく勝豊は、賤ヶ岳合戦で勝家・秀吉両軍が対峙している最中の四月十六日に、京都で病歿する（『寛政重修諸家譜』）。

書状は続いて「上方衆働きの事に候、慥《たし》かな旨追々相聞こえ候旨、この方へも致し候」と、「上方衆」つまり秀吉軍の動きを聞いていると伝える。そして「四か国人数昨日より召し集め候」とあり、「四か国」おそらく勝家とその麾下《きか》にある前田利家や佐々成政らの所領である越前・加賀・能登・越中の軍勢を集めていることを述べている。さらに「その方家中の人質共の事、おのおの遁れ出立し候段、神妙に候」と続き、「三日には出馬すべく候」と、二月三日には出馬する予定を伝えている。

一見すると、すでに前年の十二月に勝豊が秀吉に降伏しているのを勝家が知らず、味方と信じて出した書状のように見え、これまでも本書状はそのように説明されてきた。しかし、この書状が閏正月二十九日に書かれていることを考えると、勝豊の降伏から一ヵ月以上経ち、ましてや勝家は「上方衆」の軍事行動を聞いているのに、隣国近江の長浜城が攻略された旨を知らなかったということが、果たしてあるのか疑問に思われる。先述の通り、秀吉書状によると、十二月に勝家からの使者として金森長近や中村掃部が来て和睦を結んだとある。勝豊が降伏していたのなら、勝家は秀吉に遣わした使者を通じてそのことも知っているはずで、この段階で勝豊の降伏を知らなかったとは考えにくい。

しかも「その方」（＝勝豊）の「家中の人質」が逃げ出したことを、勝家が「神妙」と褒めているのも不思議である。この「人質」とは、秀吉に長浜城を攻められた際、勝豊が秀吉のもとに出した人質のことだと考えられる。つまり、秀吉方に出した人質が密かに逃れたことを喜んだという意味ではないだろうか。

のちに秀吉と勝家が江北で対陣する賤ヶ岳合戦の最中、四月三日付け羽柴秀長宛ての秀吉書状では、前線の秀長に対して戦略の指示を行っているが、その二条目で陣営砦《とりで》の火の用心の徹底を指示しており、「伊州（勝豊）取出（砦）」すなわち勝豊勢の砦に何事かでも起これば外聞が悪い、と念を押している（「長浜城歴史博物館所蔵文書」)。旗色が明確でない柴田勝豊の宿老たちの動向に、秀吉が気を揉んでいたという(太田：二〇一八)。また、先に紹介した二月二十七日付け秀吉宛ての丹羽長秀書状でも、長秀は「柴伊(勝豊)煩《わずら》いの儀候て、拙者よりも使者附け置き、諸事由(油)断無き様に念を入れ申し候」と伝えており(「上野五左衛門氏所蔵文書」)、秀吉も長秀も勝豊勢の動向に気を払っていたことがわかる。

実際、勝家との対陣中に懸念していたことが起こった。勝豊の宿老の一人である山路正国《やまじまさくに》が勝家方の調略に応じて内通したのである。これは『柴田退治記』など軍記物語でしか知られていなかったが、四月十八日に中川清秀・羽柴秀長・高山右近・堀秀政へ宛てた秀吉書状(『当市(和歌山)玉井氏所蔵品売立目録』掲載文書)に「山路将監(正国)謀叛を構え、火を付け退去し候」とあり、一次史料からも裏づけられる。

本書状によると、勝豊勢がいた陣所には「この方者」、つまり自軍の者を入れ替えて、勝豊勢は元の陣に戻したという。また、山路の内通により「伊州(勝豊)の家中の者共、悉く疑われ候条」「由(油)断候ては沙汰の限りに候也」(＝油断してはならない)と書かれており、勝豊の家中が嫌疑の目を向けられていたことがわかる。病で自身が出陣できない勝豊はともかく、戦陣にある勝豊勢は決して一枚岩で秀吉勢に与していたわけではなかったようである。

先の勝豊宛ての閏正月二十九日の勝家書状からは、秀吉による長浜開城後も勝家が勝豊と連絡を取り合って、戦局の巻き返しを図ろうとしていたことが窺えないだろうか。また、書状の日付から考えると、勝家は天正十一年の正月下旬には「四ヶ国」の兵を集めて、二月には出陣しようと考えていたことがわかる。

そして開戦へ

勝家が勝豊に書状で、二月には出陣する旨を伝えた日から少し前の天正十一年閏正月十二日、興福寺の英俊は、大和の筒井順慶が安土の織田信雄のもとに秀吉と挨拶に出向いたことを記し、「東国の様、滝川《（一益）》・家康《（徳川）》・三七殿《（織田信孝）》・柴田《（勝家）》以下、大旨一味せしめ、雪消えば打ち出すべきの由沙汰あり」（『多聞院日記』）と、勝家・織田信孝・滝川一益、それに徳川家康が一味となって、雪解けと共に兵を出すという噂を書き留めている。勝家らの挙兵は公然と世上に語られていた。

秀吉は二月九日に宇喜多八郎（秀家）に宛てた書状で、長浜城は勝豊の宿老共が人質を七人出したので事が済んだと述べ、「直ちに越州へ押し込むべき処、雪深き候条、是非無く候」と書いている（「小早川家文書」）。つまり、すぐに越前を攻めようとしたが、雪が深いためにできなかったというのである。逆に、雪さえなければ、すぐに越前へ攻め込むつもりだったとも言える。

先に紹介した天正十年十二月十八日に宇喜多八郎に宛てた書状（「小早川家文書」）や十二月晦日に平塚三郎左衛門尉に宛てた書状（「鎌田善弘氏所蔵文書」）では、信孝と勝家が共謀したので江北にも兵を出したところ、勝家から和睦の申し出があったので、長浜の勝豊から人質を取って横山《よこやま》（滋賀県長浜市）に城を構えたことが書かれていた。また、年が明けた正月十七日に小早川隆景《こばやかわたかかげ》へ宛てた書状の写し（徳川林政史研究所所蔵「古案」）にも同様のことが書かれていたが、これらの書状には越前を攻めることは書かれていなかった。つまり、二月九日付けのこの宇喜多八郎宛て書状で、「越前を攻める」旨の文言が明記されているのである。

勝家と秀吉、それぞれの書状から、少なくとも勝家は、天正十一年正月下旬には兵を率いて南下しようと考えており、秀吉は、二月には場合によっては越前へ攻め込むつもりだったことがわかり、両者共に出兵も辞さないと考えたのは、天正十一年一月後半から二月前半頃だったことが窺える。天正十年十二月に秀吉が美濃を攻める途上で江北を攻めた際、勝家と秀吉はいったん和睦を結んだものの、その後、年が明けても両者の関係は改善・修復されず、共に開戦を決意したのだろう。

二月に秀吉は、反旗を翻した滝川一益を討伐するために北伊勢へ出陣し、亀山《かめやま》城・峯《みね》城（三重県亀山市）・国府《こう》城（同鈴鹿市）を取り囲み、さらに二月二十八日には信雄も峯城の攻撃に加わる（二月二十八日付け藤井主計宛て秀吉書状「近藤文書」）。この動きを見て、ついに勝家は兵を挙げることになる。

なお天正十一年、衝突が避けられないことを知った両者は、周辺勢力を味方につけるべく外交戦を進めている。秀吉は越後上杉氏の家臣須田満親《すだみつちか》宛ての二月七日付け書状で、上杉景勝と信雄との和睦と誓紙について伝え、また同じく満親宛て三月十七日付け書状を通して景勝に、勝家の背後を脅かすべく越中への進攻を要請し、能登・越中は上杉方次第としている（「須田文書」）。さらに秀吉は、四月八日に本願寺の坊官下間頼廉《しもつまらいれん》に宛て、加賀の一揆を蜂起させて加越を錯乱するよう本願寺に求め、代わりに加賀を「馳走進上」するとしている（「本願寺文書」）。

勝家のほうも、二月十三日に毛利氏の吉川元春《きっかわもとはる》に書状と重臣佐久間盛政・柴田勝政《かつまさ》を遣わし、三月二十日前には江北に出陣することを伝え、その際の挟撃を依頼した（「毛利家文書」）ほか、毛利氏の庇護下で京都への帰還を望む足利義昭《あしかがよしあき》の家臣真木嶋昭光《まきしまあきみつ》に三月四日付けで書状を送り、義昭が毛利氏と出陣することを依頼している（内閣文庫蔵「古今消息」）。また、三月三日には山中長俊《やまなかながとし》に宛てて、秀吉の後方を攪乱するためか、「伊賀衆」の近江各所への出兵について書いている（「古証文」）。勝家は高野山《こうやさん》を通じて、四国の長宗我部元親《もとちか》とも繫がっていたようで（山本：一九八八）、実際に、秀吉は天正十一年春に、長宗我部氏に備えるため、家臣の仙石秀久《せんごくひでひさ》を淡路《あわじ》（兵庫県）へ出向かせている（『仙石家譜』など）。

秀吉も勝家も、かつて旧主信長が戦った諸勢力に対して、今度は味方に引き入れるべく働きかけているのである。さらに秀吉は、徳川家康の家臣石川数正に書状をたびたび送って情勢を伝え、勝家もまた、天正十年十二月十一日に家康のもとへ使者と進物を遣わしており（『家忠日記』）、秀吉・勝家共に多数派工作を展開していた。

しかし結局、毛利氏は両軍の強弱を測りかねて静観の構えを見せた。また、上杉氏も動かず、勝家滅亡後に秀吉は、かねて約していた挟撃の手はずが反故になったことを、上杉氏の家臣直江兼続《なおえかねつぐ》・狩野秀治《かのうひではる》に宛てた四月二十九日付け書状で責めている（「伊佐早謙採集文書」）。本願寺の顕如《けんにょ》も、秀吉に音信を贈るだけでなく、天正十一年三月十日には柴田勝家や権六、佐久間盛政らにも年頭の音信として太刀・馬代を贈るなど、両者と繫がりを持ち続けた（『宇野主水日記』）。周縁の諸勢力たちは、最後まではっきりと旗幟を鮮明にすることなく、両者の戦いの行方をじっくり見守っていたのである。なお勝家は、信長在世時から戦ってきた上杉氏とは、秀吉と毛利氏のように停戦および関係修復ができず、越中で警戒を続け、全力をもって秀吉との戦いにあたることができなかった。

いずれにしろ、秀吉も勝家も、互いに相手の背後にいる者を味方にして正面の敵を牽制する、いわゆる「遠交近攻」策を展開していた。のちの話だが、秀吉が家康と対峙した小牧・長久手合戦の際も、秀吉・家康両陣営はこの「遠交近攻」策をさらに全国規模で展開する（渡邊：二〇二〇）。

賤ヶ岳合戦

天正十一年三月、ついに勝家は兵を挙げる。勝家が三月四日に足利義昭の家臣真木嶋昭光へ宛てた書状（内閣文庫蔵「古今消息」）に出兵の経緯が書いてある。それによると、勝家方はまず、二月二十八日に先方として「当国」（＝越前）の面々を山中に遣わし「路地通の雪割り」、つまり雪かきをさせて、加賀勢も三日には行軍、能登勢・越中勢も続々と南下する予定だったという。また、三月九日には勝家自身が江北に到着するつもりだったこともわかる。

先に紹介した柴田勝豊宛ての勝家書状（「大阪城天守閣所蔵文書」）によると、二月三日に兵を出す予定だったが、この真木嶋昭光宛て書状では、今月は雪が深くて馬の脚が立つことができない、と書いてあり、雪深く、なかなか兵を動かせなかったと思われる。『賤嶽合戦記』や『余吾庄合戦覚書』などの軍記物語では、勝家は佐久間盛政や前田利家・利長《としなが》父子らを先手として派兵し、徳山則秀《とくのやまのりひで》・金森長近・不破彦助（直光ヵ）らが続いて（『賤嶽合戦記』は総勢五千騎、『余吾庄合戦覚書』は一万五千騎）三月七日に越前を発し、八日には木之本《きのもと》（滋賀県長浜市）を過ぎ、九日に余呉《よご》の行市山《ぎょういちやま》に着陣したという。

一方、秀吉書状から見ると、遠山佐渡守に宛てた三月五日付け書状では、秀吉が北伊勢での諸城への攻撃について報せ、勝家が江北に進軍してきたので、自らは佐和山城に至ったことを伝えると共に、勝家軍が柳瀬（柳ヶ瀬。長浜市）に展開しているので、明日にも攻撃することを述べている（「長浜城歴史博物館所蔵文書」）。また、三月二十七日に石川数正に送った書状では、秀吉が木之本に出陣し、夜中に余呉庄柳瀬に引き入れたところ、勝家が「柳瀬の後ろの高山へ取り上り申し候間」とあり（「長尾文書」）、勝家が柳瀬から山に上がって（おそらく玄蕃尾《げんばお》城に）籠もったことを伝えている。

そもそも賤ヶ岳合戦は、南進して木之本以北に陣取る秀吉軍を突破しない限り戦果が得られない勝家軍と、江北において勝家の南進を食い止めれば戦果が得られる秀吉軍の戦いであり、勝家軍に積極的な動きが求められる戦いだったという（中井：一九九七など）。そのため、両者共になかなか兵を動かせず、戦況が大きく動いた四月二十一日までは、両軍がにらみ合って小規模な攻防戦を仕掛ける程の、およそ一ヵ月半にわたる長期戦だった。なお、「賤ヶ岳合戦」という名称は、両軍の趨勢が決した時の戦闘地が「賤ヶ岳」だったことから、その地名を冠しており、実際は北近江の余呉湖一帯で戦いが繰り広げられた。

同じ頃、岐阜城の織田信孝は、勝家が江北に進軍したのに呼応して再び反秀吉の兵を挙げた。秀吉は、信孝から人質として徴していた信孝の母坂氏らを処刑したあとで美濃に出陣。四月十六日には大垣城に着陣していたようである（四月二十日付け亀井茲矩《かめいこれのり》宛て書状「亀井文書」）。四月二十日、勝家方の佐久間盛政が、秀吉が美濃に向かっている隙を突いて、秀吉方の大岩山砦《おおいわやま》を攻撃し、守将の中川清秀を討ち取る。この大岩山砦陥落と中川清秀の討死については、『兼見卿記』や『多聞院日記』にも記載がある。

『柴田退治記』によると、大岩山砦陥落の報を聞いた秀吉は、申刻（午後四時頃）に大垣を発って、十三里を二時《ふたとき》半で駆け抜け、戌刻下刻（午後九時頃）には木之本に戻ったとする。また、その際に兵粮を木之本まで運ぶよう、湖北の村々に指示したという。俗に言う「中国大返し」ならぬ「美濃大返し」だが、これが近世前期に成立した小瀬甫庵の『太閤記』では、沿道で百姓らが松明《たいまつ》を灯し、長浜近辺の町人・百姓らが酒食赤飯や馬の餌を持って、大垣から戻る秀吉軍将兵をもてなしたという話に転化されているという（太田：二〇一八）。

賤ヶ岳合戦における両軍の戦略・戦況は軍記物語の記述のみしか詳細ではなく、特に秀吉が大垣から帰ってからの具体的な秀吉による攻撃と合戦の推移を記した一次史料は存在しない（太田：二〇一八）。秀吉は大岩山砦から慌てて陣地に戻る佐久間軍や柴田勝政軍を後方から追撃し、さらに四月二十一日の明け方には勝家軍本陣に突撃。前田利家や金森長近ら与力の戦線離脱もあり、勝家軍は総崩れとなって越前に撤退する。撤退の際、家臣の毛受勝照《めんじゅかつてる》が勝家の馬印である金の御幣《ごへい》を受け取って奮戦、討死した。

なお、秀吉が当日二十一日付けで高木貞利《たかぎさだとし》（美濃衆）に宛てた書状では、勝家も佐久間盛政も討ち取ったと書いている（「高木文書」）が、これは自軍の勝利を誇張した虚偽の内容であり、賤ヶ岳合戦では勝家も盛政も討死していない。全体からすれば局地戦にすぎない賤ヶ岳付近の秀吉方の勝利が、佐久間盛政隊の敗走を呼び込み、それが柴田軍全体の敗走と繋がっていったわけだが、この戦いで活躍した近習衆が、後世「賤ヶ岳の七本槍」として喧伝されてゆく（小和田：二〇〇六）。

秀吉は、逃げる勝家を追う形で、そのまま越前に攻め入った。公卿吉田兼見《かねみ》の『兼見卿記』にも「羽筑《（秀吉）》、濃州より江北へ懸け合い、柴田と一戦に及び、柴田敗軍、直ちに越州に至り筑州《（秀吉）》入国すと云々」とある。ちなみに、この賤ヶ岳合戦で佐久間盛政が大岩山砦を攻めている様子や、戻ってきた秀吉軍が佐久間勢を追撃する様子を描いた絵画として、「賤ヶ岳合戦図屏風」があり、勝山城博物館本・岐阜市歴史博物館本・長浜城歴史博物館本・大阪城天守閣本などが知られている。

北庄に散る

秀吉が越前に入ると、府中《ふちゅう》城（福井県越前市）にいた勝家方の前田利家、また徳山則秀・不破河内守（直光カ）らが降伏した（『柴田退治記』）。秀吉はそれを受け入れて、勝家が逃げ込んだ北庄城に兵を進めた。なお、『賤嶽合戦記』や『余吾庄合戦覚書』などの軍記物語によると、前田勢は賤ヶ岳合戦で、勝家の本軍が秀吉の攻撃を受けると、兵を引き返して先に戦線を離脱したが、北庄へ敗走する途中の勝家を府中城に迎え入れた。勝家は利家の裏切りを責めず、これまでの懇意や骨折りに礼を言い、勝家と命運を共にする覚悟を述べた利家に対し、秀吉へ投降することを勧めたという。

のちに秀吉は、勝家との戦いの経緯を毛利氏や大友氏、また関東の諸将に伝えているが、勝家の最期の様子を秀吉の書状から見てみよう。いずれも同じような文言が書かれているこれらの書状によると、秀吉は四月二十二日に越前府中に着き、勝家がわずか百騎ばかりで逃げ込んだ北庄城を二十三日に取り囲み、翌日、一気に城へ攻めかかった。

勝家は北庄城天守の九重目に登り、城外の秀吉軍に対して、自らの切腹を後学のために見ておけ、と声をかけたあと、妻子や一類を刺し殺して自刃し果てた。自己の正当性や喧伝が多い秀吉文書だが、この時の様子を、例えば「天守の九重目の上へ罷り上り、惣人数に詞《ことば》を懸け、修理（勝家）か腹の切様見申て後学に仕り候へと申し付けて、心もある侍は涙をこほし、鎧の袖をひたし候によりて、東西ひつそと静まり候へは」（五月十五日付け小早川隆景宛て書状「毛利家文書」）と、侍たちが涙で鎧の袖を濡らし、皆静まり返ったと、やや劇的に書いている。

なお、『柴田退治記』によると、評定の場で、勝家を助命して従わせては、との意見も出たが、秀吉は「池辺に毒蛇を放ち、庭前に虎狼がいるようなもの」として、容れなかったという。もはや勝家を生きたまま従わせることはできないとの秀吉の認識を窺わせる。

北庄にも訪れたことがあるキリスト教宣教師ルイス＝フロイスの書簡によると、六月三日に羽柴軍は越前に入り、勝家とわずかな兵が籠もる北庄城を包囲した。勝家は家臣たちに、自らは自害することを述べて、敵に降伏して命を長らえるよう勧めたが、皆、妻子共に勝家に従うと答えた。勝家は喜ぶも、報いることができないと、美食を運ばせて饗応を行い、城中の者は皆、酒を飲んで楽器を演奏して歌い、あたかも戦勝祝いか宴のようだったという。そして、勝家は妻のお市の方らを殺し、短刀で自らの腹を十文字に掻き切って自害した。ほかの武士や兵たちもこれに続いた。勝家はあらかじめ「談話が功妙で身分のある老女」を選んで、城門から出して、これら城内の顚末を詳しく敵に語らせたという。

なお、フロイスの書簡では、勝家のことを「すでに年齢六十に達してゐたが、最も勇敢な大将で、一生を軍事に費した人」とし、その死を「信長の時代に日本に在つた最も勇敢な大将又果敢な人が灰に帰した」としている（村上直次郎訳『耶蘇会の日本年報』第一輯）。秀吉も、先に紹介した小早川隆景に宛てた書状で、勝家を「当方せかれの時よりも度々武篇を仕候者」（『毛利家文書』）と記しており、別の書状にも同じような表現で、自分の若い時から勇敢で武勇優れた人物であることを伝えている。

なお、佐久間盛政と勝家の嫡男権六は城外で潜伏していたところを捕らえられ、市中引き回しの上で斬首された。織田信孝は、勝家の滅亡で孤立無援となり、岐阜城を開城して降伏。五月に織田信雄の命により、尾張国内海《うつみ》（愛知県美浜町）で切腹させられた（『豊鑑』など）。『多聞院日記』や『家忠日記』などの一次史料にも内海で自害したと記されている。滝川一益は七月に秀吉に降伏。剃髪して一命を許されたが、北伊勢の所領は没収された。『武家事紀』には近江南郡で五千石を与えられたとあるが、定かではない（谷口：二〇一〇）。

ところで、勝家と共に亡くなったお市の方には、浅井長政との間に産まれた三姉妹（茶々《ちゃちゃ》・初《はつ》・江《ごう》）がおり、お市の方が勝家と再婚したのに伴って北庄に住んでいた。彼女たちは北庄落城の際、城から脱出して秀吉に保護される。のちに茶々は秀吉の側室となって秀頼を産み、「淀殿」と称され、大坂の陣で小谷・北庄に続く三度目の落城に伴い、豊臣家の滅亡に殉じた。初は近江の京極高次《きょうごくたかつぐ》に嫁ぐ。そして江は、佐治一成《さじかずなり》、次いで秀吉の養子羽柴秀勝（秀吉の甥／秀次の弟）に嫁ぎ、その死別後に徳川家康の三男秀忠《ひでただ》に嫁いで、三代将軍徳川家光《いえみつ》を産むこととなる。

海運・水運物流の拠点掌握

なお、北庄城が落城した天正十一年（一五八三）四月二十四日、またはその直前に秀吉が越前で発給した文書のうち、はっきりと日時が明記されているのは四通のみで、四月二十二日付けで「さばや（鯖江）船頭中」に対し、渡舟について従来通り許可して諸役を免除したもの（「舟津町五丁目区有文書」）、また同二十四日に「あこ（安居）大渡船頭中」（「藤島神社文書」）、「あこ（安居）小渡船頭中」（写し、「石倉家文書」）にも同じく従来の保証と諸役免除をしたものが残る。「さばや」は北陸街道が日野川を渡河する白鬼女《しらきじょ》の舟渡し、安居の渡しは足羽《あすわ》川と合流する日野川の舟渡しで、いずれも川舟交通の起点である（『福井県の地名』平凡社）。安居小渡の覚書によると、秀吉が北庄の愛宕山天満池に陣を張った時、「毛屋の河戸」で使者の舟の御用を勤めた安居の船頭たちに、諸役免許状が下されたという（『福井県足羽郡誌』後篇）。

さらに、秀吉は四月二十四日に三ヵ条の覚書を出している（「森田家文書」）。宛所はないが、この文書を含む「森田家文書」には、ほかに天正九年十一月十六日付けで勝家が「三国《みくに》湊」に宛てて、商売や船に関することや押売・押買・博打・喧嘩闘争の禁止など九ヵ条の条目を並べた掟書、また慶長二年（一五九七）四月二十八日付けで当時の北庄城主堀秀治《ひではる》（秀政の嫡男）が「三国問丸中」に宛て、京に送る米の海上運送について書いた判物《はんもつ》も含まれる。この四月二十四日付けの秀吉覚書も三国湊に対して出されたと考えられる。

この覚書の一条目では、兵粮と預物（戦火を避けるために安全な場所へ預けた諸物）のことについて、二条目では「あしよわ（足弱）・奉公人のき（際）は下人にいたるまて、一人ものこらす帳面に付くべき事」と、「足弱」（女や子ども・老人）、奉公人や下人に至るまで、つまり湊の住民を残らず帳面に書き付けるよう申し付けている。三条目では理不尽なことを言う者がいれば直ちに訴訟するように、また秀吉が出した定書を見ないふりをすれば（従わなければ）、妻子に至るまで成敗すると申し付けている。天正二十年に、朝鮮出兵に備えて当時の関白豊臣秀次が、村・町ごとに家数や人数などを区別し、武家奉公人・百姓・町人・職人ごとに夫役を負担できる者の数を調査した、いわゆる「人掃令」があるが、それから約十年前のこの時点で、三国湊に戸口調査命令が出されているのである。

そもそも三国湊（福井県坂井市）は、木ノ芽峠《きのめとうげ》以北の越前において、九頭竜《くずりゅう》川・足羽川・日野川・

竹田川など主要河川がすべて合流して日本海に注がれる河口に位置し、府中や北庄をはじめ、越前各地と河川交通で結ばれ、古来より物資の集散地だった。また、室町時代の成立とされる日本最古の海商法規『廻船式目』において、十三湊《とさみなと》（青森県五所川原市）や今町《いままち》（新潟県上越市直江津）などと並んで日本海海運の主要な湊である「七湊」の一つに数えられるなど、海運・水運物流の拠点として栄えた。有力商人の森田家が、早くから信長に接近し、敵方の動きを海上から報せたり舟を提供したりした。

また、前述の通り、勝家もかつて定書を発布した要所だった。北庄城陥落と同日に、北庄と足羽川・九頭竜川で結ばれた三国湊に、こうした秀吉の覚書が出されているのは、秀吉が北庄を囲んだ時にすでに湊を押さえていたか、あるいは落城後すぐに発給したかどうかはともかく、越前における三国湊の重要性を窺わせる。

秀吉はこの時期、越前や加賀で多くの禁制《きんぜい》を交付するが、それらの発給日はすべて「四（卯）月日」で、特に北庄落城同日もしくはその直前に発給された秀吉文書は、先の船渡しと三国湊に発給したもののみで、秀吉が早い段階で越前内の海運・水運物流の拠点を押さえていたと言える。なおこのあと、三国湊や敦賀《つるが》の商人、廻船業者たちは、豊臣政権下の文禄から慶長期にかけて、東北から伏見城建築のための作事板の輸送（「秋田文書」）や、北庄城主および加賀前田家の年貢米運送（「森田文書」「小宮家文書」）などにも関わっていく。秀吉の朝鮮出兵においても、敦賀や小浜《おばま》の廻船が兵粮米などを肥前名護屋《なごや》（佐賀県唐津市）に海上運送するが、秀吉の越前攻めは、これら北国の湊がのちの統一政権下の軍事・経済活動に組み込まれる始まりだったとも言える。

勝家亡きあと

先述の通り、清須会議後から勝家を滅ぼすまで、秀吉は随時、自分がどう行動し、またいかに正統性があるかを述べた書状を全国の諸将・諸大名に宛てている。もちろん、ほとんど右筆の手によるものだが、その多くは、例えるなら〝コピー&ペースト〟と言ってよいほど、同様の文言が並べてある。勝家を撃ち破ったあとは、勝家の挙兵とそれに対する勝利、また勝家の最期の様子を多方面に書き送っているが、そこには、例えば毛利輝元に宛てた四月二十七日付け書状で「越前の儀は申すに及ばず、賀州・能州・越中まで、一時に存分に任せ候」(「毛利家文書」)、つまり越前はおろか加賀・能登・越中まで平定したことを書いている。また四月二十八日には加賀の金沢城に入ったことがわかる(四月二十八日付け国司《くにし》右京亮宛て秀吉書状「西村文書」)。

なお、勝家の与力だった北国の諸将のうち、前田利家は勝家滅亡の際、秀吉に服属して、のちに豊臣政権における中枢の大名となる。また、越中の佐々成政は、勝家の南進には従軍せず、上杉氏への押さえとして越中にあったが、勝家の死後は金沢城で秀吉に直談判して許された。秀吉も四月二十八日付けの成政への書状で、上杉氏と国境の画定をまとめれば、上杉氏と秀吉との取次役を任せたい、としている(「佐々木信綱氏所蔵文書」)。しかし、成政はのちに秀吉へ反旗を翻し、織田信雄や徳川家康と共闘することになる。

勝家亡きあと、その旧領の越前・加賀は、秀吉に協力してきた丹羽長秀に与えられ、長秀が北庄城主となった。秀吉が天正十一年四月二十七日に長秀の家臣溝口秀勝《みぞぐちひでかつ》に宛てた書状によると、越前および加賀のうち余禰郡（江沼《えぬま》郡）と能美《のみ》郡を進呈しようと長秀に話したところ、余禰郡は長秀から秀勝に分け与えることになったと伝えており（「溝口文書」）、北庄が落城した四月二十四日から二十七日の間という早い段階で、越前および加賀二郡が長秀に与えられることが決まったようだ。なお、越前の大野郡は、金森長近が引き続き支配することを許され、その約三分の二を領した。敦賀には蜂屋頼隆《はちやよりたか》が入り、敦賀郡と南条《なんじょう》郡の一部を領した。

ちなみに、長秀は天正十三年四月に亡くなり、長秀の死後、遺領は長重《ながしげ》（長秀の嫡男）が受け継ぐが、家中の不和や不始末を咎められ、同年八月に領地や一部の家臣を召し上げられ、若狭一国に転封される。丹羽氏が去ったあとの北庄には、清須会議で三法師の傅役となり、またその後の政局でも秀吉に協力して賤ヶ岳合戦にも功があった堀秀政が入った。勝家亡きあとの北庄に、清須会議以後の「織田体制」の主要人物のうち、秀吉に協力して勝家と対峙した武将たちが入ったのは興味深い。

秀吉と勝家の戦いは何だったのか

先に紹介した天正十年（一五八二）と思われる十月十六日付け堀秀政宛ての勝家書状（『南行雑録』）

で「羽筑《秀吉》・勝家」は「元来等閑無く候」と書いているように、もともと秀吉と勝家の仲が悪いわけではなかったという。書状は続けて「この刻《とき》は猶もって申し談じ、天下御分国中静謐の評定は勿論に候処、清須已来の裁許は申すに及はず、諸人の分別有るべき事」とあるように、両者を含めて清須会議以後は、相談して織田分国の静謐を図ろうとしていた。

しかし、三法師の「名代」の座を争った織田信雄・信孝兄弟は、会議後も互いの国境をめぐって争うなど最後まで反目し合い、勝家も次第に秀吉に不信感を募らせていった。そのような中で、秀吉は勝家の権益を直接侵害していたわけではないが、丹羽長秀や池田恒興、堀秀政らと結び、意識的か否かはともかく、勝家を無視・黙殺した。そもそも、長秀・恒興・秀政らと秀吉は山崎合戦で光秀と戦った者同士で、その後の支配領域も近接し、親和性もあって懇意になりやすかったのかもしれない。

天正十年十二月、織田家家督の交代と、信孝・勝家の排除という事実上のクーデターが秀吉によって実行され、秀吉と反秀吉派（勝家・信孝）の対立という形になり、具体的な抗争へ進んだ（谷口：二〇一六）。勝家と信孝・滝川一益は清須会議の時から共闘していたわけではなかったが、政権運営から排除された彼らが自然に結びつくのに、さほど時間はかからなかっただろう。

実際、天正十一年と思われる四月十二日の小早川隆景宛ての秀吉書状には、勝家の挙兵について「滝川左近《一益》・柴田修理亮《勝家》と申し談じ、信雄に対し謀叛を企て候」（『萩藩閥閲録』）とあり、滝川一益と勝家が共謀して、信雄に謀叛を企てたとしている。のちに秀吉が、賤ヶ岳合戦に功のあった加藤清正《きよまさ》をはじめ諸将に与えた感状は、ほぼ文言は同一だが、賤ヶ岳合戦のことを、例えば「今度三七《織田信孝》殿謀叛により、濃州大柿《(大垣)》に居陣せしむる処に、柴田修理亮《(勝家)》柳瀬表に至り罷り出で」（天正十一年六月五日付け福島市松〔正則〕宛て書状「大坪文書」）としている。秀吉にとっての大義は、織田家家督の信雄に対して謀叛を起こした信孝を成敗することにあって、名目上は信雄と信孝の敵対だった（太田：二〇一八）。

さらに、丹羽長秀が秀吉に与したことが勝家の運命を大きく変えた。対外的に勝家（北陸道）、家康（東海・東山両道）、秀吉（西国）が外敵を引き受ける中、長秀は近江国坂本《さかもと》（滋賀県大津市）にあって、安土城を整備したり、信雄・信孝兄弟の仲を調停したりと、四宿老の中でも織田家中の問題を取りまとめる役割を期待されており、勝家は、秀吉との直接的な対立に至っていなかった天正十年九月三日付けの長秀宛て書状（「徳川記念財団所蔵文書」）で、長秀を自分の側に引きつけようと懸命に働きかけていた（加藤：二〇〇六）。しかし、結果的に長秀は、池田恒興や堀秀政らと共に秀吉に与する。

長秀は天正十一年、北伊勢の陣中にいる秀吉に宛てた二月二十七日付けの書状で、自らは若狭国佐《さ》柿《がき》（福井県美浜町）にあり、勝家が出陣してきても海津口には柴田勝豊・堀秀政がいるので安心するようにと伝えている（「上野五左衛門氏所蔵文書」）。実際、秀吉と勝家が直接対峙した際、秀吉が三月二十七日に徳川氏の家臣石川数正に宛てた書状には「惟住五郎左衛門《(長秀)》、若狭口より敦賀表へ切り入り放火仕り候」（「長尾文書」）とあり、長秀が若狭口から越前敦賀郡に侵入していたことが窺える。勝家にとって長秀は、脇から脅かす存在となっており、それゆえ勝家は、その動きにも注意を払わなければならず、秀吉との戦いに専念できなかった。

勝家・織田信孝・滝川一益と、信雄を推戴する秀吉に与する丹羽長秀・池田恒興・堀秀政が争い、信長死後、清須会議以後の「織田体制」が、内部対立・瓦解し、まさに勝家が秀政宛ての書状（『南行雑録』）で警鐘を鳴らした通りに「共喰」状態となったのである。結果的にこのあと、「織田体制」が秀吉によって換骨奪胎され、丹羽や池田、堀など秀吉に与した織田家旧臣、さらには織田信雄でさえ豊臣政権下の一大名となり、遅かれ早かれ、事実上、政権運営の中枢からは「排除」され、秀吉が天下人になることを考えれば、「人之国ニナスヘキ哉」という勝家の見立ては、あながち間違ってはいなかったと言えよう。

なお、秀吉が勝家との戦いに勝利した経緯を、各地の大名・諸将に送った書状の中で、北庄城に逃げ込んだ勝家をそのままにしてはかえって手間もかかるので、「日本之治」はこの時であり、自軍の兵どもを討死させても自分の不覚にはならない、と思い切って城を攻めさせた、と書いている。また、勝家を撃ち破ったあと、そのまま加賀に進軍したことを、例えば五月十五日に小早川隆景に宛てた書状で「筑前（秀吉）太刀風に驚き、草木までも相靡《なび》く体にて候」「東国は氏政（北条）、北国は景勝（上杉）まで、筑前覚悟に任せ候」としており、関東の北条氏や北国の上杉氏も服属したように書いている。

実際に上杉景勝が秀吉に謁見して人質を出すのは天正十四年、北条氏政《うじまさ》が秀吉に降伏するのは天正十八年の小田原出兵まで待たなければならず、この時は両氏共に秀吉には屈服していない。いわば大風呂敷を広げているのだが、隆景に対してさらに、毛利輝元が秀吉に従うなら「日本の治、頼朝以来これには争《いかで》か増すべく候哉」、日本が治まるのは源頼朝の時以来のことだ、と誇張して述べている（毛利家文書）。秀吉が、勝家との戦いののち、単に織田家内部での争いではなく、「日本の治」ということを意識していることがわかる。

天正十一年五月二十五日、秀吉は大坂の地を池田恒興から譲られ（『多聞院日記』）、八月頃から大坂城を築城し始める。築城は諸大名を動員して行われた。もはや秀吉は、織田家を支える一宿老の枠を超えて「天下人」ということを意識していた（渡邊：二〇二〇）。

また、勝家滅亡後は、これまでのような宿老らの連署による知行宛行状の発給が見られず、代わって秀吉単独で宛行を実施する事例が目立つようになる。さらに天正十一年九月、秀吉は京都奉行を務めていた前田玄以《まえだげんい》を従属させ、織田信雄を京都支配から排除し、京都の掌握を強めた。この時期が豊臣政権の始期と言え、羽柴家が新たな武家勢力結集の核になっていくという（尾下：二〇〇六）。秀吉は、表面的には信雄を推戴する立場だったが、その実質的な主導権の所在や政治的優位は明らかであり、その存在は主家である信雄（織田家）をも超越し、やがて危機感を覚えた信雄は徳川家康と組み、小牧・長久手合戦に繋がっていく。

勝家・織田信孝・滝川一益ら反対勢力を駆逐したことで、秀吉はそれらの遺領を再配分する権利を得たが（小和田：二〇〇六）、「天下」とも称される畿内およびその周辺、また畿内から北国へ抜ける越前・加賀・能登・越中、さらに中国地方は毛利氏と領国を接する備中・美作あたりまでが秀吉の勢力圏となった。勝家との戦いの経緯を記した書状を上杉氏や毛利氏・大友氏にも送っていた秀吉だが、さらに七月二十九日には太田資正《おおたすけまさ》（福島於菟吉氏所蔵文書）と多賀谷重経《たがやしげつね》（常総遺文）にも、本能寺の変後から勝家を破ったことまでを時系列に記した書状を送り、九月には結城《ゆうき》氏にも同じ内容の書状（佐竹文書）を送っている。秀吉は、この頃から関東方面のことも考え始めていた（渡邊：二〇二〇）。

勝家との対立と賤ヶ岳合戦での勝利は、信長亡きあとの政局において、秀吉を天下人としての地位に一気に近づけたという意味で、秀吉にとっての〝天下分け目の合戦〟だった。清須会議で協議した宿老のうち、丹羽長秀と池田恒興を従わせ、もう一人の宿老である勝家ら反対勢力を駆逐したことにより、畿内やその周辺を含めたかつての織田分国を手中にし、「日本の治」を意識し、北国や関東、中国・九州といった西国など周縁に目を向けるようになったという意味では、勝家との戦いとその勝利は、秀吉が「天下人」となる上で重要なターニングポイントだったと言えよう。

ところで、勝家の敗戦と滅亡からちょうど十年前に、同じく越前から近江に出陣し、そこで敗北を喫して、そのまま滅亡した者がいる。越前の戦国大名朝倉義景《あさくらよしかげ》である。義景は近江の浅井長政と共に信長と約三年半にわたる戦いの末、天正元年に長政を救援すべく出陣したが、信長の猛攻を前に撤退したところ、近江・越前国境の刀根坂《とねざか》で追撃を受けて大敗を喫した。その直後、信長に越前へ攻め込まれ、本拠の一乗谷《いちじょうだに》（福井市）を捨て、大野で一族の朝倉景鏡《かげあきら》に背かれて自害。朝倉氏は滅亡した。

勝家の場合は、義景のように退却中に追撃を受けたわけではなく、また家臣の裏切りによって最期を迎えたわけでもないが、同じ陣営の〝盟友〟を助けるべく越前から近江に出陣し、国境近くで行われた合戦に敗北、越前に退却したあとを追われるように攻め込まれ、そのまま滅びたという点では、義景と同じ滅亡パターンをたどったと言える。奇しくも現在、北陸自動車道で福井県から滋賀県にかけて、義景が敗れた刀根坂近くの「刀根」パーキングエリア（福井県敦賀市）に隣り合い「賤ヶ岳」

サービスエリア（滋賀県長浜市）があり、ドライバーや行楽者の休息所となっている。

なお現在、賤ヶ岳古戦場は観光地として多くの戦国ファンが訪れ、福井県内でも勝家は、北庄城跡に建つ柴田神社に祀られ、福井市街の礎を築いた人物として人々に親しまれている。

【主要参考文献】

大河内勇介「本能寺の変直後の柴田勝家と丹羽長秀」（『福井県立歴史博物館紀要』一四、二〇二一年）
太田浩司『近世への扉を開いた羽柴秀吉――長浜城主としての偉業を読む』（サンライズ出版株式会社、二〇一八年）
尾下成敏「清須会議後の政治過程――豊臣政権期の始期をめぐって」（『愛知県史研究』一〇、二〇〇六年）
小和田哲男『戦争の日本史15　秀吉の天下統一戦争』（吉川弘文館、二〇〇六年）
加藤益幹「天正十年九月三日付惟住（丹羽）長秀宛柴田勝家書状について」（『愛知県史研究』一〇、二〇〇六年）
金子　拓「秀吉は、本能寺の変後から全国統一をめざしていたのか」（日本史史料研究会編『秀吉研究の最前線――ここまでわかった「天下人」の実像』洋泉社歴史新書y、二〇一五年）
金子　拓「本能寺の変の「時間」と情報」――太陽コレクションに寄せて」（太陽コレクション『大信長展――信長とその一族・家臣・ライバルたち』、二〇一六年）
金子　拓「なぜ、柴田勝家と惟住（丹羽）長秀は秀吉に先を越されたのか？」（洋泉社編集部編『ここまでわかった本能寺の変と明智光秀』洋泉社歴史新書y、二〇一六年）
桑田忠親『淀君』（新装版、吉川弘文館、一九八五年）
柴　裕之『清須会議――秀吉天下取りの調略戦』（シリーズ・実像に迫る17、戎光祥出版、二〇一八年）
谷口克広『織田信長家臣人名辞典』（第二版、吉川弘文館、二〇一〇年）
谷口　央「清須会議と天下簒奪 実像編」（堀新・井上泰至編『秀吉の虚像と実像』笠間書院、二〇一六年）
中井　均『近江の城――城が語る湖国の戦国史』（サンライズ印刷出版部、一九九七年）

藤田達生『天下統一――信長と秀吉が成し遂げた「革命」』（中公新書、二〇一四年）
藤田達生「柴田勝家と本能寺の変――北国における織田体制」（『富山史壇』一七九号、二〇一五年）
堀　新『天下統一から鎖国へ』（日本中世の歴史7、吉川弘文館、二〇一〇年）
松浦義則「築城期丸岡城の歴史的背景」（『丸岡城天守学術調査報告書』（坂井市教育委員会、二〇一九年）第一章第二節（松浦執筆分）
丸島和洋「織田権力の北陸支配」（戦国史研究会編『織田権力の領域支配』岩田書院、二〇一一年）
盛本昌広『本能寺の変――史実の再検証』（東京堂出版、二〇一六年）
山﨑布美「織田信孝の継目安堵――織田権力の終焉をみる」（『国史学』二一五号、二〇一五年）
山本　大『長宗我部元親』（新装版、吉川弘文館、一九八八年）
渡邊大門『清須会議――秀吉天下取りのスイッチはいつ入ったのか？』（朝日新書、二〇二〇年）

福井市立郷土歴史博物館『柴田勝家――北庄に掛けた夢とプライド』（二〇〇六年）
大阪城天守閣『秀吉への挑戦』（二〇一〇年）
坂井市みくに龍翔館『天下人の時代と坂井――戦国武将の息吹と足跡』（二〇一一年）
長浜市長浜城歴史博物館『賤ヶ岳合戦と七本槍』（二〇一八年）
福井県立歴史博物館『天下人の時代――信長・秀吉・家康と越前』（二〇二〇年）

第二章　秀吉の天下人への台頭と織田家の臣従

柴　裕之

織田家への下剋上

羽柴（豊臣）秀吉が天下人へと歩むにあたって、最大の懸案は自身がそれまで家臣として属してきた主家・織田家との関係にあったといってよいだろう。秀吉の天下人への台頭とは、主家・織田家に対する「下剋上《げこくじょう》」でもあった。戦国・織豊時代は社会的要求に応える「力量」が問われる一方で、身分秩序や主従関係の意識も存在して、下剋上はそれらの対応のもとで行われた（黒田：二〇二二）。つまり、下剋上の実現には実力だけではなく、社会への行為の正当化を得ることも必要だった。秀吉の天下人への歩みとそれに伴う織田家との関係の展開は、そうした下剋上の体現のもとでなされた。それは、天下人秀吉と対峙した他大名や国衆《くにしゅう》（大名に従属する郡・庄規模の領域権力）とは異なる、織田家が主家だったからこそ見られた独特な政治対応なのである。

そもそも、周知のように、尾張国中村《なかむら》（名古屋市中村区）の百姓出身だった秀吉は、織田信長に仕え、才知を活かして頭角を現し、織田家の武将として台頭していった。そして天正元年（一五七三）九月には、織田氏との敵対によって滅亡した浅井《あざい》氏の旧領国を信長から与えられ、近江長浜《ながはま》城（滋賀県長浜市）を居城に、その領域（長浜領）を統治する立場となった。

さらに、天正五年十月からは中国地方方面の軍事司令官として、織田氏と対立する安芸毛利氏勢力の攻略にあたっていく。その攻略過程の中で、秀吉は播磨（備前宇喜多氏の織田家への従属に際して譲渡された西部の赤穂《あこう》・佐用《さよう》両郡は除く）・但馬・因幡の各国を「筑前守殿御分国」（「佐伯文書」）といわれる領国とし、播磨姫路城（兵庫県姫路市）を居城に、自身の判断と運営のもとで統治した。

また、備前・美作の各国と伯耆国東部の従属国衆を政治的・軍事的配下の与力《よりき》軍将とした。その勢力は、織田権力（天下人信長を最高主導者に、中央政権として活動した領域権力）下において一、二位を争う内政・軍事の統治者＝「織田大名」にあった（柴：二〇一一など）。こうした秀吉の台頭は、言うまでもなく主君信長との関係があってこそ得たものであり、そのため秀吉は、主家・織田家へ忠義を尽くし、織田権力の存立と発展のための貢献に努めた。

ところが天正十年六月、備中高松《たかまつ》城（岡山市北区）に「水責」を進め、毛利氏の軍勢と対峙し、信長の率いる軍勢の到着を待つ中で本能寺の変が起きる。この政変により、信長とその後継者たる信忠を失った織田権力中枢の動揺に、秀吉は毛利氏と急ぎ和睦を遂げ、畿内へ帰還する。そして、信長・信忠父子を討った惟任《これとう》（明智）光秀を、織田信孝《のぶたか》（信長の三男）を総大将に池田恒興《つねおき》ら摂津衆と共に、山城国山崎（京都府大山崎町）での合戦で打ち破った。その後、信孝に従って秀吉らは惟任氏勢力を鎮め、信長の嫡孫三法師（のちの織田秀信《ひでのぶ》）がいる尾張清須《きよす》城（愛知県清須市）に向かった。

それでは、信長・信忠父子死後の織田家における事情の中で、秀吉はどのようにして天下人へと歩むことになったのだろうか。

これまで、その過程は本能寺の変から必然的な流れのもとに捉えられてきた。しかし、惟任氏勢力を討滅した時点の秀吉は、まだ有力な織田家宿老の一人にすぎない。近年、秀吉の天下人への過程については、予定調和的な見方を排した上で、同時代的な視点のもとで見直しが進んでいる（柴：二〇一八など）。本章では、そうした近年の研究成果を踏まえながら、秀吉がどのように織田家の事情の中で天下人へと台頭していき、そして織田家を臣従させるに至ったかという、「織田家への下剋上」の過程と、その実現後の織田氏の立場について見ていきたい。

三法師の立場と清須会議の争点

天正十年（一五八二）六月、惟任氏勢力の討滅を経て、織田信孝を総大将に羽柴秀吉ら織田軍は、三法師がいる尾張清須城に向かった。

三法師は、天正八年に織田信長の嫡男で、織田家当主にあった信忠の男子として誕生し、この時数えで三歳（以下、人物の年齢は数え年で表記）の幼児だった。しかし、信長は生前に成人化していた信忠以外の男子（信雄《のぶかつ》・信孝・信房《のぶふさ》・秀勝《ひでかつ》の四人。庶長子の信正《のぶまさ》は信長の子として認知されず、それ以外の男子は未成年）を他家へ養子に入れていた（系図）。そのうえで、信長は天下人の立場に専念するため、嫡男信忠を自身の後継者として、天正三年十一月には織田家の家督を譲り、織田家の本領国（織田家の当主が直接管理する領域）だった尾張・美濃領国の統治を任せた。

さらに、天正五年十月十五日には信忠を従三位左近衛中将（近衛中将は足利将軍家の初期任官職の一つ）の官位に就かせることによって、信忠が天下人である自身の後継者の立場にあることを名実共に世間に示し、その後も信忠が自身の立場を引き継ぎ、次期天下人に立つよう取り計らっていた。これは、信長が最終的に信忠系統の織田家嫡流に天下人の立場を引き継がせ、天下人織田家が君臨する秩序のもとでの国内諸勢力の統合（「天下一統」）と国内静謐（「惣無事《そうぶじ》」）を維持していく体制＝「政権」の構築を図ることを、政治構想として進めていたことによる（柴：二〇二〇）。

本能寺の変による信長・信忠父子の討滅は、織田権力の中核を喪失させると共に、信長の進めていた政治構想を中途に終わらせることになったが、織田家嫡流の人物が天下人織田家の家督を継承するという方針だけは、その後も家中に影響力を持ち、残り続けた。その結果、信忠を失った今、その嫡男三法師のみが、幼児でありながらも天下人織田家の当主となり得る状況にあったのである。

しかし、まだ三歳という幼少の三法師では、当主として信長・信忠父子という中核を失った動揺から再興を図る織田権力を率いていくことは難しい。そこで、三法師が成人になるまでの間、彼の代理として当主を務め、織田権力を率いていく立場＝「名代《みょうだい》」が求められた。六月二十七日に柴田勝家・

織田家人物略系図

※本章に関係する人物に限る

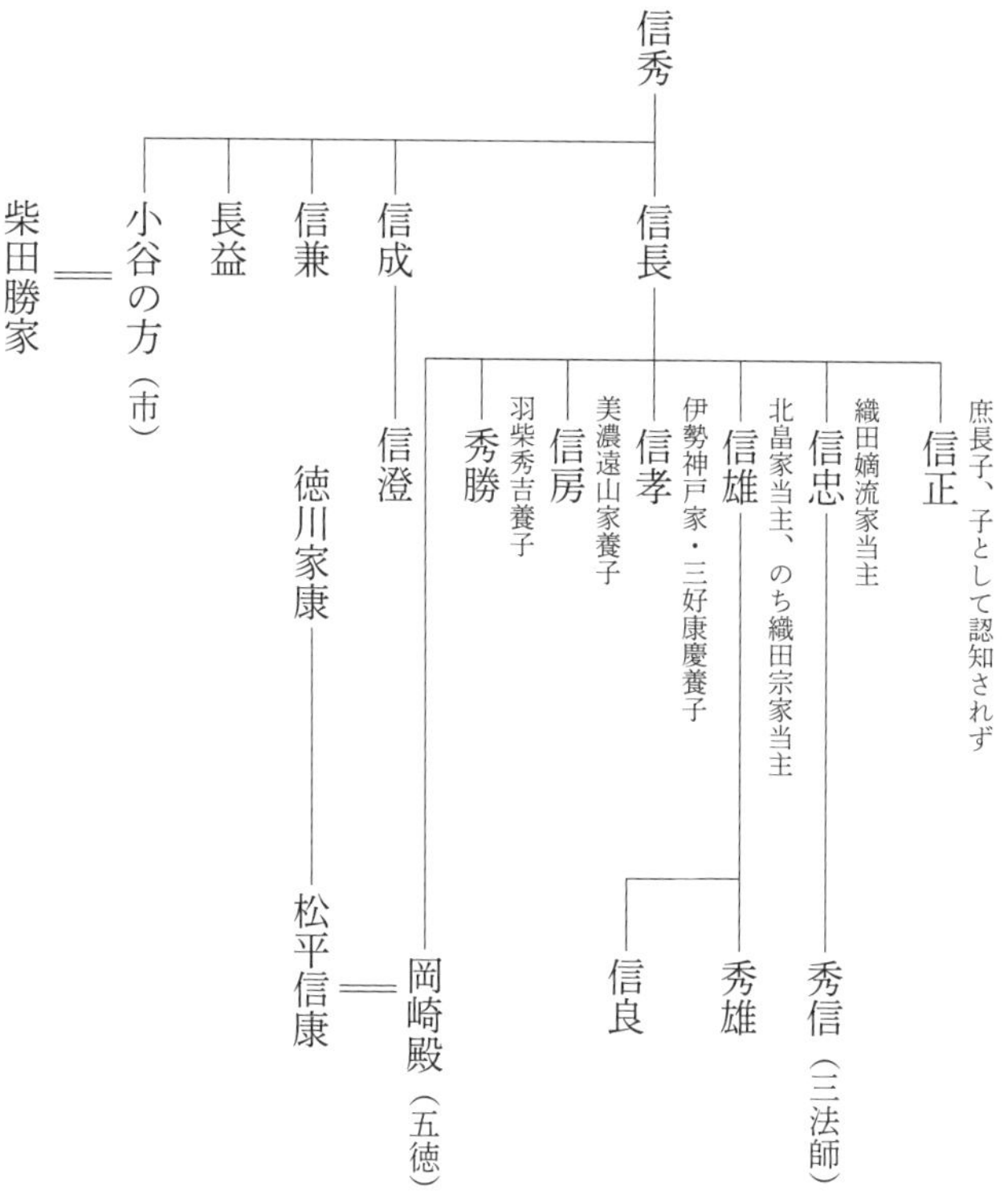

羽柴秀吉・惟住《これずみ》（丹羽）長秀・池田恒興の四人の宿老（家老）が今後の織田権力の運営と所領配分を決める「清須会議」で争点となったのは、この「名代」を誰が務めるかだった。

本能寺の変時、信長には嫡男信忠以外に成人化した男子が四人いた。二男北畠信雄《きたばたけのぶかつ》、三男織田信孝、四男織田信房、五男羽柴秀勝である。このうち、四男信房は兄信忠と共に、本能寺の変時の京都二条御所（京都市中京区）における攻防戦で戦死している。また、五男秀勝（於次秀勝）は家臣である秀吉の養子となっており、「名代」となるには格の面からも相応しくなかった。このため、「名代」候補者は北畠信雄と織田信孝の二人のどちらかに限られることになったのである。

北畠信雄と織田信孝

北畠信雄は、永禄元年（一五五八）に生まれ、母は兄信忠と同じく生駒《いこま》氏である。幼名は茶筅。永禄十二年に、信長が伊勢国司《こくし》北畠家の居城である大河内《おかわち》城（三重県松阪市）を攻撃し、苦戦の果ての十月に北畠氏と和睦した際に、当主具房《ともふさ》の養嗣子に十二歳の茶筅を入れた（『信長公記』）。その後、茶筅は具房の息女と婚姻の上、元服を遂げて、実名として「具豊《ともとよ》」を名乗る。そして天正三年（一五七五）六月に、北畠家の家督を継承、同年中には正五位下左近衛中将となり（『歴名土代』）、実名を織田家御一門衆としての立場を示した「信意《のぶおき》」に改め、北畠領国の支配を進めていった。

この信意を中心とした政治運営に、具房の父具教《とものり》（北畠家の最高主導者）らが対立した結果、天正四年十月頃に具教・具房父子や重臣への粛正を実施。また十二月には、北畠家への入嗣以来の補佐役だった津田一安《つだかずやす》を対立の果てに殺害して、北畠家当主の立場を確固たるものにし、天正六〜七年頃に実名を「信直《のぶなお》」に改めた上、伊勢松ヶ島城《まつがしま》(三重県松阪市)を築いて居城とした。

その後、伊勢国から逃れて反信直方に応じた勢力の討滅のため、天正七年九月に伊賀国へ出兵するが敗北し、父信長からは命令に背いて出兵したことも含めて強い譴責《けんせき》を受ける(『信長公記』)。このことを契機としてか、実名を「信勝《のぶかつ》」に改め、さらに「勝」の字を同じ読みの「雄」の字に改めて、「信雄」を名乗る。天正九年二月、正親町《おおぎまち》天皇の面前で行われた京都での馬揃えに、信雄は織田家当主で天下人後継者にあった兄信忠に次ぐ御一門衆として参列、九月には未だ従わずにいた伊賀国を平定して、信長から同国阿拝《あはい》・伊賀・名張《なばり》の三郡(三重県伊賀市・名張市など)を与えられた(『信長公記』)。

しかし、翌天正十年六月に本能寺の変が起きた時、伊勢国にいた信雄は伊賀国の政情不安もあって出遅れ、近江国で惟任方に敵対の意思を示した蒲生賢秀《がもうかたひで》・賦秀《やすひで》(のちの氏郷《うじさと》)父子を救援すべく日野《ひの》城(滋賀県日野町)への派兵と安土城(同近江八幡市)を奪還するのみの活動に止まってしまった。こうしたこともあり、信雄は三法師の直縁の叔父にあたるという血縁を活かして、嫡流に次ぐ御一門衆としての立場を死守すべく、「名代」就任を求めて清須会議の決定に臨んでいた。なお、信雄はこの時まで北畠の名字《みょうじ》(家の苗字)を名乗り続け、織田権力下では「北畠信雄」として活動していた。

一方、もう一人の「名代」候補の織田信孝も、信雄と同じく永禄元年に生まれた。母は坂氏《さかし》で、一説によれば、信雄より先に誕生したものの、生駒氏とは異なる母親の立場とその出生ということで、三男に位置づけられたともいわれる(『勢州軍記』)。幼名は不明で、仮名《けみょう》(通称)は三七郎を名乗る。永禄十一年二月、信長が北伊勢を攻め、国衆の神戸《かんべ》氏を従わせた際に、十一歳で当主具盛《とももり》の養嗣子となった。その後、具盛が織田家を蔑ろにする態度をとったことから、元亀二年(一五七一)正月に信長によって隠居に追い込まれ、信孝が神戸家の当主を継ぎ、「神戸信孝」となる(『勢州軍記』)。

そして、天正二年七月の伊勢長島一向一揆への攻撃を皮切りに各地を転戦する一方、天正三年五月頃からは、名字として神戸ではなく織田を称し始める(「高野文書」)。また信孝は、天正五年十一月一日に従五位下侍従となるが、その際も「織田平信孝」(『歴名土代』)として見られることなどから、信孝の織田復姓は信長生前からなされていたことは間違いない。このように、信孝は織田家御一門衆としての立場へ重点を強めていくが、御一門衆の順は、兄信忠、信雄、叔父信兼《のぶかね》(信包)に次ぐ四番目に位置した(『信長公記』)。

そうした御一門衆内での立場の改善をも試みてなのか、信孝は四国情勢をめぐって織田・長宗我部両家間での関係が悪化すると、天正十年五月には三好康慶《やすよし》(康長《やすなが》)の養子となり、自らが四国討伐にあたることを望んだ(「神宮文庫所蔵文書」)。信長は、この信孝の望みを受け、彼を総大将として四国出兵を進めていく(「寺尾菊子氏所蔵文書」)。

六月三日の四国出兵を前に、信孝が率いる軍勢は摂津国住吉《すみよし》(大阪市住吉区)に着陣していたが、そこで本能寺の変の報せを得る。この報せを受け、信孝自身はすぐに惟任軍の討伐に向かおうとしたが、率いる軍勢が各地からの寄せ集めの軍団だったこともあり、諸兵は動揺し、分散したといわれる

（一五八二年十一月五日付けのイエズス会宣教師ルイス・フロイス報告書）。

そこで、態勢を立て直すため、信孝は惟住長秀と共に、摂津大坂城（大阪市中央区）に入った。この時、大坂城には従兄弟（信長の弟信成《のぶなり》〔初名は信勝、一般には信行《のぶゆき》の実名で知られる〕の子）で惟任光秀の娘婿だった織田信澄《のぶずみ》が四国出兵に備えて在城していたが、信孝と長秀は信澄が光秀へ応じるのを恐れて殺害した。その上で、河内国の諸将を味方につけ、惟任方との対決に備えていった。

その後、信孝は池田恒興ら摂津衆と、中国地方の戦線を片づけて駆けつけた羽柴秀吉の軍勢に合流し、織田軍の総大将として、六月十三日の山崎合戦で光秀の軍勢を破った。そして、信孝は信長の子息として弔い合戦に勝利し、惟任氏勢力を討滅した功績を背景に、信長死後の織田権力を主導するため、「名代」の地位獲得を目指して清須会議に臨んだのだった。

清須会議による「織田体制」の始動

こうして、三法師との直接的な血縁から立場の死守を目指す信雄と、信長の子息として仇敵を討滅した功績によって立場の上昇を求める信孝とが、三法師「名代」の地位就任をめぐって譲り合わず、織田家家中の与党をそれぞれ味方につけて、対立し合うことになってしまった。

この事態をも憂慮した上で、柴田勝家・羽柴秀吉・惟住長秀・池田恒興の四人の宿老は談合の末、今後の織田権力の運営について判断を下した。その判断は、信雄と信孝のいずれも「名代」に据えることをせず、幼少の三法師を当主に勝家・秀吉・長秀・恒興の四人の宿老が支えながら、傅役《もりやく》の堀秀《ひで》政《まさ》を加えた談合のもとで織田権力の運営を行うことだった。

また、所領配分についても四人の宿老の談合により、次のように決めた（以上、『多聞院日記』ほか）。

北畠信雄　尾張国
織田信孝　美濃国
柴田勝家　近江国長浜領（滋賀県長浜市）
堀秀政　近江国中郡（滋賀県近江八幡市・東近江市ほか）
惟住長秀　近江国高島郡・志賀郡（滋賀県高島市・大津市）
池田恒興　摂津国大坂周辺
羽柴秀吉　山城国・丹波国・河内国東部

一見してわかるように、安芸毛利氏勢力との対陣を切り上げ、織田軍を勝利に導いた功績から、羽柴秀吉が勢力を一層伸張しているが、そのほかの各人も、それぞれの立場やこれまでの領有との関係から新たな所領を得ている。つまり、秀吉は清須会議によって新たに多くの所領を得ることになったが、織田権力を率いていく最高主導者になったわけではない。彼はまだ、宿老の一人として活動する立場にあったのである。

四人の宿老は、こうした今後の織田権力の運営と所領配分を談合の末に決めた上で、信雄と信孝にその旨の了承を求め、その証として血判付きの誓紙（起請文）を得た。その上で四人の宿老同士でも、この協議の取り決めに従うという誓紙を交わした（「金井文書」）。なお、このほかに徳川家康からも誓紙を得ている。それは、家康が織田権力に臣従し、なおかつ、かつて信長の娘岡崎殿（五徳《ごとく》）が家康の長男松平信康《のぶやす》に嫁ぐという縁戚関係を持っていた親類大名の立場にあったことによる（平野：二〇〇六など）。

そして、四人の宿老は、本能寺の変後の動向における諸将への恩賞の授与（「本居宣長記念館所蔵文書」など）と、織田家の蔵入地（直轄地）を確保して経営維持を図った（「大坂城天守閣所蔵延岡堀家文書」）上で、帰国した。

天正十年（一五八二）七月八日、三法師が宿老羽柴秀吉の同伴のもとで上洛し、京都で諸将・僧侶らから拝礼を受けた（『多聞院日記』）。こうして、三法師は天下人織田家の当主として公認され、清須会議を経て始動した宿老による織田権力の運営＝「織田体制」のもとに、その後の動向は展開することになる。

織田信孝・柴田勝家との対立

三法師を織田家当主に、織田権力は再動することになったが、その政庁である近江安土城は惟任氏勢力との対立の中で、主郭部分が消失したままで修築を要した。そのため三法師は、叔父信孝が清須会議により美濃国を得て、新たな居城とした岐阜城（岐阜市）に、安土城修築の間は滞在することとなった。つまり、岐阜城滞在の間、信孝は幼少の三法師の後見を務めることになったのである。信孝は、この三法師後見という立場から、父信長の後継の天下人として振る舞い始め、公家や寺社が所領保証や訴訟の解決を求めてくるのに対して、積極的に応えていった（山崎：二〇一五）。

この信孝の動きに反発を示したのが、信雄と宿老の一人、羽柴秀吉である。

信雄は、清須会議での領土配分によって、それまでの南伊勢と伊賀国三郡に加えて、織田家の本国である尾張国を領有することになり、居城を伊勢松ヶ島《まつがしま》城から尾張清須城へと移した。これに伴い、信雄はそれまでの北畠名字を改め、織田名字を名乗り始める（以下、「織田信雄」とする）。つまり、織田名字への復姓を通じて、伊勢北畠家当主としてよりも織田家当主の三法師との関係が深い御一門衆としての立場を、これまで以上に示し出したのである。

ところが、その直後から、信雄は美濃国を治めることになった信孝と対立する。要因は、信雄・信孝それぞれが治める尾張・美濃両国の国境をめぐってだった。濃尾《のうび》平野を流れる木曾川はたびたび氾《はん》濫《らん》で流路を変え、この時、尾張国北西部に位置する葉栗《はぐり》・中島《なかしま》・海西《かいさい》の三郡が東西に分断されていた。この木曾川の氾濫によって分断された尾張国北西部の三郡の西側地域（川西地域）は、肥沃なデルタ地域にあり、なおかつ尾張・美濃両国の国境に位置したため、この地域を押さえることは、尾張・美濃両国のそれぞれの統治の上で、どうしても必要なことだった。

そこで信雄は、この川西地域が尾張国としてあったことから、尾張・美濃両国の国境は「国切《くにぎり》」（尾張・美濃両国の区画に基づいた設定）で決めることを主張した。これに対して、信孝は川西地域を獲得するために、木曽川を国境として設定（「大河切《たいがぎり》」）することを求めた。そして、信雄に「大河切」を認めさせるために、代わりに美濃国東部（東美濃）の三郡を割譲する意向を示した。

ここで代替地として挙がった東美濃三郡とは、尾張国北西部と同じく木曽川の流路に北南に分断された、可児《かに》・土岐《とき》・恵那《えな》の各郡南部（岐阜県多治見市・土岐市・瑞浪市・恵那市）の地域を指す（加藤：二〇〇六）。この東美濃三郡の割譲によって、信孝は尾張・美濃両国の国境を「大河切」とし、川西地域を獲得しようとしたらしい。しかし、信雄は信孝の求めを断り、「国切」での国境設定にこだわり続けた。この結果、信雄・信孝の両者は、尾張・美濃両国の国境をめぐって対立を続け、さらに信雄は、信孝の天下人＝織田権力の実質的主導者としての振る舞いに不満を示していった。

一方、秀吉は清須会議によって前述のように山城国を治めることになり、山崎の地に活動拠点となる城を築き、京都の支配にも携わっていた。この秀吉の統治とは別に、信孝が公家や寺社に対する活動を進めたことから、信孝の活動が秀吉の進める山城国統治と抵触する事態となっていった。そこで、秀吉は尾張・美濃両国の国境問題について、信孝の求める「大河切」で解決を示しつつ、近江安土城の修築を急がせて、一刻も早く信孝の立場の源泉にあった三法師を安土城へ移徙《いし》させようとした（「専光寺文書」）。尾張・美濃両国の国境問題で信孝の要望に応じる一方、その見返りに三法師を信孝の掌中から離させ、信孝の活動を封じようとしたのである。

これに対して、宿老の一人である柴田勝家は、尾張・美濃両国の国境問題は信雄の主張する「国切」で解決すべきとした。また、三法師の安土城移徙に対しても、三法師は幼少なので急ぐ必要はなく、安土城の修築が終わってから行うのが、天下人織田家の家督（「日本国之御主御本立〔流〕」）にある立場として世間体もよいとの意見を示した（「徳川記念財団所蔵文書」）。

つまり、勝家は秀吉と逆の見解を示したのである。勝家がこのような態度を示した背景には、当時、秀吉が山城国に山崎城を築き、清須会議で取り決めた宿老らの合議を経ずして織田権力の運営を主導していこうとした態度に信孝が批判していたことへの支持があった。

こうして、秀吉は信孝だけでなく勝家とも対立することになる。そして勝家は、この事態に天正十年（一五八二）十月頃には信孝の叔母（信長妹）小谷《おだに》の方（市《いち》、浅井長政室）との婚姻を遂げて（『南行雑録』）、信孝との関係を強めて秀吉に対抗していく。

織田信雄の家督擁立と信孝の降伏

そのような織田家内部の対立状況下に、羽柴秀吉は主君織田信長の葬儀開催を進めていた。秀吉は、早くから織田信雄・信孝兄弟、柴田勝家・惟住長秀・池田恒興の宿老に対して、信長の葬儀を開催することを求めていた。しかし、信雄・信孝兄弟や勝家は秀吉の主導を嫌い、葬儀を開催できずにいた。この状況に、天正十年（一五八二）十月、秀吉は信長の五男で自分の養子となっていた羽柴秀勝を喪主に立て、京都大徳寺《だいとくじ》（京都市北区）にて信長の葬儀を行うことにした。秀吉主催の葬儀開催に、宿老の惟住長秀は自身の代理人として三人の家臣を遣わし（『兼見卿記』）、宿老の池田恒興も二男照政《てるまさ》

（のち輝政）が葬儀に参列して棺《ひつぎ》を担いでいるので（『惟任退治記』）、応じたことがわかる。

こうして、秀吉の主催による信長の葬儀は、信雄・信孝兄弟が上洛して中止させようとしたとの風聞もあったが（『晴豊公記』）、十月十五日に厳重な警護のもと、大徳寺にて盛大に執り行われた。しかし、秀吉の行動に不満を持つ柴田勝家との関係は、これによって一層険悪となり、対立はより深まっていったのである。

この事態を危惧し、葬儀後、織田信孝は秀吉と勝家両者の和解を持ちかけた。しかし秀吉は、織田家にこれまで忠義を尽くしてきた自分の行いには非がないと強く主張し、信孝からの和解要求を拒んだ（「金井文書」）。そして、秀吉は信孝・勝家方の動きに備えて、宿老の惟住長秀・池田恒興とは入魂《じっこん》を深め、自身に味方する畿内の諸将からは人質を差し出させ、関係を固めていく（『相州文書』）。

これにより、事態は秀吉方と信孝・勝家方の一触即発の対立状況へと進んでいってしまった。しかし、秀吉方にとって主人である三法師は、未だ信孝のもとにいる。このため、信孝・勝家方が三法師を大義名分にして動くと、秀吉方の行動は織田家への反逆という事態に陥ってしまうことになる。

そこで、秀吉はこの事態への対処として、十月二十八日に京都本国寺《ほんこくじ》（現在は本圀寺。京都市山科区）にて、宿老の惟住長秀・池田恒興と対談し、信孝と対立する信雄を三法師の「名代」（該当史料の表記は「御代」）としての織田家家督に擁立することを決めた（『蓮成院記録』、「真田宝物館所蔵小川文書」）。

つまり、秀吉・長秀・恒興の三宿老は清須会議時の決定を改め、信雄を三法師が成長するまでの暫定的な当主に据えることで、三法師を掌中に置く信孝・勝家方の行動を封じ込めようとしたのである。

この秀吉・長秀・恒興の対処に信雄も応じ、秀吉方は信雄を暫定的な織田家当主とした陣営を整えていく。この結果、「織田体制」は、清須会議後の政争から織田家当主の信雄・羽柴秀吉方と、本来の家督にある三法師を掌中に置く織田信孝・柴田勝家方の二閥に分かれ、対立する事態になるのである。

十一月、信孝の領国だった美濃国内でも、信雄・秀吉方に応じる諸将の動きが見られた。この事態に、信孝は信雄・秀吉方に応じる諸将の討伐を進めていく。また、同時期から、自身こそが父信長を継いで天下人としてあるべきという立場を再表明すべく、信長の「天下布武」印に倣った「弌剣平天《いっけんへいてん》下《か》」の文字を刻んだ馬蹄形の印判を使用し始める(「伏屋文書」)。

この事態に十二月、信雄は自身の陣営について信孝に敵対した諸将の救援、さらに秀吉も、三法師の奪還と信雄を近江安土城へ迎え入れるために、惟任長秀や池田元助《もとすけ》(恒興の嫡男)らの軍勢を加えた三万人余もの軍勢で美濃国へ出陣する。この信雄・秀吉勢の進攻に、手を結ぶ勝家が深雪によって動けなかった上、居城の岐阜城を攻囲されて不利な情勢を悟った信孝は、信雄・秀吉方に降伏の意思を示した。その結果、信孝は美濃国の領有を引き続き許された代わりに、自身の立場の源泉にあった三法師を手放した上で、母の坂氏と息女、家臣の子弟を人質に差し出した(『柴田退治記』ほか)。

その後、三法師は秀吉方の軍勢に供奉《ぐぶ》されて、近江安土城へと移る。また、信雄も天正十一年正月末日に安土入城を遂げる。その上で、翌閏正月に信雄は諸将・諸人より御礼を受けて(『多聞院日記』ほか)、三法師「名代」としての当主の立場を認められた。こうして織田権力は、三法師「名代」としての当主信雄と、それを補佐する羽柴秀吉・惟住長秀・池田恒興のもとで運営が進められていくことになる。

賤ヶ岳合戦と信孝・勝家の滅亡

始動した三法師「名代」としての当主織田信雄と、宿老の羽柴秀吉・惟住長秀・池田恒興とによる、織田権力の運営に対して、服従しない態度を示したのは柴田勝家と滝川一益《かずます》だった。

この運営の始動によって、信雄・秀吉方と対立する立場にあった勝家は、宿老として携わることを外される状態となった。この事態は、当然、勝家にとっては立場の失墜に繫がりかねない。その上、信雄・秀吉陣営は、これまで勝家と戦い続けた越後上杉氏との通交を進め、勝家の動きを封じ込める形勢にあった。このため、勝家の反感は積もり、信雄・秀吉方による織田権力の運営に不服従を示したのである。

また、滝川一益は、天正十年（一五八二）三月の甲斐武田氏の滅亡と「東国御一統」（織田権力による関東・東北地方の諸勢力統合化）の進展を受け、信長から関東・奥羽の統制と保全（「東国警固」）を委ねられていた（柴：二〇二〇）。しかし、本能寺の変が起きて、それまで織田家に従属していた相模北条氏が離反の意思を示し、敵対した結果、六月十九日の神流川《かんながわ》合戦に敗れ、伊勢国長島《ながしま》（三重県桑名市）の所領に帰還していた。

なお一益は、一般に宿老の立場にありながら清須会議に間に合わなかったため、織田家内部での立場を失墜したと言われている。しかし、六月二十六日に秀吉が一益に出した返書（「大阪城天守閣所蔵文書」）によると、一益には対北条氏戦と関東での勢力維持に専念することが求められている。つまり、一益の参加は端《はな》から想定されていなかったのだ。

ところが、一益は神流川合戦に敗れ、伊勢国の所領へ帰還することになってしまった。当然、この事態は関東での勢力維持を果たせなかった責任を一益に負わせることとなり、織田家内部での立場の失墜をもたらすことになった。この事態からの再起のため、帰還した一益は、今後の活動にあたっての所領の加増を秀吉らに要求したらしい（「専光寺文書」）。

しかし、清須会議で所領配分を終えたばかりの中、一益に支給できる所領は、織田家の蔵入地を削るほかなかった。このため、一益への加増要求への対応はなされず、一益は秀吉らに不満を持つことになった。そこで一益は、すでに天正十年末から織田信孝の動きに応じて、伊勢国内での所領確保を進めていったが、信雄・秀吉方が信孝に勝利すると、その活動は取り締まられ、一益の反感はさらに増していく。そして、勝家と同じく信雄・秀吉方による織田権力の運営に不服従を示すことになった。

勝家・一益の不服従の姿勢に、天正十一年二月、秀吉は討伐を決め、近江国長浜へ出陣する。この秀吉の出陣に、長浜城にいた勝家の甥勝豊《かつとよ》は服従した（『古文書纂』）。その後、秀吉は続けて一益討伐のために北伊勢へ向かった。北伊勢に進軍した羽柴軍は、一益の居城だった長島城の近所を放火し、亀山《かめやま》（三重県亀山市）・峯《みね》（同前）・国府《こう》（同鈴鹿市）の三城を攻撃した。この羽柴軍の攻撃に、同月二十八日には信雄の軍勢も加わった（「近藤文書」）。

信雄・秀吉方の攻勢に、三月になると柴田勝家はついに動き出した。勝家はこの時、備後国鞆《とも》（広島県福山市）にいた室町幕府将軍足利義昭《あしかがよしあき》の帰京活動を積極的に応援することで、将軍義昭を補佐する安芸毛利氏と結びつき、信雄・秀吉方への牽制を働きかけた。そして、まだ深雪の中を、加賀・能登・越中の北陸各国の軍勢を率いて、江北《こうほく》（近江国北部、滋賀県長浜市）へ出陣してきた（「山口歴史民俗資料館所蔵萬代文書」ほか）。

この事態に、秀吉は信雄に北伊勢での戦陣を委ねて、江北へ向かい、柳ヶ瀬《やながせ》（滋賀県長浜市）に陣した勝家が率いる柴田軍と対峙した。そして、若狭国の惟住長秀の軍勢を越前国敦賀《つるが》（福井県敦賀市）へ進攻させ、柴田方の勢力を牽制した（「長尾文書」）。また、秀吉方に味方することを示した本願寺宗《しゅう》主《す》の顕如《けんにょ》には、加賀国で柴田氏の勢力を牽制するよう、一揆の蜂起を促した（「本願寺文書」）。

その一方、四月になると、勝家の江北出陣に応じて、復権を企てる織田信孝も挙兵した（『兼見卿記』）。この信孝の動きに、秀吉は人質として差し出されていた信孝の母坂氏らを磔刑《たっけい》に処したあと、四月十六日、信孝を討つために美濃大垣《おおがき》城（岐阜県大垣市）へ着陣した（「亀井文書」）。

この秀吉の動きを受け、四月二十日に、柴田勝家は甥の佐久間盛政《もりまさ》に賤ヶ岳《しずがたけ》の秀吉方陣営を攻撃させ、中川清秀《きよひで》らを討死させる。この柴田方の動きを聞いた秀吉は、大垣から柳ヶ瀬へと軍を返した。そして翌四月二十一日に柴田軍と交戦し、福島正則《まさのり》・加藤清正《きよまさ》・加藤嘉明《よしあき》・脇坂安治《わきざかやすはる》・片桐且元《かたぎりかつもと》ら馬廻衆（親衛隊）の活躍もあって、勝利した（賤ヶ岳合戦）。

その後、さらに柴田軍を追撃して、勝家の居城だった越前北庄《きたのしょう》城（福井市）を攻囲した。羽柴軍の攻撃に勝家は対抗できず、四月二十四日に妻の小谷の方を刺殺の上、天守に火をかけて自刃し、北庄城は落ちた。その上で、秀吉は加賀国金沢（石川県金沢市）まで進軍し、勝家に味方した柴田氏勢力の服従を確認して、今後の統治のための処置（「手置」）を行った。さらに、どっちつかずの曖昧《あいまい》な態度を示していた越後上杉氏から人質を取った上で、北陸方面の平定を見届け、近江国へ帰還した（「毛利家文書」ほか）。

また、いったん伊勢国から近江安土城に戻っていた信雄は、四月二十四日に秀吉の勝利を受けて、信孝の討伐に美濃国へ向かう。信雄軍の進攻に、勝家討滅によって意気消沈した信孝勢はまとまりきれず、岐阜城は攻略された。戦後、信孝は、信雄によって尾張国内海《うつみ》（愛知県御浜町）の大御堂寺《おおみどうじ》に連行され、五月二日に自刃した（『多聞院日記』ほか）。享年は二十六、法名は功岸徳虎である。

その後、六月には、居城の伊勢長島城を攻囲されていた滝川一益も降伏する（「鉄屋水野文書」）。こうして信雄・秀吉は、織田権力の運営主導をめぐって対立し続けた信孝・勝家の滅亡により、反勢力の鎮定を果たしたのだった。

秀吉の台頭と信雄

織田信孝・柴田勝家らの反勢力を討ち果たしたことによって、「織田体制」は当主の信雄を、宿老の羽柴秀吉が万事を補佐することで進められることになった（「石坂孫四郎氏所蔵文書」）。それまで宿老の一人だった秀吉が、独自で信雄を万事において補佐するようになったのは、秀吉が反勢力の討滅を実質的に主導したからにほかならない。

そして秀吉は、この信雄補佐役(「指南」)という立場から戦後処理を実施し、惟住長秀には越前国、池田恒興には美濃国を与えるなどして、織田家諸将を従えていき、彼らの上に立つ織田権力を率いる主導者としての勢威を増していった。この流れの中で、秀吉に、織田家当主の信雄に代わって、執政者として「天下」=日本の中央に君臨し、国政を主導していくことが求められるようになる。

これを受けて、秀吉は天正十一年(一五八三)六月二日に信長の一周忌法要を行ったあと、池田恒興を美濃国岐阜領へ移封させることで得た、日本の中央としてあった五畿内(「天下」)の要地に位置する摂津大坂城に入り、居城と定めた(『多聞院日記』ほか)。その上で、自身が信長後継の天下人であるという態度を示し、織田家当主の信雄ではなく自身の判断のもとに「天下」統治を進め始めていった。

そのような中で、織田家当主の信雄と正統な家督継承者にあった三法師には、一五八四年一月二十日付けのイエズス会宣教師ルイス・フロイスの書簡によると、秀吉は次のような対応を行ったとされる。

もはや天下には羽柴が尊敬すべき人がなかったので、彼はいっそう自由に振る舞い、以下に述べることをし始めた。まず初めに、天下の継承者たる信長の孫をこれまでは安土山に住まわせて丁重に扱ったが、これを元、明智の城であった坂本の城に移し、少しも厚遇しなかった。信長の第二子には伊勢国のほかに尾張、伊賀両国を与え、彼には（これらを治めるべく）立ち去って、右の三カ国で満足し、二度と天下に足を踏み入れぬこと、また、何か望むものがある時はかの地より書状を送れば与えるであろうと伝えさせた。

このフロイスの書簡によると、信長後継の天下人として振る舞い始めた秀吉は、近江安土城にいた織田家の当主信雄には尾張・伊勢・伊賀の三ヵ国の領有を認めた上で帰国させ、正統な家督継承者にあった三法師を近江国坂本《さかもと》（滋賀県大津市）へ移して、庇護下に置いたことがわかる。これによって、安土城は天下人織田家の政庁としての役割を終える。

そして、秀吉はこの信雄・三法師への処置を通じて、織田家当主に代わって自身が「天下」統治を占有する国政の主導者＝天下人の立場にあることを、世間にはっきりと示した。それに伴い、直後の八月から、秀吉は花押《かおう》のみでなく、新たに独特な糸印を朱で押捺した「朱印状」を発給し始める。また、宿老の黒田孝高《よしたか》ら諸将を動員して、近江安土城に代わって天下人としての自身の政庁となる摂津大坂城の築城に努めさせた。

さらには、常陸佐竹氏ら北関東の大名・国衆（「東方《とうほう》之《の》衆《しゅう》」、以下彼らを「東方之衆」と表記）が相模北条氏の攻勢に対してそれぞれの存立保護を求めてくるのを受け、秀吉は彼らに信長生存時の政治関係の継承を求めると共に、この頃、東国の対応を任せていた徳川家康に対しては、進んでいない「関東惣無事」（関東情勢の政治解決）の実現を督促した（『武徳編年集成』）。この秀吉からの督促を受け、十一月十五日、家康は北条氏に「関東惣無事」の指示を伝達し、熟慮の上に対応を示すよう促した

（「持田文書」）。こうして、織田家に代わって天下人として活動を始めた秀吉が、東国情勢にも関わり始めていった。

一方、尾張清須城に戻った信雄は、その後、新たに北伊勢を得たことで、伊勢長島城へ居城を移した。その上で、この年の初めより着手していた領国内の検地（諸税賦課基準を定めるための土地調査）に本格的に取り組み、貫高制《かんだかせい》を基準とした統一的知行・収取体系の整備を進める。そして十月より、信雄は父信長の「天下布武」印に似た「威加海内《いかかいだい》」の印文を刻んだ馬蹄形の印判を使用して、領国支配を行っていく（「杉浦三郎兵衛氏所蔵文書」）。こうして、信雄は自身こそが天下人織田家の当主であることを改めて表明したのである。

このように、秀吉と信雄がそれぞれ活動を進める中で、十一月になると、信雄が畿内で切腹したとの風聞が流れる険悪な情勢が生じた（『家忠日記』）。しかし実際のところ、秀吉と信雄は、この時点ではまだ対立を表面化させてはいない。この背景には、秀吉と親交を持つ信雄の宿老津川雄光《つがわかつみつ》・岡田重孝《しげたか》や重臣浅井長時《あざいながとき》らの働きかけがあり、両者の関係が維持されるよう努めていたのだろう。

だが、信雄の復権を求める反秀吉派の織田家中の動きは収まらず、ついに翌天正十二年三月六日、信雄が伊勢長島城において、親秀吉派の津川雄光・岡田重孝・浅井長時を殺害する（「香宗我部文書」ほか）。その結果、信雄と秀吉の対立は表面化し、両者の対立は「小牧・長久手合戦」の勃発へと事態を向かわせることになる。

小牧・長久手合戦の性格

天正十二年（一五八四）三月六日に起きた、織田信雄による津川雄光・岡田重孝・浅井長時の殺害は、羽柴秀吉との断交を世に示した政治行為だった。信雄は、この殺害を徳川家康に相談の上で実行していた（「真田宝物館所蔵小川文書」）。

前述のように家康は、信長の生前から織田家と縁戚関係を持っていたため、親類大名という立場にあり、なおかつ秀吉らが信雄を当主に擁立した際にも承認の意思を示していた。その一方で、織田権力との繋がりのもとで、本能寺の変後の相模北条氏との旧武田領国の領有をめぐる戦争（「天正壬午《じんご》の乱」）を経て、三河・遠江・駿河・甲斐・信濃（ただし北部の川中島《かわなかじま》四郡〔長野市周辺〕は、越後上杉氏の統治領域で除く）の五ヵ国を領国とする大名に発展を遂げ、さらには「関東惣無事」に携わる立場へとなっていた。

ところが、従順な態度を示さない信濃国衆や彼らを援護する上杉氏との緊張対応から、家康は北条氏との同盟関係を強め、「関東惣無事」の実現を滞らせていってしまう。この中で、前述のように「東方之衆」は秀吉へ存立保護を求めて近づき、それを受けて秀吉は、家康に「関東惣無事」の実現を督促し、徳川氏の携わる東国情勢に関わり出していく。家康が信雄による津川雄光らの殺害実行に応じたのには、信雄を支持した親類大名という家康の立場と、徳川氏の携わる東国情勢に、天下人として振る舞い、関与し始めた秀吉への牽制があった。家康は、信雄が殺害を実行するとすぐに出陣し、三月十三日には尾張清須城に着き、信雄と対面している。

この信雄・家康の敵対行為に対して、秀吉は三月十日に大坂を発ち、京都で諸勢を参集させた上で、信雄討伐に向けて伊勢・尾張両国へ進軍した。この時、織田家一族や惟任長秀・池田恒興らをはじめとする織田家諸将の多くは秀吉を支持し、彼に従う態度を示した。これは、彼らにとって存立をもたらしてくれる主が、もはや織田家当主（信雄）ではなく、秀吉だったことを示している。

そして、秀吉方の先勢により、程なくして信雄の領国だった伊賀国は攻略される。また、秀吉支持の立場を示した美濃国の池田恒興・元助父子と森長可《ながよし》（池田恒興の娘婿）らは、尾張国へ出陣し、三月十四日に犬山城《いぬやまじょう》（愛知県犬山市）を攻略した。三月十七日、この池田・森勢を羽黒《はぐろ》（同前）で破った上で、家康は信雄と共に小牧山城《こまきやまじょう》（愛知県小牧市）に入る。

これに対して、尾張国へ進軍した秀吉は楽田城《がくでんじょう》（愛知県犬山市）に陣取り、小牧山周辺に諸勢を配置して、織田・徳川両軍に対峙する。こうして、小牧・長久手合戦は始まった。以下、その過程の概略をたどりつつ、同合戦の性格を見ていきたい。一般的には、この合戦が天下人を目指す秀吉と、それを阻む家康との戦いとして認識されているが、近年、織田信雄との関係のもとでその性格の見直しが進んでいるためである（藤田：二〇二二ほか）。

織田・徳川勢との対峙が続く中、四月六日に秀吉は事態の進展を図って、甥の三好信吉《のぶよし》（のちの羽柴秀次《ひでつぐ》）、池田恒興・元助父子、森長可、堀秀政ら二万四千人ほどの軍勢を三河国岡崎《おかざき》（愛知県岡崎市）

方面に進軍させ、織田・徳川方の尾張岩崎城《いわさき》（愛知県日進市）を攻略させた。この事態に、家康は小牧山城を出陣し、三月九日に岩崎周辺にて三好信吉らの軍勢を追撃して破った。

この「長久手合戦」で、羽柴方は池田恒興・元助父子、森長可らが戦死した。敗報を聞いた秀吉は、すぐに竜泉寺《りゅうせんじ》（名古屋市守山区）へ向かうが、家康はすでに撤退していたため、秀吉は楽田城へ帰陣の上、岐阜方面へ移る。開戦当初の長久手合戦で家康が羽柴勢を破ったことから、小牧・長久手合戦は秀吉のその後に大きな影響を与えた戦争として知られるが、戦闘はその後も尾張・伊勢両国を主舞台に続いていることに注目する必要がある。

そのような中で、信雄・家康は土佐の長宗我部元親《もとちか》と対秀吉の外交を展開し、さらに家康は北条氏に援兵の派遣を求めた（「不和文書」）。しかし北条氏は、秀吉に従う常陸佐竹氏ら「東方之衆」と、下野国沼尻《ぬまじり》（栃木県栃木市）で対峙し続け、援軍の派遣は果たせずにいた。

次第に軍勢数や兵站《へいたん》で勝る羽柴軍が優勢になっていく中、秀吉と信雄・家康の両者は九月になると講和を試みたが、交渉は決裂した（『家忠日記』）。その後、羽柴軍は南伊勢の攻略を成し遂げた上、十一月六日には信雄の居城である伊勢長島城の近辺にまで進軍し、信雄を講和（実質的には降伏）に追い込んだ。

その際、信雄はこの合戦中に秀吉方の占領下となった南伊勢と伊賀国を割譲し、人質に自身や叔父の織田長益《ながます》（のちに出家し、有楽斎《うらくさい》を称す）の実子、重臣らの母や実子を差し出した（「伊木文書」）。そして、信雄の実質的降伏を受け、程なくして家康も秀吉と講和し、小牧・長久手合戦は秀吉の勝利のもとで幕を閉じる。

この経過を見て、主戦場が信雄の領国である尾張・伊勢両国だったことに示されるように、小牧・長久手合戦は、秀吉と信雄との織田権力内部の政争から発展して起きた信長後継の天下人をめぐる戦争としての性格を有していた。したがって、この合戦のその後への意義とは、最終的に秀吉が主君である信雄に勝利したことにこそ求められる。つまり、この勝利によって、秀吉は信雄との主従関係を実力で逆転させ、織田家に代わる天下人としての立場を確固たるものとしていったのである。

豊臣大名織田信雄

羽柴秀吉は、小牧・長久手合戦の終結直後の天正十二年（一五八四）十一月二十二日に朝廷からも天下人の立場を認められ、従三位権大納言となった（『兼見卿記』）。この立場は、官位でも正五位下左近衛中将にあった主君の織田信雄を凌駕することになった。ここに、天下人秀吉のもとで「天下」を管掌する豊臣権力（中央政権として活動する領域権力の羽柴家）が名実共に本格的に動き出すのである。

なお秀吉は、このあとで「豊臣」に改姓するが、これは関白任官に際して改めた藤原姓からの氏の改姓で、名字は終生「羽柴」のままである（黒田：二〇一六・二〇一七）。そこで、本章では秀吉とその一族（弟秀長、甥秀次、嫡男秀頼など）を羽柴名字で表記する。ただし、天下人秀吉を主に中央政権として活動した領域権力としての羽柴家を「豊臣権力」、さらにはそのもとでの「天下一統」（国内諸勢力の統合）の進展によって展開した全国政権については「豊臣政権」とする。

その後、翌天正十三年二月二十二日に、信雄は摂津大坂城の秀吉のもとへ出頭し、秀吉に臣従する姿勢をはっきりと示した。それを受け、三月一日、秀吉は信雄を従三位権大納言（同年中に正三位に昇進）に推挙する。そして、その直後の三月十日、秀吉は正二位内大臣となり、天皇の御所に参内を果たした（『兼見卿記』、『貝塚御座所日記』）。こうして、秀吉と信雄との主従関係は実力だけでなく、身分秩序においても固められ、秀吉は名実共に織田家を臣従させたことを世間に示したのだった。

この、秀吉による織田家臣従の世間表示を通じて、信長死後も政局を規定し続けてきた「織田体制」は解体されていった。その中で、秀吉は七月十一日に従一位関白となり、公武における最高位のステータスを獲得し、天下人としての立場を不動のものにした。そして、畿内周辺を鎮め、日本の中央としての「天下」の占有を成し遂げた。さらに、その安泰（「天下静謐」）の維持を図るために、信長による国内諸勢力の統合事業を継承し、強大な軍事力に伴われた権勢で、国内各地の戦国大名・国衆による抗争を取り締まり、従えていく、「惣無事」での「天下一統」を進め始める。

このような中で天下人秀吉に臣従した織田信雄は、豊臣大名織田家当主としての立場を確固たるものとしていった。もともと信雄は、正統な家督継承者の三法師が幼少だったため、成人するまでの暫定的な当主にすぎなかった。そのため天正十二年三月に、信雄が秀吉と敵対して小牧・長久手合戦が起こると、近江坂本城にいた三法師は京都に移され、その身柄を確保された。すなわち、秀吉は小牧・長久手合戦にあたって、三法師を切り札に織田家諸将を率いる正当性を確保し、信雄討伐を実施していたのである。しかし、信雄が秀吉に降伏して臣従すると、三法師は再び秀吉の庇護を受ける養い人となった。

その結果、信雄はそれまでの三法師「名代」の織田家当主ではなく、豊臣大名織田家の当主として位置づけられることになった。そして信雄は、小牧・長久手合戦時に徳川家康や越中の佐々成政らが自身に与《くみ》したことから、責任者として彼らを豊臣権力（天下人羽柴家）に臣従させるよう務めを課され、活動する。

また、信雄の領国は、小牧・長久手合戦での敗戦によって尾張国と北伊勢のみに縮小した上、天正十三年十一月二十九日に発生した「天正地震」で、居城の伊勢長島城が倒壊するなどの大被害を蒙った（『長島略記』ほか）。この事態に信雄は、翌天正十四年二月に尾張清須城へ居城を移した上で、七月には領国内で検地を実施し、家臣や寺社へ所領の再給与や所領替えを行うなどして（「真田宝物館所蔵文書」ほか）、相次いだ領国の存立危機に対応するために、再興と支配体制の整備に努めていく。

一方、秀吉と徳川家康との関係は緊迫度が極まり、徳川氏が明確な臣従を示さない上に、その領国内の問題（特に真田氏ら信濃国衆の離反や、宿老石川康輝《やすてる》〔数正《かずまさ》〕の出奔）も絡んで、「家康成敗」（徳川氏討伐）という事態が進められていた。その中で起きた「天正地震」の甚大な被害は、豊臣権力の対徳川氏への対応を融和路線へと切り替えさせた。信雄は、融和へと動いた秀吉の意向を受けて、翌天正十四年正月に三河岡崎城で家康と対面し、秀吉との和睦を促した。この信雄の和睦調停に、家康は現状の事態打開のために応じ、秀吉に臣従することを決する（『貝塚御座所日記』）。

これを受けて秀吉は、二月に家康の臣従を認めた上で、家康の要望を受け入れて、妹の朝日（旭）姫を嫁がせて羽柴家の親類とし、また離反した真田氏や小笠原氏らの信濃国衆を徳川家の政治的・軍事的配下としての与力小名《しょうみょう》として従えさせるなど、その領国の存立保護を行った。その上で、秀吉は十月に正親町天皇の譲位（後陽成《ごようぜい》天皇の即位）に際して、家康を上洛させて豊臣権力への臣従を明確に示させた。それは、信雄の対徳川氏従属交渉の働きが、実を結んだことでもあった。

天正十五年八月、信雄は正二位に叙され、十一月には内大臣となった（『公卿補任』）。また、そのあとには「清華成《せいがなり》」を遂げる。清華とは、摂関家に次ぐ太政大臣を極官とした公家の家格で、信雄のほかに秀吉の弟秀長や甥秀次の羽柴家一門のほかに、有力臣従大名家当主の徳川家康・宇喜多秀家・上杉景勝・毛利輝元・前田利家・小早川隆景が、「清華成」を遂げた大名（「清華成」大名）の立場にあった（矢部：二〇一一）。

秀吉は官位のほかに、こうした公家の家格を用いて、「織田体制」を解体させて「天下」を占有した従一位関白太政大臣（太政大臣には天正十四年十二月に任官）にある自身の下に武家勢力を序列化し、全国政権としての豊臣政権を展開していった（黒田：二〇一六・二〇一七など）。信雄は、その中で元主人として、天下人の羽柴家に次ぐ高位の臣従大名としてあり続けたのである。

信雄改易の真相

天正十八年（一五九〇）七月、相模北条氏との小田原合戦終結直後に、秀吉によって織田信雄は改易された。信雄が改易された理由は、秀吉からの国替指示を拒否したことによる。このことを詳細に記したイエズス会宣教師のルイス・フロイス著『日本史』には、秀吉からの国替指示に、信雄が「異議を唱え、従来の領国伊勢、尾張は父が残した物であって満足しているので、もとのままにしておいてもらいたい、と願い出た」ことに対して、秀吉が「この返答に接して激怒し、彼が領国を持つことを禁じ、一人の草履運びだけしか家来として伴うことを許さず、ただちにその領国を没収した」とある。

この信雄の改易について、天下人秀吉がかつての主家である織田家を克服するための最終過程と見る向きもある。そうしたことから、信雄が秀吉の元主筋という意識から生じた状況判断の甘さなど、改易の要因は「暗愚」とイメージされる信雄個人の資質に求められてしまっている。

しかしながら、豊臣政権の展開の中で、秀吉の主家だった織田家への下剋上は成し遂げられており、信雄はそのもとで豊臣大名織田家の当主にあった。つまり、信雄は豊臣政権の政治的・軍事的保護のもとで織田家が臣従大名としてある以上、政権の展開のために役割（責任）を果たすことは避けられなかった。信雄の場合で言えば、家康を秀吉に臣従させたあと、徳川氏が外交・軍事面で助勢活動を求められた、豊臣政権が進める「関東・奥両国惣無事」（関東・東北地方の豊臣政権への従属と統制）の実現に支障が生じた場合、徳川氏を補佐することにあった。それは、信雄が小田原合戦時に徳川氏に次ぐ二番手を務めたことなどに表れている。

そうしたことから、合戦後に家康が関東へ移封されると、信雄もまた、徳川関東領国（関東移封による徳川領国）の後方に位置した、駿河・遠江・三河・甲斐・信濃の各国で構成されていた旧徳川領国へ移封されるのは、役割（責任）に基づいた必然の事態対応だった。

それでは、豊臣大名としての役割（責任）に基づく秀吉からの国替指示を、信雄はなぜ拒絶してしまったのだろうか。残念ながら、その要因を直接的に語ってくれる史料はない。しかし、その真相に迫る手がかりはある。

実は、秀吉からの国替指示は、小田原合戦最中の天正十八年六月には現実味を帯びて俎上に載ってきており（「大阪城天守閣所蔵小幡文書」）、信雄も知るところではあったようだ。また、噂としても広まっており、織田領国内ではこの移封の噂を受けて「騒動」が起きていた。この「騒動」という事態に、信雄は、秀吉からの国替指示は受けていないことを伝えて安心を求めた上で、「騒動」の取り締まりと処罰を命じている（「埴原家文書」）。このことから、信雄の領国では国替の噂を聞いて「騒動」が起きる事態にあり、信雄はその対処に追われていたことがわかる。

この領国下の「騒動」の惹起《じゃっき》こそが、信雄改易の真相に関わることだろう。つまり、信雄がこの国替の噂を受けた領国内の「騒動」を押さえ込むことができず、秀吉の国替指示が現実になされた時に拒絶してしまったということである。この信雄の対応は、地域と対峙し、領国の存立に努めることで領国を統治する政治権力（領域権力）としてあった、当時の大名権力の態様から、国替に動揺を示す領国下の状況に応えなければならない苦慮の末のものだったと推察される。

だが、この時、豊臣大名としてあった織田氏には、領国の存立にのみ専念するのではなく、豊臣政権の一員としてその展開のための役割（責任）を果たすことも求められていた。したがって、信雄が豊臣大名としての織田氏が抱える両側面の調整をつけることができず、秀吉の国替指示を拒絶してしまったことこそが、信雄改易の真相として考えられよう。

このように、信雄の改易は、信雄個人の資質ではなく、この時に織田氏の置かれていた豊臣大名としての態様にこそ、その真相は求められるべきである。つまり、これは秀吉がかつての主家である織田家を克服することを目的になされたわけではなかったのである（柴：二〇一九）。

その後の信雄と織田一族

秀吉の国替指示を拒んだため、天正十八年（一五九〇）七月、織田信雄は下野国那須《なす》（栃木県那須烏山市）にわずかな従者のみを伴って追放されることとなった（『当代記』ほか）。『公卿補任』や諸系図類によれば、その際に信雄は正二位内大臣を辞した上で、出家して法名の「常真《じょうしん》」を称したとされる。

しかし、天正十九年閏正月二十九日、信雄が常陸佐竹氏に仕える大山義景に対して、秀吉から配流を許されたために上洛することを伝え、碁相手だった家臣の平岡五右衛門に相伴を求めた書状（「秋田藩家蔵文書」）には、「信雄」として署名している。また、同書状に記された花押（「秋田藩家蔵文書」は書写文書なので、花押も書写されたもの）も常真を名乗ってからのものではなく、改易・配流前に使用していたものにあたる。このことから、信雄が那須への配流に際して、正二位内大臣を辞して出家し、法名「常真」を称したというのは、誤りであることがわかる（柴：二〇一九）。

では、信雄はいつ正二位内大臣を辞した上で、出家して法名「常真」を称したのだろうか。

信雄は天正十九年閏正月に、徳川家康の尽力により、秀吉の赦免を得て上洛する。その後、信雄は伊予国道後《どうご》（愛媛県松山市）に隠遁する（『当代記』ほか）。信雄が、法名の「常真」として史料に見られるのは、このあとのことである（「酒井家文書」）。つまり、道後への隠遁こそが、信雄が正二位内大臣を辞し、出家することになった契機と判断される。

この信雄の道後への隠遁には、織田家の再興が関わっていた。この時、信雄の嫡男には、織田嫡流家と同じ幼名の「三法師」を名乗っていた秀雄《ひでかつ》がいた。その母は信雄が養嗣子となった北畠具房の娘で、秀雄は天正十一年に生まれたとされる（『寛政重修諸家譜』）。したがって、天正十九年時にはまだ九歳にすぎなかった。しかし、赦免された信雄は、織田宗家の立場にあった信雄系統の織田家の再興を秀吉から認められるには、幼少の嫡男秀雄に家督を譲り、当主の座を退くほかなかったのだろう（柴：二〇一九）。こうして道後に隠遁した信雄は出家して、法名の「常真」を称す（以下、信雄を常真と記す）。

その後、秀雄は文禄三年（一五九四）十月以前に元服を遂げ、秀吉から侍従に任じられた上で近江国大溝領《おおみぞ》（滋賀県高島市）を与えられて、「羽柴大溝侍従」を名乗る（黒田：二〇一七）。そして、翌文禄四年七月以前に、秀雄は越前国大野領《おおの》（福井県大野市）に移封され、参議（宰相）となり、「羽柴大野宰相」として史料上に出てくる（「大阪城天守閣所蔵文書」）。このように、再興された織田宗家の当主となった秀雄は、他大名同様に羽柴名字を名乗る御一家大名として位置づけられ、活動していくことになる。

また、道後に隠遁していた常真は、秀雄が幼少だったことから、「唐入り」（朝鮮出兵）に際して、拠点地の肥前国名護屋《なごや》（佐賀県唐津市）に自ら参陣、その後は秀吉の相伴衆《しょうばんしゅう》（御伽衆《おとぎしゅう》）になると共に、秀雄を支えて活動する。

一方、正統な織田家の家督継承者でありながらも、秀吉のもとで養われていた三法師は、元服を遂げ、実名は「秀信」を名乗り（以下、秀信と記す）、侍従に任官していた。その後、天正二十年九月九日に秀吉の甥で美濃岐阜城の城主だった羽柴小吉秀勝が朝鮮巨済島《コジェド》で病死すると、秀雄は小吉秀勝の遺跡を継承して岐阜城の城主となる。小吉秀勝は、信長の五男で秀吉の養子にあった於次秀勝の遺跡を継承していた。

つまり、秀信は叔父の於次秀勝の系統に連なることで、織田嫡流家を再興することとなったのである。こうして岐阜城主となった秀信は、岐阜領の統治に邁進すると共に、翌文禄二年（一五九三）五月以前には中納言となり（「東京国立博物館所蔵文書」）、織田宗家（秀雄）と同じく御一家大名の「羽柴岐阜中納言」として政権内で活動する（「大阪城天守閣所蔵文書」ほか）。

このように、常真・秀雄父子、秀信をはじめとする織田一族は、いずれも天下人とその一族から凋落《ちょうらく》し、秀吉の下剋上によって臣従する立場となった。そして、天下人秀吉の存立保護の恩恵を受け、豊臣政権の政治体制のもとに、天下人羽柴家を主家として、権威づけを支える御一家大名として位置づけられ、その立場に応じた活動を求められていった。

つまり、彼らにとって、豊臣政権とは家の存立を図るためになくてはならない保護体でもあったのである。このため、慶長三年（一五九八）八月の秀吉死後に、豊臣政権内部の政争が惹起し、やがて慶長五年に関ヶ原合戦へ発展すると、彼らの多くは相次いで石田三成・毛利輝元らの反徳川勢力（いわゆる西軍）に属して行動した。

特に秀信は、居城の岐阜城にて、西上を急ぐ徳川方軍勢（いわゆる東軍）を迎え撃つ。しかし、福島正則と池田照政の両勢を中心とした徳川方軍勢の攻撃に敵わず、八月二十三日に降伏した（「浅野家文書」ほか）。降伏した秀信は、剃髪して紀伊国高野山（和歌山県高野町）に隠棲し、慶長十年五月八日に二十六歳で死去した。法名は圭巖松貞大善院（『寛政重修諸家譜』）である。

また、秀雄も反徳川氏勢力に与したことから、越前国大野領を関ヶ原合戦後に失い、武蔵国浅草（東京都台東区）に隠棲したとされる。その後、秀雄は許されるが、政治復帰は果たせず、慶長十五年八月八日に二十八歳で死去した。法名は天巖玄高月院（『寛政重修諸家譜』）である。

常真は、関ヶ原での敗戦に伴う織田宗家の凋落後、引き続き主の羽柴家による庇護のもとで、摂津国大坂天満《てんま》（大阪市北区）に住み続けていた。しかし、慶長十九年十月に徳川権力（徳川将軍家）との対立を強めると、羽柴家内部では当主の秀頼を大坂城から退城させ、常真を大将にした籠城案が出された。その上、秀頼からも常真には「密談」が持ちかけられた（『駿府記』）。すでに政治の表舞台から退いていた常真ではあるが、かつては天下人織田家の当主であり、その存在は依然として羽柴家に重視されていたのである（小川：二〇二〇）。

しかし常真は、この事態を危惧して大坂を退出、徳川権力に従う態度を示した。その結果、大坂の陣後の元和元年（一六一五）七月二十三日、常真は徳川家康からこの時の対応を賞され、大和国宇陀《うだ》郡（奈良県宇陀市）と上野国甘楽《かんら》・多胡《たこ》・碓氷《うすい》の三郡内（群馬県甘楽町・富岡市・安中市など）において五万石の所領を与えられた（『駿府記』ほか）。その後、常真は京都の北野《きたの》（京都市上京区）に移り住み、寛永七年（一六三〇）四月晦日に死去した。享年は七十三、法名は実巖真公徳源院（『寛政重修諸家譜』）である。

そして江戸時代、天下人からの凋落の苦難を乗り切った織田氏は、常真（信雄）系統の丹波国柏原《かいばら》藩（大和宇陀藩の後裔）と出羽国天童《てんどう》藩（四男信良《のぶよし》に委ねられた上野国小幡《おばた》藩の後裔）のほか、信長の弟長益系統の大和国芝村《しばむら》藩・同柳本《やなぎもと》藩、そのほかの信長子息の系統などが徳川将軍家の旗本として続いていく。それは、かつて天下人としての立場にあったという栄光と、その後の政争に伴う凋落、秀吉の下剋上を経た歴史の果てに、織田氏が豊臣政権から江戸幕府（徳川政権）のもとで家の存続を図ってたどり着いた「姿」でもあったのである。

【主要参考文献】

小川　雄「信長は、秀吉をどのように重用したのか」（日本史史料研究会編『信長研究の最前線――ここまでわかった「革新者」の実像』朝日文庫、二〇二〇年）
尾下成敏「織田家の凋落と信雄・家康」（『愛知県史』通史編3中世2・織豊、愛知県、二〇一八年）
加藤益幹「天正十年九月三日付惟住（丹羽）長秀宛柴田勝家書状について」（『愛知県史研究』一〇号、二〇〇六年）
黒田基樹『羽柴を名乗った人々』（角川選書、二〇一六年）
黒田基樹『近世初期大名の身分秩序と文書』（戎光祥出版、二〇一七年）
黒田基樹『下剋上』（講談社現代新書、二〇二一年）
柴　裕之「羽柴秀吉の領国支配」（戦国史研究会編『織田権力の領域支配』岩田書院、二〇一一年）
柴　裕之『清須会議――秀吉天下取りへの調略戦』（戎光祥出版、二〇一八年）
柴　裕之「織田信雄の改易と出家」（『日本歴史』八五九号、二〇一九年）
柴　裕之『織田信長――戦国時代の「正義」を貫く』（平凡社、二〇二〇年）
柴　裕之編『図説　豊臣秀吉』（戎光祥出版、二〇二〇年）
平野明夫『徳川権力の形成と発展』（岩田書院、二〇〇六年）
藤田達生「小牧・長久手の戦いと羽柴政権」（同『天下統一論』塙書房、二〇二一年）
堀　新『天下統一から鎖国へ』（日本中世の歴史7、吉川弘文館、二〇一〇年）
堀越祐一『豊臣政権の権力構造』（吉川弘文館、二〇一六年）
矢部健太郎『豊臣政権の支配秩序と朝廷』（吉川弘文館、二〇一一年）
山崎布美「織田信孝の継目安堵――織田権力の終焉をみる」（『国史学』二一五号、二〇一五年）
渡邊大門『清須会議――秀吉天下取りのスイッチはいつ入ったのか？』（朝日新書、二〇二〇年）

第三章　秀吉軍、四国に襲来す

――秀吉の四国平定戦と長宗我部元親

須藤茂樹

秀吉軍、四国襲来

天正十年（一五八二）六月二日に本能寺の変で織田信長がその重臣明智光秀に襲殺されると、羽柴秀吉は同月十三日の山崎合戦で主君信長の仇をいち早く討ち、同十一年四月には織田家重臣の柴田勝家を賤ヶ岳《しずがたけ》合戦で破り、信長の後継者として中央政権を抑えた。そして、その二年後の同十三年六月十六日、いよいよ「四国征伐」の兵を挙げた。

ここでは、「四国平定」の語を用い、その全体像に留意しつつ、阿波攻略を中心に秀吉の四国平定戦の具体像を描いてみたい。

四国の覇者　長宗我部元親の人物像

まず初めに、秀吉の大軍を迎え撃った四国の覇者長宗我部元親《ちょうそかべもとちか》の経歴と人物像について紹介してみたい。

天文八年（一五三九）、土佐岡豊城《おこう》（高知県南国市）を本拠とする長宗我部国親《くにちか》の長子として誕生した元親は、幼名を弥三郎、長じてからは宮内少輔と称した。元親は永禄三年（一五六〇）、長浜戸ノ本《ながはまとのもと》合戦で初陣を果たした。この一連の合戦で「土佐出来人」（『土佐軍記』）と評された。その後、本山《もとやま》氏や安芸《あき》氏、一条《いちじょう》氏等の強豪を倒し、また懐柔するなどして配下となし、天正三年（一五七五）七月に土佐の東端に位置する甲浦城《かんのうら》（高知県東洋町）を落として、ここに土佐一国を統一した。初陣してから約十五年が経過していた。

元親は弟親泰《ちかやす》を香美《かみ》郡の香宗我部《こうそかべ》氏、同じく弟親貞《ちかさだ》を吾川《あがわ》郡の吉良《きら》氏、三男親忠《ちかただ》を高岡《たかおか》郡の津野《つの》氏へ入嗣させた。中国の雄毛利元就《もうりもとなり》が吉川《きっかわ》氏に二男元春《もとはる》を、小早川《こばやかわ》氏に三男隆景《たかかげ》を入れて、毛利家当主の隆元《たかもと》を盛り立てる「毛利両川体制」を構築したように、親族を土佐の有力国人に入嗣させる積極外交を展開している。元親は有力国人の家に一族を入れることにより、長宗我部氏の命令を徹底させることに配慮した。この手法は、元親の領国支配を円滑ならしめることに重要な役割を果たしたと言えよう。

土佐を統一した元親は、隣国へ目を向けることになる。この時点で四国平定を明確に夢見ていたかは定かでないが、まずは天正三年末頃、阿波に侵攻を開始する。次いで、天正六年には讃岐に侵攻を始めた。天正十年には阿波を、同十二年には讃岐をほぼ制圧した。元親は天正四年から伊予にも侵攻を進めており、同十三年には四国をほぼ統一し、これから総仕上げというところで、羽柴秀吉の「襲来」を受け、これに降伏することとなった。

秀吉の軍門に下った元親は、これ以後、豊臣政権下の一大名として、九州平定、小田原平定、朝鮮出兵に従軍するなど多方面に活動することとなった。天正十五年に太閤検地の方式を導入した検地を開始し、やがて『長宗我部地検帳』に結実、また慶長二年（一五九七）までには土佐支配の規範として『長宗我部氏掟書』（『長宗我部元親百箇条』）を制定し、領国支配にも力を注いだ。慶長四年に継嗣盛親《もりちか》（有望な後継者だった嫡男信親《のぶちか》は、天正十四年の戸次川《へつぎがわ》合戦で戦死）に不安を抱きつつ、京都伏見《ふしみ》の邸宅で病死した。六十一歳だった。

元親の人物像については、若者が夢中になっているゲームの世界では「頼れる戦国アニキ」として人気の高いキャラクターであるが、近年の研究ではその人物像について新たな位置づけがなされている。従来は、色白の風貌とされてきた「姫若子《ひめわこ》」と揶揄されてきた元親は、初陣での勝利後、頼れる武将として評価され、この初陣の奮戦を契機に「土佐の出来人」と仰がれ、土佐を統一、やがて四国制覇を目指して転戦したとされてきた。

津野倫明氏によれば、「姫若子」の意味は「どうしても必要な場合以外には口をきくことなく、人に対面しても会釈することもなく、日夜家の奥深い部屋にだけいた」ということだとする。色白は長身・柔和な性格と共に男子として優れた容姿を表現したものであるとされている（津野：二〇一四）。

豊臣秀吉の軍門に下ってからの元親は、山本大氏の「律儀第一の人」（『元親記』一六三一年成立）「慇懃《いんぎん》の人」という評価の通り、豊臣大名として生き抜く処世術として、慇懃、律儀を大切にしたのだろう。このことは、慶念（浄土真宗の僧侶。朝鮮出兵に従軍した）が慶長三年正月に詠んだ一句「しとしとのへたまハんハ土佐のかミ」を津野倫明氏が取り上げて、「ゆっくりきちんとお話になるのは元親様」と解釈し、物静かで慎重な人物と元親を表していることにも通じるのではなかろうか（津野：二〇一四）。

元親の四国制覇

次に、元親の四国平定の過程を概略述べておきたい。

その前に、前提となる重要な話をしておく。一般的に元親は、土佐・阿波・讃岐・伊予、いわゆる四国を統一したとされているが、正確には阿波の土佐泊城《とさどまり》（徳島県鳴門市）は落城していないし、伊予の守護家河野《こうの》氏は元親に屈服していない。ただし、「向かう所敵なし」という点では元親を四国の覇者とすることには異論はない。しかし、その支配は必ずしも安定したものではなく、点と線の支配と言えなくもない。

天正三年（一五七五）に土佐を統一した元親は、天正三年末から翌四年にかけて阿波へ侵入を始め、阿波東南部の牟岐《むぎ》氏や日和佐《ひわさ》氏等を降伏させていった。天正六年に讃岐へ侵攻を開始し、翌七年には西讃の天霧《あまぎり》城（香川県善通寺市）の香川《かがわ》氏と婚姻関係を結び、さらには中讃の諸将も服属させていった。天正十年に阿波を、天正十二年に讃岐を元親がほぼ掌握した。

伊予へは天正四年から侵攻を開始した。元親は宇摩《うま》郡（愛媛県四国中央市）・新居《にい》郡（愛媛県新居浜市・西条市）を勢力範囲とした伊予東部の有力国人金子《かねこ》氏と結び、伊予侵攻は進められたが、伊予最大で伊予の守護家だった河野氏を屈服させることはできなかった。この河野氏や阿波土佐泊城の森《もり》氏など抵抗勢力が残存しているものの、四国統一は間近だった。その意味においては、天正十三年時点では確かに元親は四国の覇者と言えた。

ところで、元親の四国平定の過程で注視すべき点は織田信長との関係である。元親は信長と服属的な同盟関係を結び、四国切り取り次第を認められたとされる。信長の重臣明智光秀の仲介により、信長が元親の嫡子弥三郎の烏帽子親《えぼしおや》となり、弥三郎は信長の「信」の一字を拝領して信親と名乗っている。しばらくは元親と信長の関係は良好だったが、四国で長宗我部氏が台頭してくると、信長の四国に対する政策が見直され、転換された。信長は三好康長《みよしやすなが》と結び、その阿波侵攻を認め、元親へ協力を求めたのである。

元親は、この信長の方針転換に従うことはできないと考えるようになり、その結果、信長と断交する道を選ぶことになった。天正十年六月、信長は三男信孝《のぶたか》を総大将とする四国攻めの兵を派遣しようとした。五月七日に信孝へ与えた信長の朱印状によると、讃岐は信孝に与え、阿波は三好康長に付与し、伊予と土佐については信長自身が淡路《あわじ》へ出陣した際に決定する、さらに信孝の養父となった康長を実の父と思って水魚の交わりをするようにと伝えている。

まさに、元親は絶体絶命の危機を迎えていたのであるが、六月二日の本能寺の変で信長・信忠《のぶただ》父子が光秀に暗殺されるに及んで危機を脱したのである。元親は息を吹き返し、九月には三好勢の十河存保《そごうまさやす》を中富川《なかとみがわ》合戦で破り、阿波勝瑞《しょうずい》城（徳島県藍住町）を落城させ、存保を阿波から讃岐に敗走させた。

秀吉来襲前哨戦――秀吉の中央政界掌握過程と元親

本能寺の変で主君の仇を討った秀吉は、天正十一年（一五八三）の賤ヶ岳合戦で柴田勝家を破り、同十二年の小牧《こまき》・長久手《ながくて》合戦で織田信雄《のぶかつ》・徳川家康と戦い、外交交渉を有利に導いて覇権を摑んでいくが、元親は常に反秀吉の立場に立った。なぜなら、天正十年以前に秀吉は反長宗我部の立場に立っており、天正十年十月にも秀吉は讃岐国引田《ひけた》（香川県東かがわ市）に仙石秀久《せんごくひでひさ》を派遣して讃岐に逃亡していた十河存保を支援するなど、反長宗我部勢力を応援する施策を続けたからである。

十月十日付けの秀久宛て秀吉書状によれば、讃岐引田表その他で昼夜境なくかせぎ、すなわち軍事行動を油断なく行うよう命じられている（「大阪城天守閣所蔵文書」）。前月に阿波から退去した十河存保が讃岐虎丸城《とらまる》（香川県東かがわ市）に移っていたと見られることから、秀吉が秀久を派遣したのだろう。しかし、秀久は翌十一年四月に引田での長宗我部勢との戦い（引田合戦）で大敗している。同年五月十一日付けの秀久宛て書状で、秀吉は「四国征伐」を明示しており（「伊予国新宮田辺文書」）、柴田勝家と抗争中ではあったが、秀吉は四国攻めを意識していたことがわかる。

長宗我部氏の勢力が絶大と思われがちな阿波においても、元親の支配が行きわたっていたわけではない。天正十一年閏正月日付けで秀吉が出した「阿州勝浦郡慈雲院」宛ての三ヵ条からなる禁制《きんぜい》は注目される（「丈六寺文書」）。慈雲院とは瑞麟山丈六寺《じょうろくじ》（徳島市）のことで、阿波守護細川《ほそかわ》氏、次いで阿波の支配者となった三好氏の崇敬厚い曹洞宗寺院である。

禁制の内容は一般的なものであるが、その評価は難しいところである。丈六寺が秀吉に禁制の発給を求めたと推定すると、一時期でもこの地域に秀吉と結んだ反長宗我部勢力が存在したのではないかと想像される。秀吉から見れば、阿波国の中心的な寺院を保護し、阿波の人心の収攬を図り、阿波支配の布石にしようとしたと思われる。蜂須賀《はちすか》氏の阿波入部後、同氏もまた諸堂を造立・修理するなど厚い保護を加えている。

天正十二年六月、秀吉は浅野長政《あさのながまさ》に命じて、鳴門海峡を臨む要衝土佐泊城を守る篠原甚五と森村春《もりむらはる》に兵粮米を送るなど、たびたび支援を行っている。このように、秀吉は一貫して反長宗我部氏の旗色を鮮明にしていたのである。しかし、秀吉にとって天正十一年から十二年は、四国へ兵を出せる状況下ではなかった。

紀州攻めから四国攻めへ――秀吉の決断

元親は、天正十一年（一五八三）の賤ヶ岳合戦では柴田勝家と結び、同十二年の小牧・長久手合戦では織田信雄・徳川家康と連携して秀吉の軍事行動を背後から牽制する役割を果たしており、総じて反秀吉の立場を貫いてきた。秀吉にとって元親は、全くもって鬱陶しい存在であった。

秀吉と元親の間では事前に交渉が行われたが、条件が合わずに決裂し、秀吉は軍事行動に出ることを決した。信長は四国攻めにあたって三男信孝を三好康長に養子入りさせているが、秀吉もまた甥の秀次《ひでつぐ》を康長に養子入りさせた時期がある（諏訪：一九九三）。

ここでは、秀吉が四国攻めに至る過程について述べる。

天正十三年と推定される正月十五日付けの金子元宅《もといえ》宛て元親書状によれば、元親は上方《かみがた》の軍勢が阿波・讃岐に侵攻してくることが近いと報じている（「金子文書」）。正月十七日に蜂須賀正勝《まさかつ》・黒田孝高《くろだよしたか》は、毛利氏の家臣井上春忠《いのうえはるただ》に四国攻めについての秀吉の意向を伝えた（『萩藩閥閲録』）。

秀吉は紀州攻略を開始するが、その軍事行動にあたり、三月十七日付けで小早川隆景・同秀包《ひでかね》に対して、毛利氏の水軍と秀吉家臣団である中村一氏《なかむらかずうじ》・仙石秀久・九鬼嘉隆《くきよしたか》が「相談せしめ、相動くべきの旨」を命じているが、軍勢や水主《かこ》等の兵粮を与えるので、蜂須賀正勝・黒田孝高に申請するよう述べている。そして、詳細は正勝・孝高の両人が伝えるとある（「小早川文書」）。

三月二十一日、秀吉は和泉・紀伊への進攻を開始し、二日後には早くも宗教勢力である根来寺《ねごろじ》（和歌山県岩出市）を焼き、その翌日の二十四日には粉河寺《こかわでら》（同紀の川市）を焼いて、さらに一向一揆の拠点である雑賀《さいか》（和歌山市）を制圧した。秀吉は一向一揆勢力が立て籠もった太田《おおた》城（和歌山市）を「水攻め」をもって四月十二日に落とし、翌二十三日に兵を引いた。次いで、秀吉は中村一氏・仙石秀久・九鬼嘉隆・小西行長《こにしゆきなが》を紀伊奥郡に派遣し、その平定に努め、宗教勢力として強大な高野山金剛峰寺《こうやさんこんごうぶじ》（同高野町）に覚書を出して威圧している（「高野山文書」）。足場を固めた秀吉は、五月を期して越中の佐々成政《さっさなりまさ》、さらには土佐の長宗我部元親を攻めることとした。秀吉は北国と四国とを同時に攻略し、「国分《くにわけ》」を考えたようである。

　四月十四日付けで秀吉は、毛利輝元《てるもと》を支える小早川隆景に和泉・紀伊の平定を伝え、「不日《ふじつ》四国に至り出馬せしむべき覚悟に候」と、近いうちに四国攻めを予定していることを報じている（「小早川家文書」）。毛利輝元は、同月十七日付けで家臣の湯浅将宗《ゆあさまさむね》に対して、秀吉の出馬にあたって、秀吉は阿波・讃岐を攻めるので、伊予に出兵するために出陣の準備を命じ（『萩藩閥閲録』）、同月二十五日付けで家臣の児玉就光《こだまなりみつ》に「惣国二日渡海」のための出船の準備を命じた（『萩藩閥閲録』）。秀吉に従った織田信雄は、四月二十五日付けで家臣の小幡赤千世に四国出兵の準備を命じている（「因幡志」）。

　一方の元親は、信長在世中より秀吉と敵対関係にあり、天正十二年からは徳川家康や織田信雄と結びながら、四国制覇の戦いを続け、また紀伊の根来寺や雑賀一揆等と結んで秀吉にあたっていた。しかし、頼みとしていた根来寺や雑賀一揆等が全滅すると、秀吉の来襲に備えて、五月中旬には阿波の白地城《はくち》（徳島県三好市）や岩倉城《いわくら》（同美馬市）などの吉野川《よしのがわ》流域の主要城館に出陣している。讃岐・伊予の諸城にも、それぞれ家臣を配置した。まさに臨戦体制を整えようとしたのである。元親は白地城に入り、陣頭指揮をとった。

ところで、軍記『南海治乱記』によれば、元親の家臣谷忠兵衛《ちゅうべえ》（忠澄《ただずみ》）が秀吉のもとへ赴き、四国を元親に与えられんことを請い、元親の四国平定は「天命」であると再三懇望したが、許されることはなかったという逸話が記されているが、事実ではなかろう。ただし、元親と秀吉の間で領有をめぐる攻防はあったと思われる。

秀吉は毛利氏の要求を受け入れて、五月下旬には四国に出兵しようとしたが、秀吉の病気などもあって五月二十五日、次いで同月二十九日、さらには六月三日に延期された。近江にいた秀吉は坂本《さかもと》（滋賀県大津市）で病み、五月二十四日には朝廷が社寺に病気平癒を祈願し、次いで秀吉の病状を問わしめている（「顕如上人貝塚御座所日記」）。誠仁《さねひと》親王は、「何様にも名代として出馬しかるべく候」と秀吉自身の出馬を止めるよう諫めている（「阿伎留神社文書」）。

秀吉は自らの出兵を断念した。五月二十日付けで一柳末安《ひとつやなぎすえやす》に宛てた朱印状で、秀吉は六月三日の出馬を同月十六日に延期した旨を伝えている（「伊予小松一柳文書」）。五月二十日付け中川秀政《なかがわひでまさ》宛ての秀吉朱印状で「長宗我部（元親）成敗として来月三日出馬すべきの旨、相触れ候といえども、十六日に相延ばし大坂発足」と記している（「中川家文書」）。六月十四日には秀吉は病気が平癒して、大坂に帰っている。

毛利両川の一人である吉川元春は、秀吉の四国出兵にあたり、嫡男元長《もとなが》に出雲・伯耆・石見の兵を率いて従軍させようとし、五月一日付けで元春・元長の連署で「雲・伯・石衆残らず同道」して従軍するので、湯原春綱《ゆはらはるつな》・同元綱《もとつな》両氏に対しても従軍を命じている。五月四日付けで秀吉は黒田孝高に、「長宗我部（元親）成敗」のため、来月三日に四国へ出馬する旨を伝え、「それ以前に先勢として淡州へ着岸あるべく候」と淡路への先発を命じ（「郡文書」）、同日に一柳末安へ「そのほう人数半分召し連れ、明石《あかし》に至り着陣あるべく候、則《すなわ》ち船等申し付け候」と明石（兵庫県明石市）へ待機し、船を用意するよう命じた（「伊予小松一柳文書」）。

五月八日付けで秀吉は、弟秀長《ひでなが》に和泉・紀伊を与え、城を紀伊岡山（のちの和歌山）に築くことを命じると共に、四国出馬を命じ、和泉堺以南の和泉・紀伊両国の船の徴発を命じている（「高山公実録」）。この指令を受けて秀長は、五月八日付けで和泉・紀伊の諸船は来月七日・八日には紀伊湊に集まるよう命じたが、「このはう（方）の舟一そう（艘）も隠すにおいては、後日に成敗を仕るべく候」とし、奉行を派遣するので船数を記帳するよう命じている（「高山公実録」）。

秀吉の紀州出兵は、大坂の膝元でもある紀伊の安定を図ることだけではなく、四国出兵をも視野に入れ、その遠征に必要不可欠な船舶の確保を念頭においていたのかもしれない。同じ五月八日付けで秀吉は、紀伊の国人玉置《たまき》氏に「よって来月三日、長宗我部成敗として、四国に至り出馬候、然らばそのほうのこと陣用意あり、美濃守（羽柴秀長）次第に罷り立つべく候」と、秀長の配下に従うよう命じている（「玉置文書」）。

同日付けで小早川隆景は、湯浅将宗・冷泉元満《れいぜいもとみつ》に対して、上方衆が二十五日に阿波・讃岐に出兵するので、二十日を期して四国出陣の用意を命じ、その後、輝元からも同様の命令が伝達された（『萩藩閥閲録』）。総大将は小早川隆景である。五月二十三日付け林就長《はやしなりなが》宛ての書状で隆景は、今回の四国出兵を「国家の一大事の儀」と捉えている（『萩藩閥閲録』）。六月八日付けで毛利輝元は、秀吉の命を受け、麾下《きか》の諸将に五月十六日を期して四国出陣を命じている（『萩藩閥閲録』）。万端の用意は整った。いよいよ四国出兵の開始である。

なお、天正十二年末から同十三年二月にかけて、秀吉は毛利氏と、来たる夏の四国攻めのあとに伊予と土佐を与えることを約束して毛利領国との境を画定した。本能寺の変以降の秀吉と毛利氏の間で行われていた、いわゆる「中国国分」を終結させることに成功したのである。

秀吉軍来襲

機は熟した。いよいよ、四国出兵の諸勢は渡海を開始した。総大将は羽柴秀長である。六月十六日、秀長と三好秀次は阿波・淡路方面へ出兵した。六月二十日付けで秀吉は、七月三日には自身も出馬するとし、石井（明石）与次兵衛と梶原弥介に対して、船を播磨国明石に集結するよう命じている（「石井文書」）。秀長は三万余の兵を率いて和泉国堺（大阪府堺市）から出航し、淡路の洲本《すもと》、福良《ふくら》を経て、阿波の土佐泊（徳島県鳴門市）に上陸した。

同じ頃、秀次が近江・丹波の兵三万を率いて播磨国明石（尼崎ともされる）から出航し、淡路岩屋《いわや》へ着き、福良で秀長と合流して阿波へ入った。「三国一の難所」を渡ったと『土佐軍記』にある。合わせて六万の大軍だった。讃岐からは戦目付《いくさめつけ》の蜂須賀正勝・家政《いえまさ》父子と黒田孝高を加えた宇喜多秀家《うきたひでいえ》二万三千人余の軍勢が屋島《やしま》（香川県高松市）に上陸した。伊予には小早川隆景・吉川元春ら（「芸州勢」と表現する史料もあり）が率いた四万の毛利勢が東予の今治《いまばり》（愛媛県今治市）から入った。

これらを迎え撃つ元親は、讃岐・伊予・阿波の三ヵ国の境にあたり、本国土佐に一番近い阿波白地城（徳島県三好市）に本陣を構え、全軍の指揮をとった。阿波では木津《きづ》城（徳島県鳴門市）に東条関之兵衛、一宮《いちのみや》城（徳島市一宮町）に江村孫左衛門・谷忠兵衛、渭山《いのやま》城（同徳島町）に吉田孫左衛門（康俊《やすとし》）、岩倉《いわくら》城（徳島県美馬市）に長宗我部掃部助、脇《わき》城（同美馬市）に長宗我部新左衛門尉（親吉《ちかよし》）、牛岐《うしき》城（徳島県阿南市）に香宗我部親泰をそれぞれ配置し、徹底抗戦の構えを見せた。

元親は岡豊城を出馬するに際して、亡父国親の廟前で暇乞いをし、「天下の勢を受けること、武士の本望にては候」と述べている（『土佐物語』）。しかし、元親の決意も空しく、渭山城の吉田孫左衛門、牛岐城の香宗我部親泰が土佐に逃げ帰るなど士気は上がらなかった。阿波・讃岐の諸城は退却していった。阿波では一宮城と岩倉城の二城を防衛拠点として残すのみとなった。秀長が一宮城を、秀次が岩倉城を攻めた。

元親は五月十八日、秀次の進軍を防ぐために美馬郡の岩倉城へ到着し、翌十九日に阿波山間部の土豪木屋平《こやだいら》氏に対して「いよいよ面々覚悟堅固の趣に候条、防戦一途までに候」と伝えている（「木屋平文書」)。

興味深いのは、渡海前の六月二日付けで蜂須賀家政が阿波の慈雲院丈六寺に対して、近隣の百姓等を丈六寺内に結集させようとした書状を発し、「来たる十六日に必ず御動座のことに候間、申し達すべく候」(「丈六寺文書」)と、秀吉の出陣予定を伝えている。渡海以前に、阿波の代表的寺院で天正十一年に禁制を出していることから秀吉方と関係のある丈六寺の掌握を図ろうと働きかけていたと考えられる。

六月十八日に秀吉は、小早川隆景に対して、阿波・讃岐の返上と元親の実子を人質として大坂に上らせて奉公させるとの条件で元親との和議を考えていたが、隆景が伊予を強く望むのでこれを退け、すでに受け取っていた元親からの証人(人質)を返還した旨を伝え、伊予を隆景に与えることを約している。そして、元親が降参してきたならば、土佐一国のみを安堵すると伝えている(「小早川家文書」)。

六月二十日付けで秀吉は、総大将の秀長に対して三ヵ条からなる書状を送り、その第一条で阿波・讃岐の放棄を条件に土佐と伊予東部・南部の領有を了承したが、隆景の反対により、隆景に伊予一国を与え、元親には土佐一国のみを安堵することに決定したと記している(「平岡雅靖氏所蔵文書」)。この国分案が変更されたことが、和議が成立しかかっていたにもかかわらず、元親が秀吉に抵抗せざるを得なくなった理由と推察され、秀吉の四国出兵が長宗我部氏との全面戦争に突入した要因と言えよう。

阿波の諸城を落とす――一宮城の攻防戦

七月六日付けで秀吉は、日根野弘就《ひねのひろなり》と堀秀政《ほりひでまさ》に、秀長の要請によって再度四国出馬を延期した旨を伝え、その上で油断なく四国に渡海して落ち度なく進軍するよう命じている（「三須文書」）。

さて、土佐泊に着いた秀長・秀次は木津城の攻撃を開始した。

【史料1】 羽柴秀吉朱印状（「中川家文書」）

わざと申し遣わし候、

一、秀吉出馬のこと、先書に申し遣わすごとく、外聞に候条、遠慮すべきのよし、たびたび申し越すにより、相延び候。何時なりとも、そのほうより、一左右《いっそう》次第に渡海すべく候、木津城落去候て、国中城々明け退き、長宗我部居城取り巻き候を、五日の逗留にて秀吉出馬申し付くべく候こと。

一、多人数にて一城取り巻き候の事、如何に候間、一宮取り巻き申すべく候。但し、各々相談候て、見計い申し付くべき事。

一、木津城請手ならびに一宮の請手の事、別紙に書き付け遣わし候。そこもとの様子聞き届くべきため、森兵吉差し遣わし候間、美濃守相談候て、越度なきように肝要候なり。

七月六日　　秀吉（朱印）

中川藤兵衛尉
古田左介殿

これは、七月六日付けで中川秀政と古田《ふるた》重然《しげなり》に秀吉が指示を与えた朱印状で、第一条では秀吉の四国渡海を延期した旨などを記し、第二条では多人数で一城を包囲せず、一宮城を攻囲すること、第三条では木津城だけを包囲するのではなく、軍を分けて一宮城を攻略するよう命じ、木津城と一宮城の攻め手の人員などを指示している。森兵吉、すなわち森重政《しげまさ》を派遣するので、美濃守、すなわち羽柴秀長と相談して対処するよう念を押している。

同日付けの伊藤掃部助宛て秀吉朱印状写（「伊藤文書」阿波国徴古雑抄所収）も同様の内容であり、秀長からの状況報告がなされていること、一宮攻城を指示したことなどが明記されている。このように、派遣軍の戦況が思わしくないと判断すると、秀吉自らが諸将に詳しく、たびたび指示を与えていることがわかる。

七月十日付け中川秀政・古田重然宛ての朱印状で秀吉は、一宮城を包囲し、三之丸を攻略したと秀長から聞いたこと、攻略した牛岐城の人質を取ることなどを指示している。また、「何の城々責め取り候とて、陣取りの面、油断あるべからず候。大事と存知、心ゆるし、おびゐときこれ在るの味方の人数を敵には下々とみなす物にて候よし、青表紙面にもこれ在るよしに候条、日々油断あるべからず候」と大軍だからと油断していると裏をかかれると、慢心を諫めている。秀吉軍が諸城を落とし、徐々に元親の本陣に迫る勢いを見せている。

さらには「長宗我部居所、何方に候や、聞き届け、才覚専用（要）に候」と、元親の居場所を探索するよう指示している。そして最後に、秀吉に逐一注進するようにと結んでいる（「中川家文書」）。これらの秀吉が発する朱印状からは、現地の状況を聞いて指示を与える秀吉の細かい性格を見て取ることができる。

七月七日付けの森志摩守宛てで蜂須賀家政は、常楽村（丈六村か）の儀について濃州こと羽柴秀長の判物《はんもつ》を与えるので、「この上もし下々相越し候て、無道仕り候者候はば、きっとこのほうへ承るべく候」と伝えている（「丈六寺文書」）。宛名の森志摩守とは森村春のことで、土佐泊城主、三好氏の旧臣で長宗我部の阿波侵攻の際にもこれに降らず抵抗していた人物である。秀吉の四国平定戦では秀吉軍の先導役を務め、木津・一宮・岩倉の諸城を攻略する際に多大な貢献を果たした。村春は戦後、家政に従い、蜂須賀家の水軍を率いる一人に数えられた。

七月八日には副将格の羽柴秀次が丈六寺に、自分の軍勢の乱暴狼藉を禁じる旨を出しているが、その中で「蜂須賀殿（家政）相理《ことわり》のこと、その意を得候」とあり、家政の禁制の旨を受けていることがわかる（「丈六寺文書」）。四国出兵における家政の役割が理解される。

この四国攻めの最中、秀吉の身辺は慌ただしかった。七月七日、秀吉は入京している。七月十一日、秀吉は関白に任官、従一位に叙し、平姓を藤原姓に改めている（『公卿補任』）。この京都での状況について、『多聞院日記』は驚きをもって「先代未聞のことなり」と記している。

七月十三日、家政は鎌田縫之助宛てで阿波国きの庄村（所在地不明　阿南市域）に対して「当手軍勢乱暴狼藉のこと」など三ヵ条からなる禁制を与えている（「蜂須賀侯爵家文書」、長谷川：一九九一）。このように、家政は在地の安定化に努めている。同じ十三日に、堀秀政は家臣の多賀秀種《たがひでたね》への返報で「阿州の儀、城共退散候。過半御本意候の間、心安かるべく候」（「多賀文書」）と記し、阿波の諸城はほとんど抵抗することなく逃亡していることが知られる。

七月十四日、秀吉は森兵吉に、秀長・秀次に秀吉の命令を伝えているのでこれに従うよう命じ、また「先手の様体急に聞き候て、珍事候わば申し越す」よう命じている（「森文書」）。現場の状況の把握に努めているのである。

【史料2】 羽柴秀吉朱印状写（「伊藤文書」）

わざと申し遣わし候。よって一宮城取り巻き、仕寄せ以下厳しく申し付けるにより、三の丸明け退きに付いて、追手の水手相留め候のよしに候。聞き届け（候脱カ）、同じく西の丸の水きっと相留むべきの旨もっともに候。いづれの城々責め（攻）取り候とも、陣取りの面、油断あるべからず候。大軍と存ずるにより、心を緩すにおいては、おひゑ（をカ）ときこれ在り、味方の人数を敵と下々臆病者は見なしの物（候カ）これあるのよし、青表紙面にもこれ在るの旨聞き入れ申し候の条、その意を得て、夜中に馬など取り放ち候わぬよう、念を入れ申し付けらるべきものなり。

七月十日　　秀吉

筒井四郎殿

伊藤掃部殿

秀吉は、筒井定次《つついさだつぐ》と伊藤掃部に対して一宮城を厳しく包囲し、二之丸を落とし、「追手の水手」を止め、さらに西之丸の水手を止めるよう指示し、諸城を落城させても陣の配置などは油断しないこと、攻め手が大軍だからといって、心を緩めてはいけない、と指示している。

【史料3】　羽柴秀吉朱印状写　（『武家事紀』三十続集古案豊臣家上）

去る十四日の書状、十六日京都において到来、披見候、

一、その面取り巻き丈夫なるよし、兵吉《（森重政）》口上の通り、何れも聞き届けもっともに候こと。

一、一宮城このごとく取り巻き、すでに仕寄せ以下情《（精）》を入れ、水の手相留めるのよしに候条、少々日限延び候とも、とかく国々こらしめ、かたがたもって干殺しに仕り仕《（然）》べく候。子細は兵吉に申し聞かせ候こと。

一、脇城押し詰め候よし、もっともに候。各々談合せしめ、いよいよ物やしみこれなきよう申し付くべく候こと。

一、今度その表渡海せしむべきといえども、たびたび理《ことわり》聞き届け候条、出場遠慮候こと。

一、来たる四日、越中の面々、尾州・勢州・丹後・若狭・因幡・越前・加賀・能登、合九箇国の人数ことごとく申し付け候。その大将として信雄越され候。秀吉は見廻として、自然越すべく候。なお兵吉に申し聞かせ候なり。

七月十八日　　秀吉朱印

伊藤掃部介《（助）》殿

この史料は、七月十四日付けの伊藤掃部助の書状を十六日に京都で秀吉が受け取って、これを読んで、十八日付けで指示を加えたものである。阿波脇城（美馬市）を攻めている伊藤掃部助に対して、脇城攻略について一宮城のように包囲し、精を入れて水の手を止めるようにすること、少々日数がかかっても国々を懲らしめるためにも「干殺し」にすべきことを命じている。

【史料４】　羽柴秀長書状（「小早川家文書」）

以上、

是社より申し入るべく候の処に杳々《ようよう》御使札拝見、本望に候。よってその表ことごとく御存分のごとく、一戦をもって仰せ付けらるるのよし、御粉骨比類なく存じせしめ候。もっとも切々書状をもって申せしむべく候といえども、蜂須賀・黒田細々御意を得べきの旨申し付け候条、毎時無音《ぶいん》せしめ候。次にこの表の儀、木津落去後、牛岐城乗っ取り候。一宮の儀、仕寄せをもって塀際まで押し寄せ、ただいま城中へ堀り入るの体に候。脇城へ孫七郎申し付け、これまた取り巻き、仕寄せ以下丈夫に仕り、早く水の手を相留め候条、一途に程あるべからず候。長宗我部の事、後巻きとして罷り出でるにおいては、希《のぞ》むところに候条、防戦に及び、ことごとく討ち果たすべき念願に候といえども、今に罷り出でず、遺恨このことに候。委細当城（一宮城）の儀、御使者見及ばれ候間、多筆能《あた》わず候。恐々謹言。

七月十九日　　羽柴美濃守

秀長（花押）

小早川左衛門佐殿

御返報

この書状によれば、隆景は秀長に戦況を報告しているが、蜂須賀正勝と黒田孝高が秀長と連絡をとっていることがわかる。秀長からは阿波の戦況を伝えている。木津落城後、香宗我部親泰の守る牛岐城を破り、一宮城も塀際まで押し詰め、長宗我部親吉が守る脇城は秀次が攻め（同月十五日から攻囲）、水の手を切ったので落城も近いと報じ、元親が後方支援に出てきたならば、それは望むところで、防戦に及んで、かえってことごとく討ち果たす念願のつもりでいたが、未だに出てこないのは極めて遺恨であると述べている。

秀次もまた、七月二十一日付けで小早川隆景に宛て、同月十五日から攻囲している脇城の状況を報じている（「小早川文書」）。

【史料5】羽柴秀吉書状（「藤堂家文書」）

覚

一、一宮・脇城両城者共、はや難儀におよび候て、種々侘言《わびごと》せしめ、命をたすかりたるよし申し越し候。あわせて由断なく、各《おのおの》しより《（仕寄）》以下精を入るゆへと、思し召し候こと。

一、長宗我部に土佐一国とらするにおいては、実子人質ならびに実子一人在大坂いたさせ、家老者ども人質以下まで、美濃守申す次第出すべきよしに申し候。さ様に候わば、身に替えざる者を土佐をとらせ、国王に仕り候も同前候か。然らば各々在陣の者ども相談せしめ、もっともに候。

同心においては秀吉は秀長に任せ候こと。

一、右の長宗我部ゆるす儀なく候わば、一宮城ことは申すに及ばず、脇之城両城に楯て籠もる奴原、一人も残らざるよう首を刎ねるべきこと。

一、自然、水も相留めず、水につまり候わずば、長陣を相遂げ、城をほり崩し候か。又は兵粮つめにいたし候か。ゆるゆると歳を取り候ても、両城之者女子共一人ももらさざる様に、幾重もへい・さく・もかり以下、あいつけらるへきこと。

一、長宗我部の儀は、土佐へ遊山ながら秀吉相越され、馬廻の者として取り巻き候て首を刎ね、各々ほねをりをやめさせ申すべく候条、両城の儀ばかりを今度在陣の衆手柄に、大将分の首大坂へ上せらるべき儀専用（要）に候こと。右条々よく得心あるべく候。なお森兵吉向上に相含め候なり。

七月廿七日　（花押）

美濃守（羽柴秀長）殿

【史料5】の七月二十七日付け秀長宛ての判物で秀吉は、一宮・脇両城の降伏を乞う件、元親の降伏にあたり、土佐一国を安堵する替わりに元親の実子を人質に出すことなど、秀長の提示する内容通りに出すことを条件とし、在陣している諸将と相談することが重要で、諸将が同心するならば秀吉は秀長に一任するとした。そして、「長宗我部ゆるす儀なく候わば、一宮城のことは申すに及ばず、脇の城両城に楯て籠もる奴原《やつばら》、一人も残らざるよう首を刎ねるべきこと」と述べ、攻城については水の手を切ることができなければ城を掘り崩し、兵粮攻めをし、長陣になっても厳重にすること、秀吉みずからが「土佐へ遊山《ゆさん》ながら」元親の征伐に出陣するので、在陣衆は一宮・脇両城の攻撃に専念することなどを指示している。同日付けで秀吉は伊藤掃部助に対して在陣の労を賞すると共に、元親への対応についての秀吉の存念はすべて秀長に伝えていると報じている（「伊藤文書」）。

七月二十七日付けの堀秀政宛て秀吉朱印状では、中川秀政による脇城攻めの「塀際一間、二間の間まで責《(攻)》め寄せ、精を入れらるるよし」を、秀吉は秀次から報告を受けており、それを受けて、「少々長陣候ことは苦しからず候条、少しの手負いもこれなきように、堅く申し付けらるること肝要に候」と多少城攻めの期間が延びても致し方ないと指示している（「堀文書」）。脇城攻めには正勝が関与しているようである（『秀吉事記』）。一宮城と脇城の攻城戦については、比較的史料が残っており、城攻めの過程が具体的にわかる点が興味深い。

ところで、「黒田家譜」によれば、蜂須賀正勝と黒田孝高は「軍の検使」、「森古伝記」には「検使ならびに指図の役人」として登場し、両人は宇喜多秀家、仙石秀久、小西行長らと共に讃岐国屋島《やしま》より上陸している。高松の吉岡《よしおか》城を抜き、孝高は由良山《ゆらやま》・池田《いけだ》両城を落とし、高松の本陣で、「まず阿波国へいき、大和中納言殿（秀長）に対談し、長宗我部を討つべし。阿波の敵ほろびなば、讃州は戦わずして分散すべし。無用の所に力を尽くさんこと、然かるべからず」と、阿波を先に攻めて阿波の長宗我部勢を倒せば、讃岐の長宗我部勢は戦わずして分散するとし、阿波に入り、岩倉城と脇城の二城の陥落に大きな功績があった（「黒田家譜」）。

「牛田家譜」「阿陽記」によれば、脇・富岡《とみおか》・白地・渭山・海部鞆《かいふとも》の諸城も次々と開城していった。

正勝・家政に従う者は、細山帯刀・山田八右衛門尉・稲田太郎右衛門尉・牛田又右衛門尉・中村次郎右衛門尉・林五郎兵衛・平尾利右衛門・樋口長右衛門・森監物・益田内膳・益田宮内少輔・松原内匠頭（以上「牛田家譜」）等だったという。森志摩守村春は、淡路塩崎《しおざき》で秀長と秀次を迎え、木津城攻略の先陣を務めたという（「森家古伝記」）。七月二十九日、秀吉は宮木豊盛《とよもり》をして、阿波一宮城・脇城攻囲軍に対して雑賀・紀伊湊の米を届けさせている。

七月には鶴林寺《かくりんじ》（徳島県勝浦町）宛てで禁制を出している（「鶴林寺文書」）。

伊予攻めと小早川隆景・吉川元長

伊予では、六月二十七日に小早川隆景が率いる第一軍が、七月五日には吉川元長・宍戸《しし ど》元孝《もとたか》・福原《ふくばら》元俊《もととし》らの第二軍が今治浦（一説には新麻とも）に上陸した。七月十四日には、芸州勢は長宗我部氏と連合していた金子元宅が籠もる高尾《たかお》城（愛媛県西条市）と丸山《まるやま》城（同今治市）を包囲した。元親の援軍が来援したが、十七日にこれを陥落させ、元宅を敗死させた。次いで、高外木《たかとうげ》・生子山《しょうじやま》・岡崎《おかざき》・金子本城なども陥落した。さらに、毛利勢は宇摩郡に侵攻し、川之江《かわのえ》仏殿《ぶつでん》城を攻略した。距離的に近く、主要街道が交差する交通の要衝である宇摩郡の仏殿城を攻めることで、阿波の秀長と連携を強めようとしている。

一方、諸軍を率いて阿波に侵入していた秀長と秀次は、元親の属城である木津城と牛岐城を破り、一宮城と脇城を囲んだ。また、宇喜多秀家は讃岐より阿波に侵攻している。七月十九日、秀長は一宮城攻略の状況を小早川隆景に報じている。

七月二十一日付けの小早川隆景・吉川元長宛て秀吉書状によれば、「阿・讃在陣候美濃守（秀長）仰せ談ぜらるる旨、もっともに候。越度《おちど》なきよう行《てだて》専用（要）に候」と、秀長の指示に従うよう命じている（「小早川文書」）

七月二十七日付けの小早川隆景・吉川元長宛て秀吉書状によれば、仏殿城攻囲の理由を「阿・讃程近く候条、諸事行《てだて》等談合を遂ぐべき儀これあるのよしに候間、近道にもっともに候」とあり、阿波・讃岐との連携を安定ならしめるためと説明している（「吉川家文書」）。その後、今度は西に転じて、宇摩・新居・周敷《しゅうふ》・桑村《くわむら》・越智《おち》・野間《のま》・風早《かざはや》の諸郡を押さえ、道後《どうご》湯築《ゆづき》城（愛媛県松山市）を開城させた。河野家の最後の当主河野通直《みちなお》は湯築城を去り、道後の町に謹慎した。さらには喜多《きた》郡の諸将も小早川勢に降伏した。小早川勢は川之江から元親の本拠白地（徳島県三好市）へと迫る勢いだった。

この状況を見た元親は、秀長に和議を申し入れ、七月二十五日に和議が成立した。元親の三男津野親忠の降伏により、讃岐植田《うえだ》城（香川県高松市）の長宗我部親武《ちかたけ》をはじめ、讃岐に居城していた有力部将は土佐へと帰国し、多くの城は廃城となった。天霧城の香川信景《のぶかげ》・親和《ちかかず》父子も土佐へと移ったため、天霧城は廃城となり、讃岐香川氏は滅亡した。また、香川氏に多くの家臣が同道したため、讃岐で長く続いた名族のいくつかは没落していった。

八月一日に秀吉は、関東の武将太田《おおた》三楽斎《さんらくさい》（資正《すけまさ》）からの書状に応えて、八月四日に佐々成政征伐のために越中出兵、ならびに「来春三月頃、富士一見として」関東に出馬する予定であると報じ、さらに「五畿内の儀は申すに及ばず、筑紫鎮西まで堅く申し付け、隙明き」と報じている（「潮田文書」）。ほぼ状況は定まったとはいえ、四国平定戦が完了していない状況の中での発言であり、外交上手の秀吉の常套手段だった。

元親による阿波諸城の改修

ここで、阿波の城郭について触れておきたい。

元親は阿波の大半を手に入れると、諸城の改修を行った。阿波の城郭は、単郭で防御施設もあまりない単純な城郭がほとんどである。その理由として、阿波の戦国時代は比較的平和だったからとされてきた。三好氏の城は畿内と阿波で大きく相違する。天下の覇権を握った三好長慶《ながよし》の居城で三好本宗家の畿内支配の拠点でもあった飯盛山《いいもりやま》城跡（大阪府四条畷市・大東市）は、総石垣を持った大規模な山城だった。その前の長慶の居城だった芥川山《あくたがわやま》城跡（同高槻市）もまた、複雑な構造を持った大規模な山城である。

一方の阿波は、中世城館の数が三百七十一ヵ所で、そのうち山城が二百十七ヵ所、平地城館が百五十四ヵ所で、平地城館の割合が比較的多い。山城は小規模が多く、防御施設も単純なものが多いという特徴が見られる。多くは城域の前後を堀切で遮断する程度で、連続堀切や竪堀群は少ない。経済的要衝地を把握するものが多く、小規模城館が多い背景は、先述のように国内の政治的安定が要因とされている。しかし、近年の阿波戦国史の研究の進展から、そのように単純に考えてよいか疑問を感じている。

長慶の次弟で阿波を治めた三好実休《じっきゅう》の居館で阿波三好家の阿波支配の拠点だった勝瑞館跡（徳島県藍住町）は、規模は大きく、幅十一メートルの堀を有するものの、現在のところ土塁は検出されておらず、防御性に乏しい平地城館である。天正十年（一五八二）前後に外敵と対するために、館に隣接して水堀と土塁を伴う防御性の高い勝瑞城を築いている。勝瑞館跡と勝瑞城跡を合わせて「勝瑞城館跡」として国指定史跡に指定され、堀跡や枯山水などが復元されている。

長宗我部氏が阿波支配を開始すると、阿波の城郭の改修を行っていく。いくつかを紹介してみたい（石井・重見：二〇一八）。

（1）木津城跡　鳴門市撫養町木津字城山

阿讃《あさん》山脈南麓から南西に延びる独立丘陵に位置する。旧吉野川河口部に位置していたと思われ、泥湿地が広がっていたとも考えられ、敵を阻むことができたと想像される。また、港が形成されたとも考えられ、海上交通の拠点だった可能性も指摘される。戦国時代には三好氏の重臣だった篠原自遁《しのはらじとん》が在城し、長宗我部氏の阿波制圧後は、長宗我部氏に味方した桑野《くわの》城主の東条関之兵衛が入城した。

元親は、秀吉の四国攻めを想定して改修を加えており、連続竪堀が残っている。羽柴秀長は阿波の海上交通の拠点である木津城を最初の攻撃目標とした。秀長と共に蜂須賀正勝・家政父子が攻城に参加している。

(2)牛岐城跡(富岡城跡) 阿南市富岡町内町

牛岐城は、那賀川水系によって形成された沖積平野に位置し、桑野川右岸にある標高二十メートルの独立丘陵を中心に立地する。新開遠江守忠之(または実綱とされる、入道して道善)の居城。阿波南方の抑えとして香宗我部親泰が在城し、改修を加えている。羽柴軍によって陥落し、蜂須賀家政の入国後は阿波九城の一つとして整備された。蜂須賀氏の改修の痕跡と思われる石垣が一部残されている。

(3)海部城跡(鞆城跡) 海部郡海陽町奥浦・鞆浦

海部川河口部に位置し、鞆・奥浦の港津を掌握する要衝の地に位置する阿波国南部の拠点城郭である。香宗我部親泰が在城し、改修を加えている。のちに阿波九城として支配の拠点の一つとなる。港に面しており「海城」としての性格を持つ。

(4)脇城跡 美馬市脇町大字脇町

脇町中心部より北西側に位置し、吉野川北岸の標高百十メートルの河岸段丘上に築かれている阿波西部の拠点城郭である。長宗我部氏と三好氏の争奪戦が行われた城で、落城後は元親の叔父親吉が城代となった。秀吉の四国攻めにおいては、羽柴軍と長宗我部氏との争奪戦の舞台となった。蜂須賀氏入部後は、阿波九城の一つとして整備された。

(5) 重清城　美馬市美馬町字城

横矢の折れを伴う二重の堀と土塁を持つ本格的な城郭である。長宗我部氏の改修が色濃く残っている。三好氏勢と長宗我部氏勢との数度にわたる攻防が繰り広げられた城である。

(6) 東山城跡　三好郡東みよし町東山字柳沢

徳島平野の西部に位置し、吉野川北岸の東西交通路である撫養《むや》街道と、讃岐西部の満濃《まんのう》（香川県まんのう町）や財田《さいた》（同三豊市）に繋がるルートの結節点に築かれた城である。南北朝期に南朝方の城として著名であるが、現在残されている遺構は戦国期のものである。戦国期には大西備中守が在城したとされる。讃岐からの侵攻に際し、長宗我部氏による改修が施された可能性が指摘できる。

(7) 白地城跡　三好市池田町白地本名

高知から徳島にかけて北流する吉野川左岸に築かれた西阿波最大級の城郭。初め大西氏の居城で、大西覚養《かくよう》が元親に降伏後、長宗我部氏の四国攻めの拠点となり、秀吉の四国平定戦では、対羽柴軍の指揮陣地となった。長宗我部氏によって大規模改修がなされたが、現在は削平《さくへい》を受けて当時の遺構がほとんど残されていない。

(8) 田尾(多尾)城跡　三好市山城町黒川・岩戸

吉野川沿いの旧街道筋に位置する山城である。三好氏の時代には対長宗我部氏の城だったが、三好氏から長宗我部氏に支配者が替わると対羽柴氏の城となり、長宗我部氏の改修がなされたと思われる。南北二城からなり、南城に三条の連続堀切が良好に残る。

(9) 西方(西潟)城跡　阿南市長生町西方

那賀川右岸の沖積平野に突き出した西方山の標高百二十五メートルの尾根頂部に位置する。城の北側に岡川、さらにその北側に那賀川が流れ、城跡のすぐ東側には土佐街道が南北に通じるなど、交通の要衝に位置する。城主は東条関之兵衛とされる。連結した腰曲輪が残されており、長宗我部氏の改修が推定される。

(10) 高源寺城跡　阿南市桑野町光源寺・車の口

桑野盆地の北西部に細長く張り出した尾根の先端に位置し、南東に桑野川が流れている。戦国期の長宗我部氏の阿波侵攻でいち早く長宗我部氏方に服属した桑野城主東条関之兵衛の一族桑野氏が拠った城である。堀切が多用されるなど長宗我部氏の改修が想定される。

(11) 一宮城跡　徳島市一宮町

一宮城の地理的環境は、徳島市の南西部、吉野川の支流鮎喰川の流れが山間部から平野部へ変わる付近の南岸の急峻な山塊に位置している。

一宮城は東西八百メートル、南北五百メートルの徳島県最大の山城遺構で、複数の曲輪や土塁、堀切、竪堀、貯水池、遊水地を備え、山麓には平野居館も想定されている。平地居館は山城の北麓に位置し、「御土居」「おうまや」の地名も残る。阿波の中世の終焉と近世の幕開けを飾る、阿波の城郭史で重要な城郭である。徳島県指定史跡であり、徳島市教育委員会によるレーダー探査や二〇一七年から二〇一九年には徳島市教育委員会による発掘調査が行われた。本丸・明神丸の確認のための発掘調査では、礎石建物の遺構を検出するなど蜂須賀氏建造時の状況が明らかとなった。

城主の一宮氏は、阿波国守護小笠原氏の支流で、細川氏の有力被官、のちに三好氏に従っている。三好実休の娘婿であるが、のちに一宮成祐《なりすけ》は反三好氏の立場をとり、土佐の長宗我部元親に通じた。秀吉の四国平定戦の際には、激しい攻防の舞台となった城で、その攻防の状況が手に取るようにわかる史料も多数残されている点が貴重である。秀吉軍の攻城の過程については本文で触れている。

現在の遺構は、本丸石垣に代表されるように阿波九城時代のもので、蜂須賀氏の大改修が施されているが、二連続堀切や竪堀などは長宗我部氏時代の名残りと思われる。

以上、十一の城郭を取り上げ、長宗我部氏が阿波に侵入し、支配を進めていく中で、阿波の拠点的な城郭を改修していった、言うなれば、「長宗我部化」していった状況を紹介した。長宗我部氏の改修や蜂須賀氏の改修という視点で、戦国—織豊期の阿波の城郭を歩いてみるのも面白いかもしれない。

元親、秀吉に降伏

城郭を改修・整備するなど準備をしてきた元親だったが、秀吉方の大軍の前に抗しきれないと判断し、結句、羽柴秀長らとの和睦交渉に入った。

七月二十五日付けの江村孫左衛門尉・谷忠兵衛尉（忠澄）宛ての判物で秀長は、「長宗我部（元親）身上の儀は土州一国にて御理《ことわり》の段、随分疎略あるべからざること」「五日の間、矢留のこと」「抜け公事《くじ》表裏いささかもこれあるまじきこと」の三ヵ条について誓っている（『土佐国蠹簡集』）。書中で秀吉のことを「内府」（内大臣）と表現している。閏七月付けの藤堂《とうどう》与右衛門尉（高虎《たかとら》）宛ての秀次書状では、秀次が脇城への攻撃を停止した旨を伝え、高虎に攻撃中止を命じている（「藤堂家文書」）。八月一日、秀吉は森兵吉・祖父《そぶ》江《え》久助に対して、四国から凱旋してきた将兵等の渡海について、遺漏なきよう命じた（「森文書」）。同日付けの宮部秀□宛て藤堂高虎書状では「この表無事大略相極」まった旨を伝え（『宗国史』）、八月五日付けの多賀秀種宛て堀秀政書状では、元親が人質を出したなら開陣する旨を伝えている（「多賀文書」）。

八月六日までには、蜂須賀正勝の仲介で講和が成立している。八月六日、秀長は小早川隆景に対して、秀吉が元親の降伏を承認し、土佐一国を元親に与えとことを報じ、さらに隆景の伊予領有が認められるように尽力することを約束している（『土佐国蠹簡集』）。八月八日、隆景は伊予の平定を祝して、安芸厳島《いつくしま》神社の別当大願寺に対して伊予国新居郡のうちで一所を寄進した（「大願寺文書」）。

八月十四日付けの隆景宛て秀長書状では、送られた太刀の返礼と共に、毛利輝元から書状が届いた旨を伝えている（「小早川家文書」）。同日付けの隆景宛て秀長書状では、「与（予）州の儀、彼方人質一両日中に相渡すべきの条、その上をもって蜂須賀彦右衛門尉（正勝）・黒田官兵衛（孝高）両人急度差し越し、如何様にも御馳走申すべく候」「与（予）州城々両人差し遣わし、急度請け取り渡し進らすべく候」とあり、人質を納めたあと、蜂須賀正勝と黒田孝高を伊予に派遣し、諸城を受け取らせる旨を報じている（「小早川家文書」）。

八月十六日付けの小早川秀包宛ての朱印状で秀吉は、西讃岐において秀包が秀長と隆景との仲介にあたろうとし、秀吉はこれを「もっとも」と伝えている（『萩藩閥閲録』）。八月二十一日付けの溝口《みぞぐち》金右衛門尉（秀勝《ひでかつ》）宛ての秀長書状では、四国のことは元親がいろいろと懇望してきたので、土佐一国を与えてこれを許し、「ことごとく平均申し付」け、秀長の軍も一両日中に帰陣する旨を伝えている（「溝口文書」）。

八月二十六日付けの秀長宛てと推定される秀吉朱印状によれば、長宗我部氏の人質は十九日に受け取った旨を得心したこと、伊予の諸城は毛利氏方に渡すこと、などを指示している（「三村文書」）。なお、八月二十六日に北国ではついに佐々成政が降伏した。

次に、元親が蜂須賀正勝に送った興味深い書状を紹介する。

【史料6】　長宗我部元親書状（「蜂須賀侯爵家文書」）

御状祝着せしめ候。進退の儀、今度殿下様（秀吉）御寛宥《かんゆう》の儀、併せて貴所御取り合わせゆえに存じ候。よって証人進め置く上は、もちろん無二の覚悟に候。向後なおもって御指南仰ぐところに候。なかんずく孫七郎殿（羽柴秀次）御使いを預かり、御懇慮次第もっともに過分に存じ候。次に御自分として御太刀一腰・馬一疋贈り給わり候。怡悦《いえつ》の至りに候。委曲白江殿申し述べ候。恐々謹言。

壬八月五日　　元親（花押）

蜂須賀彦右衛門尉殿

御返報

秀吉を「殿下」と表現しているが、秀吉が降伏を認めてくれたのは正勝が取り成してくれたからであり、証人、すなわち人質を差し出した上は無二の覚悟はできている。今後も正勝の御指南を仰ぐつもりであると述べ、元親と秀吉側との交渉にあたって正勝が取次を務めたことがわかる。

閏八月十四日付けの蜂須賀正勝・黒田孝高宛て秀吉朱印状や同月十八日付け隆景宛て秀吉朱印状（どちらも「小早川家文書」）によれば、伊予の諸城を速やかに接収し、小早川方に引き渡すこと、滞った場合には蜂須賀正勝と相談し、秀吉に申してくるように、さすれば「国の置目」を入念に申し付けるので安心するようにとある。元親は人質として嫡男信親と三男津野親忠を出している。

戦後処理――「四国国分」

元親の降伏を受けて秀吉は、四国平定戦の戦後処理に着手した。

結局のところ、土佐一国のみが元親に安堵された。紆余曲折はあったが、伊予は毛利氏に与えられ、毛利氏は小早川隆景を伊予に封じた。そのうち二万三千石は安国寺恵瓊、一万一千石は来島通康《くるしまみちやす》、三千石を得能《とくのう》太郎左衛門に与えた。また、讃岐には仙石久秀と十河存保が配置された。そして、阿波には蜂須賀家政が封じられた。

当初、秀吉は蜂須賀正勝に阿波を与えようとしたが、正勝は高齢などを理由にこれを辞退し、嫡男家政に与えられるよう申し出て、これが秀吉に認められて、家政に宛行われたのである。そのうちの一万石は赤松《あかまつ》則房《のりふさ》に、一千八十二石は四国攻めで尽力した森兵吉こと毛利兵橘《ひょうきつ》に与えられた。蜂須賀氏は十七万三千石を領する大名となった。元親は十月、土佐一国安堵のお礼のために上洛している（『元親一代記』）。

天正十三年（一五八五）八月四日付けの羽柴秀長宛て秀吉朱印状写（「毛利家文書」）は、戦後処理の内容、四国国分構想の全体像が記された長文の史料で、重要な内容を多く含んでいる。上述のように国分がなされたほか、阿波・讃岐・伊予の旧勢力たちは秀吉配下武将の与力として再配置されている。阿波三好氏の十河存保は仙石氏に、土佐泊城を守り抜いた森村春は蜂須賀氏に配属された。蜂須賀正勝と黒田孝高は四国国分に際して、阿波・讃岐・伊予の諸城を長宗我部氏から受け取り、新しい国主に引き渡す重要な役割を果たしている。総大将は羽柴秀長だったが、正勝と孝高は豊臣政権の政務代行者として、戦後処理という重要な職務にあたったと言える。

興味深いのは三条目で、阿波国の諸城は残らず蜂須賀家政に与えるとし、「しからば、小六（家政）居城のこと、絵図相越し候面はいいの山（猪山）もっともに覚え候。さりながら、われわれ見届けざることに候条、なおもってそのほう見計らいよきところに居城相定め、秀吉国を見廻りに四国へ何頃にても越すべく候の条、その時小六居城よきところと思し召しようなるところを、そのほうまたは在陣の者とも談合せしめ、よく候わんところ相定め、さように候わば、大西・脇・かいふ（海部）・牛木（牛岐）・かかせてよく候わんや、小六身に替わる者を入れ置くべく候。善きところは立ち置き、悪きところはわり、新儀にもその近所にこしらえ、もっともに候こと」と絵図面を見て猪山築城（現在の徳島城）を指示したり、阿波の要地に拠点を置くよう命じている。

阿波は家政に与えられたが、正勝は息子の行く末が心配だったのだろう。次の判物を出している。

【史料7】　蜂須賀正勝判物写（東京大学史料編纂所所蔵「牛田家文書」）

当国の様子諸式御一書阿波《（家政）》守に申し渡し候間、その意を得られ、申すに及ばず候へとも、国衆並びに今度渡海の牢人衆御堪忍候よう、御心付け肝要に存知候。阿波守若く候間、何事も諸事引き取らせられ、御異見たのみ存じ候。もしまた各々御才覚にも及ばられざる儀に候わば、拙者方へ仰せ越さるべく候。恐々謹言。

蜂須賀彦右衛門尉

正勝（花押）

十一月三日

稲田太郎（植元）左衛門尉殿

牛田又（一長）右衛門尉殿

林五郎（能勝）兵衛尉殿

中村次郎（重友）右衛門尉殿

山田八（宗重）右衛門尉殿

森勘右衛門尉殿

西尾理（正吉）右衛門尉殿

この史料は、阿波国の状況や支配の方針などについて手紙に認め、家政に送ったので、その趣旨に沿って、「国衆並びに今度渡海の牢人衆」を赦免するよう命じ、家政は若輩なので何事も種々よく聞いて、適切な意見を加えてくれるよう依頼し、もしよい案がなければ正勝のところまで報告し、相談するよう命じている。

これには、家政の阿波入国後、丹生山や大粟山といった山間部の土豪による一揆が起こるなど、支配にあたって多くの困難が待ち受けていたことが背景にあった。宛名の稲田以下七人は、秀吉より配属された武将たちであり、のちの蜂須賀家を支えた重臣たちである。家中の結束を図るために出した書状ではあるが、親の心配が垣間見られる史料でもある。

秀吉の四国平定戦の意味するもの

元親降伏の約七ヵ月前にあたる、天正十三年（一五八五）正月十七日付けの毛利氏家臣井上春忠宛て蜂須賀正勝・黒田孝高書状によると、「四国の儀、来夏御行《てだて》に及ばるるの条、伊予・土佐両国進め置かるべきのよし仰せ出され候。それに就き、長曾（宗）我部種々懇望致し候といえども御許容なく候」（「小早川家文書」）とあり、これが、秀吉が初めて示した四国国分計画である。

秀吉の四国国分計画は目まぐるしく変化した。毛利氏（実際は小早川氏）への伊予・土佐、すなわち長宗我部氏への阿波・讃岐安堵、次いで長宗我部氏の阿波・讃岐返還と土佐・伊予の安堵、さらに毛利氏への伊予給与と変化し、最終的に長宗我部氏には本国土佐一国の安堵にとどまったのである。病気を得たことや近畿周辺の政治情勢などで秀吉自身が四国の地を踏むことはなかったが、秀長、秀次、隆景の大将級に秀吉の信頼が厚い蜂須賀正勝と黒田孝高が中心となり、四国平定戦は遂行された。

六月二十日付けの秀長宛て秀吉書状では「蜂須賀方へ相談肝要に候」とあり（「平岡雅靖氏所蔵文書」）、蜂須賀正勝、そして嫡男家政は重要な位置を占めていたと言える。四国出兵にあたって蜂須賀正勝は黒田孝高と共に「目付」「指南」「軍監」として総大将の羽柴秀長・秀次の補佐をしている。

碩学渡辺世祐博士は、蜂須賀正勝のことを「謀臣」「股肱《ここう》の臣」「縁の下の力持ち」「秀吉の代理」「外交手腕のある人物」と評している（渡辺：一九二九）。正勝・家政父子は秀吉政権の形成過程で、外交手腕を遺憾なく発揮した。四国出兵における蜂須賀父子の役割を高く評価できよう。

四国国分では、瀬戸内海沿岸諸国に蜂須賀氏や仙石氏などの豊臣大名を配置し、海に面した場所に城郭の配置を命じるなど、四国制圧のみならず、九州出兵に際しての兵および軍需物資輸送経路の確保も意図しただろう。瀬戸内の制海権掌握でもあった。そして、何といっても、四国平定戦、四国国分により、大坂を中心とする畿内近国を安定ならしめ、発足間もない豊臣政権の基礎を固めることになったと言えよう。

秀吉の「四国征伐」、いわゆる四国平定戦は、四国に近世という新しい時代への幕開けを告げた戦いとも言えるのである。

【主要参考文献】
天野忠幸編『阿波三好氏』（論集戦国大名と国衆10、岩田書院、二〇一二年）
石井伸夫・重見高博編『三好一族と阿波の城館』（戎光祥出版、二〇一八年）
石尾和仁「長宗我部元親による阿波国侵攻の「記録」と記憶」（『四国中世史研究』一一号　四国中世史研究会、二〇一一年）
尾下成敏「羽柴秀吉の淡路・阿波出兵――信長・秀吉の四国新出過程をめぐって」（『ヒストリア』二一四号、二〇〇九年）
高知県立歴史民俗資料館編『図録 四国の戦国群像――元親の時代』（高知県立歴史民俗資料館、一九九四年）
高知県立歴史民俗資料館編『図録 長宗我部氏と宇喜多氏――天下人に翻弄された戦国大名』（高知県立歴史民俗資料館、二〇一四年）
四国中世史研究会・戦国史研究会編『四国と戦国社会』（岩田書院、二〇一三年）
須藤茂樹「秀吉の四国出兵と蜂須賀正勝・家政父子の役割」（『四国中世史研究』六号、四国中世史研究会　二〇〇一年）
諏訪勝則「織豊政権と三好康長――信孝・秀次の養子入りをめぐって」（『米原正義氏古稀記念論集　戦国織豊期の政治と文化』続群書

類従完成会、一九九三年）
曾根総雄「中・近世移行期の阿波の動向――四国国分の基礎作業として」（『東海史学』四二号、二〇〇八年）
津野倫明『長宗我部氏の研究』（吉川弘文館、二〇一二年）
徳島県教育委員会編『徳島県の中世城館　徳島県中世城館跡総合調査報告書』（徳島県教育委員会、二〇一一年）
徳島市立徳島城博物館編『図録 豊臣秀吉と阿波・蜂須賀家』（徳島市立徳島城博物館、一九九七年）
徳島市立徳島城博物館編『図録 中国国分・四国国分――秀吉の天下取りと智将・蜂須賀正勝』（徳島市立徳島城博物館、二〇一五年）
藤田達生「豊臣期国分に関する一考察――四国国分を中心に」（同『日本近世国家成立史の研究』校倉書房、二〇〇一年、初出一九九二年）
三好昭一郎「阿波における四国征伐――史料紹介を中心として」（『多田伝三先生古稀記念　阿波文化論集』教育文化出版センター、一九七八年）
山内　譲「長宗我部元親のいわゆる四国統一について」（『伊予史談』二九〇号、一九九三年）
長谷川賢二「忘れられた「きの庄村」についての若干の史料――名古屋市博物館蔵「蜂須賀家政判物」の周辺」（『史窓』二二号、一九九一年）
山本　大『長宗我部元親』（吉川弘文館、一九六七年）
渡邊世祐『蜂須賀小六正勝』（雄山閣、一九二九年）

第四章　豊臣政権下における真田昌幸

――豊臣・徳川間における巧みな交渉術

水野伍貴

信濃の国衆

豊臣秀吉は、中国の毛利《もうり》氏や、越後の上杉《うえすぎ》氏など、織田信長でさえ悩まされた強豪たちを従わせ、また、そのほかの勢力も屈服あるいは滅亡させていき、日本史上で初めて、全国を支配下に置いた武家政権を誕生させた。強豪たちを従わせていく過程において、絶妙な駆け引きと苦労があったことは言うまでもない。

では、本章のもう一人の主役である真田昌幸《さなだまさゆき》を従わせていく過程においては、どのような苦労があったのだろうか。筆者は、さほど無かったのではないかと推測する。

このような身も蓋もない導入となってしまったのは、昌幸が徳川家康や上杉景勝《かげかつ》のような自立した「戦国大名」ではなく、「国衆《くにしゅう》」と呼ばれる自立性を欠いた一領主だった点にある。国衆は、周囲との力関係から、自立することが難しかったため、いずれかの戦国大名に属すことで命脈を保っていた。こうした信濃の一国衆にすぎない昌幸の去就について、秀吉は大して関心を払ってはいなかっただろう。実際に、昌幸に対する秀吉の方針は、徳川家康と上杉景勝の動きに左右され、彼らとの取引材料として使われている。

つまり、昌幸が豊臣大名になれるか否かは、昌幸が秀吉の信頼を得られるか否かであり、ひとえに昌幸の努力にかかっていた。したがって、本章では趣向を変えて、昌幸の視点から昌幸が豊臣大名となる過程を見ていくことにしたい。

天正壬午の乱と沼田問題

真田昌幸は甲斐の戦国大名武田勝頼《たけだかつより》の家臣だったが、天正十年（一五八二）三月に勝頼が織田信長によって滅ぼされたあとは、信長に臣従した。しかし、信長も同年六月二日に本能寺の変で倒れたため、旧武田領だった甲斐国・信濃国・上野国は天正壬午《てんしょうじんご》の乱と呼ばれる混乱状態へと陥ることになる。

この時、昌幸は、信濃国の真田領（長野県上田市）・海野《うんの》領（長野県東御市）を領有していたにすぎず、武田氏の家臣時代から領有していた上野国の吾妻《あがつま》領（群馬県吾妻郡）・沼田《ぬまた》領（群馬県沼田市）は、織田氏の重臣滝川一益《たきがわかずます》に引き渡されていた。しかし、本能寺の変の影響による不穏な情勢を受けて一益は、昌幸に沼田城の守備を命じている。

こうして沼田領に再び入った昌幸は、忠誠を誓ってきた沼田衆の恩田《おんだ》伊賀守に六月十二日付けで本領安堵と共に堪忍領《かんにんりょう》を宛行《あてが》っている（「恩田文書」）。また、吾妻衆の鎌原《かんばら》宮内少輔に対しても、同月十六日付けで、一益の命令で沼田に出陣したことを報じており、上手くいったら千貫文の土地を与えるので味方するよう求めており（「中村不能斎採集文書」）、この機会に乗じて吾妻領・沼田領を回復しようと努めている。

一方、滝川一益は上野国に侵攻してきた北条氏直《ほうじょううじなお》の軍勢と戦闘となり、六月十九日に敗北を喫して、同二十一日に上野国を退去する。同じく二十一日付けで昌幸は、吾妻衆の湯本三郎右衛門尉《ゆもとさぶろうえもんのじょう》に、岩櫃《いわびつ》城（群馬県東吾妻町）に入って守りを固めるよう命じると共に、堪忍領を宛行っている（「熊谷文書」）。昌幸は、滝川一益の退去を受けて旧領の吾妻領・沼田領を制圧したのだった。

しかし、昌幸の周囲は、越後の上杉氏、相模の北条氏、駿河の徳川氏ら強豪に囲まれており、甲斐国・信濃国・上野国は三者の草刈り場となった。そのため、昌幸はいずれかに属して安全を確保する必要があった。滝川一益が退去したあと、昌幸が従ったのは上杉景勝だった。

ところが、上杉氏への従属期間は短く、七月上旬には北条氏に服属を申し出ており、同年九月には実弟の加津野昌春《かづのまさはる》（真田信尹《のぶただ》）の説得に応じて徳川氏に従っている。九月二十八日付けで家康から昌幸に発給された知行宛行状《ちぎょうあてがいじょう》には、本領安堵に加えて、上野国箕輪《みのわ》領（群馬県高崎市）、甲斐国内で二千貫文、信濃国諏訪《すわ》郡を与えるとあるが、これらは未征服地であり、切り取り次第だった（「矢沢家文書」）。

家康に服属した昌幸だったが、事態は昌幸にとって良くない方向へと動いていく。十月二十九日に徳川氏と北条氏の間で和睦が成立。上野国は北条氏、甲斐国と信濃国は徳川氏が領有することとなり、昌幸の吾妻領・沼田領は徳川氏から北条氏へ引き渡されることとなった。

しかし、昌幸はこの取り決めに応じず、北条氏が十二月下旬に沼田に向けて進軍している。この吾妻領・沼田領をめぐる領土問題は、「沼田問題」と呼ばれ、解決まで約七年を要することになる。

上杉景勝と矢沢頼綱

沼田問題が生じたことによって、昌幸は家康に従いながらも、天正十一年(一五八三)三月頃から再び上杉景勝と接触を始める。上杉氏から上野国の経営を任されていた北条高広《きたじょうたかひろ》(芳林)は、三月二十八日付けの書状をもって直江兼続《なおえかねつぐ》に、昌幸が徳川・北条陣営と手切れしたと報じている(『歴代古案』)。

徳川・北条陣営との対決を想定し、上杉氏との連携を模索したものと思われるが、昌幸の行動には一貫性がなく、徳川氏との主従関係を断ててはいなかった。同月(三月)中に昌幸は徳川方として、上杉方における対徳川の最前線基地である虚空蔵山城《こくぞうさん》(長野県上田市)を攻撃しており、四月には昌幸の領内で、徳川軍による上田城《うえだ》(長野県上田市)の築城普請が開始された。上田城は、虚空蔵山城に対峙する位置にあり、対上杉の最前線基地としての意味を持っていた。

こうした中、同年の七月十五日付けで上杉景勝が、昌幸の重臣である矢沢頼綱《やざわよりつな》に対して次の内容の書状を出している（「真武内伝附録」）。

未だ書面のやりとりはありませんが、（書状を）一簡送りました。その地（上州沼田）在城のこと、非常に大儀です。真田安房守（昌幸）が去年（天正十年）当方（上杉氏）に属し、日を経ずして離れていったこと、どのような考えであったのかと不審千万に思っていました。そのため、北条《きたじょう》安芸守（高広）が使者を遣わして確認したところ、昌幸の対応の一部始終、その心底が明らかとなりました。確かに聞き届けざるを得ません。今後のことは、（昌幸が）真に懇意にするのであれば、少しも別状なく接するつもりです。

景勝は、北条《きたじょう》高広の取り成しによって昌幸に対する不信が解けたので、昌幸を受け入れるとした。しかし、昌幸の一貫性のない行動が影響したのだろう。実際には、この年に昌幸の上杉陣営への加入が行われることはなかった。

しかし、矢沢頼綱は別だった。同年の七月十九日付けで景勝が北条《きたじょう》高広・弥五郎父子へ宛てた書状において、景勝は頼綱と、同じく昌幸の家臣だった金子泰清《かねこやすきよ》が北条氏邦《ほうじょううじくに》（氏直の叔父）の使者を斬ったことを「矢沢・金子、忠信」と喜び、「これも連々、そのほうの働きゆえと感じ入っている」と、北条《きたじょう》高広を賞している（「坂田邦男氏所蔵文書」）。昌幸の「忠信」ではなく、矢沢・金子の「忠信」とされている点が注目される。

前述の七月十五日付け矢沢頼綱宛て上杉景勝書状に目を向けると、景勝が昌幸の家臣にすぎない頼綱に対して直接書状を出すのは、破格の待遇と言える。景勝が頼綱を、昌幸と同等の独立した勢力と見なしていたことを意味していよう。そして、昌幸とは異なり、頼綱が天正十一年七月の時点ですでに景勝から味方として扱われていたことがわかる。

景勝が頼綱を厚遇したのは、上杉氏が北条氏と覇権を争う上野国において、頼綱が沼田城に在城し、沼田を監督・支配していたことが背景にあった。さらに同年の九月には、厩橋《まやばし》（群馬県前橋市）の北条《きたじょう》高広が北条氏の攻撃を受けて降伏し、厩橋を追われたため、頼綱の重要度はより高まっていった。

翌年（天正十二年）の五月、頼綱は金山《かなやま》（群馬県太田市）の由良《ゆら》氏の一族である横瀬成高《よこせなりたか》に書状を出して、景勝の「越山《えつざん》」（関東遠征）が近いことを報じている（「紀伊国古文書」）。上野国の経営を任されていた北条《きたじょう》高広に代わって、上野国にいる反北条の国衆と上杉氏を取り次ぐ役割を頼綱は担ったのである。

そして、天正十三年十一月三日に景勝は、頼綱に知行宛行状を発給する（「矢沢家文書」）。これによって、景勝は頼綱を、昌幸と同等の勢力として見なすと共に、景勝と直接的に主従関係にあることを明確に示した。また、この知行宛行状の六条目には「関東中奏者取次之事」とあり、反北条の国衆を束ねる奏者《そうしゃ》・取次《とりつぎ》という立場に頼綱が正式に任命されたことがわかる。

矢沢頼綱の立場

では、この矢沢頼綱の立場をどのように捉えればよいのだろうか。頼綱が上杉氏に従って昌幸と別行動をとっていたことは先行研究によってすでに指摘されている（利根川：二〇一四）。しかし、先行研究が述べるように、頼綱が一時的であれ昌幸と袂を分かち、敵対関係にあったかと言えば、そうではない。

まず、頼綱が沼田城に在城している所以は、昌幸に城代を任されたことにある。昌幸は天正十年（一五八二）、武田氏滅亡の五日前にあたる三月六日付けの書状で頼綱に沼田領の管理を委ねている（「矢沢家文書」）。沼田領は一時昌幸の手から離れるが、天正壬午の乱に乗じて再び領有化し、天正十一年、昌幸は六月十七日付けで頼綱に二百貫文の地を与える知行宛行状を発給し、沼田在城を命じている（「矢沢家文書」）。その翌月には前述の上杉景勝書状が頼綱に宛てて出され、さらに北条《きたじょう》高広宛ての書状では、頼綱の「忠信」が賞されるようになる。上杉景勝が頼綱と接触した時、昌幸と頼綱の主従関係は健在だった。

また、沼田問題が昌幸と北条氏の間で沼田・吾妻領をめぐる争いだったことを踏まえると、いくら上杉景勝の後ろ盾があったとしても、争点となっている沼田で頼綱が独立した領主権を得るのは難しい。これらのことから、頼綱は真田氏の沼田城代という立場で景勝と接触、行動を共にしてきたと言える。

昌幸が正式に上杉陣営へ加入するのは、頼綱より遅れること二年、天正十三年七月から八月にかけてのことである。天正十三年の八月二十六日付けで上杉氏の家臣須田満親《すだみつちか》が「今日、真田から御味方に参るとの使衆が到来」と記している（『歴代古案』）ことから、天正十三年と見て間違いないだろう。

景勝と昌幸

天正十三年（一五八五）七月十五日付けで景勝から昌幸へ宛てた誓紙が出されている（「上杉家文書」）が、一ヵ月半後には第一次上田合戦で徳川・北条陣営と衝突しているため、第一次上田合戦という鬼気迫る状況が、昌幸に上杉氏への服属を急がせたことは想像に難くない。八月二十九日付けで須田満親は矢沢頼綱に人質を受け取った旨を報じている（「矢沢家文書」）ので、上杉陣営へ加入するにあたっての手続きがすべて完了したのは八月下旬だった。

景勝から昌幸へ宛てた誓紙の条目で、景勝は昌幸の沼田領・吾妻領の領有権を保障していることから、沼田は昌幸の領地であり、頼綱は城代にすぎないことを景勝は理解していたと思われる。それにもかかわらず、景勝が頼綱と接点を持ったのは、二年前（天正十一年）の七月に景勝が昌幸を受け入れるとした際に、信濃国の昌幸は徳川氏との協調姿勢から上杉陣営としての行動に一貫性がなかったのに対して、上野国の頼綱は北条氏に対する強硬姿勢から上杉陣営として認められたと考えられる。真田氏の徳川・北条両氏に対する方針の違いによって生まれたものと言えよう。

景勝は、昌幸の上杉陣営加入を認めたあとも、頼綱との直接的な関係を維持し、前述のように第一次上田合戦から約三ヵ月後の十一月三日に、頼綱に対して知行宛行状を発給している。頼綱は、三年前（天正十年七月二十六日）にも、北条氏から知行宛行状を発給されたことがある（「矢沢家文書」）。これは、昌幸が人質を提出した際の尽力を賞したもので、同様の理由で大熊五郎左衛門《おおくまごろうざえもん》も知行宛行状を発給されている（『長国寺殿御事蹟稿』）。また、昌幸が北条氏に従うにあたって、使者を務めた日置五右衛門尉《ひおきごえもんのじょう》は、北条氏から小鳥郷《ことり》（群馬県高崎市）を宛行われており（『長国寺殿御事蹟稿』）、昌幸が家康に従った際にも、家康から尽力を賞されて知行を宛行われている（『長国寺殿御事蹟稿』）。

景勝に限らず、昌幸の家臣への介入は、北条氏や徳川氏も行っていた。外交に携わるなど、戦国大名との接触がある家臣ほど介入されやすい傾向にあったようである。とはいえ、景勝の頼綱への介入は、昌幸にとって決して好ましいことではなかっただろう。しかし、当初、昌幸自身が景勝の信頼を得られず、上杉陣営に入れなかったため、頼綱ら上州方面軍だけでも景勝と連携させる必要があった。

また、天正十三年七月の、昌幸の上杉陣営加入に際して、頼綱が景勝に働きかけたことは想像に難くない。これらの要素から、景勝の頼綱への介入を昌幸は黙認せざるを得なかったと考えられる。

秀吉への接近

第一次上田合戦で徳川軍を破った昌幸は、いよいよ秀吉との接触を開始する。天正十三年（一五八五）十月十七日付けで昌幸に対して秀吉の判物《はんもつ》（花押が入れられた書状）が次の内容で出されている（「真田家文書」）。

未だ書信のやり取りはありませんが、道茂《どうも》の所へ送られた（昌幸の）書状、披見しました。委細、（秀吉は）お聞き届けになられました。そのほう（昌幸）の去就については、困ることがないように（配下の者に）申し付けておきますので安心してください。小笠原右近大夫《おがさわらうこんのたいふ》（貞慶《さだよし》）とよく話し合って、手落ちのないよう心構えが肝要です。なお、（詳しいことは）道茂が申します。

文中に見える道茂とは、秀吉の右筆《ゆうひつ》であるが、徳法軒という号を有していたほかに詳しいことはわかっていない。秀吉判物の内容から、昌幸は道茂に秀吉に対する披露状を送り、秀吉との接触を図ったことがわかる。また、冒頭の文言からは、これが秀吉の昌幸に対する初の発給文書であることもわかる。

秀吉が服従していない戦国大名や国衆と交渉を持つにあたっては、大きく二種類の外交ルートが存在した。一つは、浅野長政《あさのながまさ》（長吉《ながよし》）や、石田三成《いしだみつなり》といった秀吉の直臣であり、もう一つは、上杉景勝や、（天正十四年十月に秀吉に臣従したあとの）徳川家康のように平和的に秀吉に臣従したことで、豊臣政権内で優位な立場を与えられた旧戦国大名である。のちに秀吉が家康を通じて北条氏政《うじまさ》（氏直《うじなお》の父）の出仕を促したように、家康ら旧戦国大名は独自の人脈や、実力を背景として交渉力を発揮した。それに対して、戦国大名を豊臣大名化させるために具体的なやり取りをするのが直臣たちである。

また、直臣たちも細かく三つのタイプ（外交ルート）に分かれ、伊達政宗《だてまさむね》のように規模の大きな大名には複数のタイプがやり取りすることがあった。一つ目のタイプは、浅野長政、石田三成、増田長盛《ましたながもり》といった上級の吏僚たちである。彼らは豊臣大名化を終えたあとも、奏者《そうしゃ》や指南《しなん》という立場で担当する大名の監督にあたった。

二つ目のタイプは、右筆、侍医《じい》といった立場で秀吉に近侍する者たちであり、施薬院全宗《やくいんぜんそう》や和久宗是《わくそうぜ》が有名である。右筆である道茂は、このタイプに属している。和久宗是が伊達政宗に対して「殿下様（秀吉）の政宗に対する御機嫌がよいので、ここで上洛すれば、万事うまくいくでしょう」と述べている（「伊達家文書」）ように、このタイプには秀吉に近侍している立場を活かしたサポートが期待できた。

三つ目は、斯波義近《しばよしちか》（義銀《よしかね》）や、山名豊国《やまなとよくに》（禅高《ぜんこう》）ら旧守護大名の家柄を有する御伽衆《おとぎしゅう》である。彼らは伝統的権威を背景として交渉にあたった。

基本的に直臣の外交ルートは、浅野長政ら上級の吏僚が軸となって、二つ目、三つ目のタイプが別ルートで補完する形がとられたが、昌幸の場合、担当は二つ目のタイプにあたる道茂のみだったと思われる。しかし、秀吉朱印状と一日しか違わない十月十一日付けで石田三成が矢沢頼綱に対して次の内容の書状を送っている。

未だ書信のやり取りはありませんが（書状を遣わします）。先日、安房守殿（昌幸）のことについて、景勝より千坂《ちさか》対馬守（景親《かげちか》）、村山《むらやま》安芸守（慶綱《よしつな》）の二人が使者として派遣され、子細を述べられたところ、関白殿（秀吉）の上聞に達し、（秀吉は）安房守殿の御希望を叶えると二人にお伝えになりました。拙者（三成）は、景勝の奏者として（景勝と）やり取りがございますので、今後は特別に（頼綱の）御用も承ります。とりわけ、（頼綱のもとへ赴いている）この使僧は、関東へ遣わされた者ですので御精を入れられて（無事に）送り届けるようにとの（秀吉の）御言葉です。

やがて、関東からも使者が上ってきますので、道中問題ないように手配してください。右のことを務めていただければ、御貴所（頼綱）のことも、疎略にはいたしませんので、御用等がありましたら仰ってください。また、去る九月十四日に天徳（天徳寺宝衍《てんとくじほうえん》）へ送られた書状を披見し、すぐに（秀吉に）披露しました。なお委細は、この使僧が説明しますので省きました。恐々謹言。

昌幸が道茂に秀吉への披露状を出したのと同様に、頼綱も天徳寺宝衍（佐野房綱《さのふさつな》）に三成（さらには秀吉）への披露状を出している。主君と家臣が並行して交渉を行うことは珍しくないが、この事例が特殊なのは、三成書状が秀吉判物の副状《そえじょう》やそれに準じるものにあたらないところにある。

秀吉判物を見ると、詳細は道茂が伝えるとあるので、道茂が使者を務めたか、あるいは道茂が副状を出したかの二通りが考えられる。昌幸宛ての秀吉判物と同じく十月十七日付けで、秀吉は小笠原貞慶にも書状を出しており、「委細は、一書《いっしょ》をもって道茂に説明をして（貞慶のもとへ）遣わすので、その意を得て、真田とは特に懇意にすること」といった内容が記されている（「小笠原文書」）ので、道茂が信濃国へ赴いたことがわかる。

小笠原貞慶が昌幸との連携を指示されていることから、同様に貞慶との連携を指示された昌幸のもとにも道茂が赴いたと考えられる。秀吉判物の内容を補完して詳細を伝える役割は道茂が担っており、三成書状は秀吉判物の副状にはあたらず、別の意図で出されたと言える。

秀吉朱印状と三成書状は、日付こそ近いものの、三成書状では昌幸の去就について上杉氏から働きかけがあったことが詳細に述べられているのに対して、秀吉判物では上杉氏についての言及は全くなく、そればかりか、上杉氏と対立している小笠原氏との連携が求められている。頼綱が天徳寺宝衍へ宛てた書状は、上杉氏の使者である千坂景親らによってもたらされたと考えられるが、昌幸が道茂に宛てた書状は全く別のルートでもたらされたと考えられる。

秀吉判物と三成書状を取次に着目して比較した場合、秀吉判物は道茂しか確認できないのに対して、三成書状からは三成および上杉景勝の存在が確認できる。昌幸よりも頼綱のほうが、外交のルートが開けていたと言えよう。

その理由として、頼綱が景勝と直接的に主従関係を有していたことが挙げられる。三成も書状の中で、頼綱を景勝配下の領主として扱っており、景勝が頼綱を上野国の要として位置づけたように、三成も関東へ向かう使者の中継地としての役割を頼綱に期待しており、さらには、この時の頼綱の働きを賞する朱印状を秀吉が発給している（「真武内伝附録」）。千坂景親らの派遣についても、頼綱の要望によるところが大きいのではないかと思われる。逆に昌幸のほうは、上杉氏を介さないルートで秀吉と接触したと言えよう。

秀吉判物は十月十七日付けであるが、昌幸が秀吉との接触を図ったことは、第一次上田合戦の直前に出された七月十五日付けの景勝の誓紙からも確認できる。景勝誓紙の九条目は「春松太夫のことにつき、上方（秀吉）から音信があったとしても、当方（上杉氏）に対して無二の忠信を遂げるのであれば、差し支えなく接するつもりである」といった内容が記されている。

昌幸が春松太夫という舞太夫《まいだゆう》を通じて秀吉との接触を図っており、それは景勝の知るところとなった。それを受けて景勝は、秀吉から如何なる返答が来たとしても上杉家に忠誠を尽くすよう求めている。上杉陣営に加入し、第一次上田合戦に備えていた頃から、昌幸は並行して秀吉との接触を計画していたのである。そして、第一次上田合戦の直前においても、昌幸の行動に対して景勝は疑念を抱いていたと言える。

昌幸が春松太夫を通じて秀吉との接触を図った様子は、十八世紀に松代藩《まつしろはん》で編纂された『上田軍記《うえだぐんき》』にも記されており、内容は次の通りである。

さて、昌幸父子は（一次上田合戦において）存分に勝利を得て、家康公と手切れとなったので、秀吉公へ従おうとしたが、遠国であるため、伝手《つて》がなかった。その頃、上田へ年々来ていた春松太夫という舞太夫が、秀吉公へも御目見えし、富田《とみた》左近将監（一白《いっぱく》）とも親しい旨を申すので、春松太夫を介して、秀吉公へ出仕したい旨を富田の所へ申し入れたので、早期に話がまとまり、昌幸父子三人は上方へ上り、大坂において秀吉公に御目見えした。（後略）

『上田軍記』では、昌幸が春松太夫に秀吉への取り成しを働きかけたのは、第一次上田合戦のあととなっているが、七月十五日付け景勝誓紙の記述から、第一次上田合戦の前であることがわかっているので、誤りと言える。また、『上田軍記』では、昌幸は富田一白（知信《とものぶ》）を頼って豊臣大名化を遂げたとしているが、一次史料からは富田一白が昌幸の取次を担ったことを確認することはできない。

前述の通り、十月十七日付け秀吉判物から、昌幸の接点となった秀吉直臣は道茂と考えていいだろう。後世に成立した編纂史料であるため、誤りも見られるが、昌幸が春松太夫を頼ったことについては景勝誓紙からも確認がとれることから、史実とみていいだろう。

春松太夫から道茂に繫がったかはわからない。前述の十月十七日付け小笠原貞慶宛て秀吉書状の冒頭には、「このたび、道茂を差し遣わしたところに、そのほう（貞慶）が（道茂に伝えた）意向を（秀吉は）一つ一つお聞き届けになられました」といった内容が記されているので、十月十七日以前にも道茂は秀吉の意向を受けて信濃国へ赴き、貞慶と接触していたことがわかる。

おそらく、昌幸は道茂が信濃国に下っていた機会を摑んだのではないだろうか。そして、昌幸・貞慶共に秀吉から連携の指示を受けていることを踏まえると、昌幸は貞慶に道茂への仲介を頼んで書状を出したのではないかと思われる。春松太夫を用いた工作は、功を奏さなかったと筆者は推測する。

十月十七日付け秀吉判物のほかに、道茂が昌幸の取次を担ったと考えられる書状は二点存在する。一点目は、同年（天正十三年）十一月十九日付けの昌幸宛て秀吉判物であり、家康とその重臣が人質の提出を拒否し、融和派の石川数正《いしかわかずまさ》（康輝《やすてる》）が徳川家中を追われたため、秀吉は家康を成敗するつもりであるという内容で、昌幸に対して、信州・甲州のことは小笠原貞慶と木曾義昌《きそよしまさ》と協力してあたるように指示している（「真田氏歴史館所蔵文書」）。

二点目は、翌年（天正十四年）二月三十日付けの昌幸宛て秀吉朱印状であり、家康が人質を提出して秀吉に従う意向を示したので家康の成敗を中止したことを伝えている（「宮下家文書」）。

道茂が昌幸の取次を担った秀吉書状には、小笠原貞慶や木曾義昌といった徳川氏から離反した国衆との連携を指示する文言が見られる。これは、秀吉の昌幸に対する認識が、上杉陣営の一員としてではなく、徳川氏から離反した信濃国の国衆の一人というものだったことを物語っている。

天正十三年十月から天正十四年七月にかけて昌幸の取次を担当したのは、道茂しか一次史料からは確認がとれない。複数かつ有力な取次と関係を有していなかったことは、対秀吉外交における昌幸の弱点であり、のちに昌幸の立場が不利になることに少なからず影響している。

秀吉による真田征討の容認

第一次上田合戦から約一年後の天正十四年（一五八六）七月十七日、家康は再び真田攻めを発令して駿府城（静岡市葵区）に入った（『家忠日記』）。ここで昌幸は思わぬ窮地に立たされることになる。増田長盛と石田三成は八月三日付けで、上杉景勝に昌幸を支援しないようにとの秀吉の意向を伝えている（「杉原謙氏所蔵文書」）。

この秀吉の方針転換は、家康を上洛出仕させるための取引材料として、昌幸を切り捨てて家康の支持に回ったと言われている（柴辻：一九九六）。秀吉は八月九日付けで三河国刈谷《かりや》（愛知県刈谷市）の大名水野忠重《みずのただしげ》に宛てた書状において、真田征討の容認を「家康のために候間」と述べている（「徳川美術館所蔵文書」）ように、確かにその一面を有している。

しかし、秀吉が「公儀」としての立場を確立させようとしている以上、真田征討を正当化する大義名分があったはずである。前述の増田長盛・石田三成連署状には「真田のこと、先日、こちら（秀吉）

が仰せになったように、「表裏《ひょうり》比興《ひきょう》者であるため」と述べられているように、昌幸にも秀吉の不信を招く失策があったと考えられる。

昌幸の失策とは何であろうか。秀吉が九月六日付けで小笠原貞慶に宛てた書状に「真田は人質も出していません。その上、表裏があるので（秀吉は）御許容されておられません」といった内容が記されている（「小笠原文書」）ので、人質の提出がなかったのが大きな理由だったようである。

秀吉が、表裏があると述べているのは、人質の未提出に加えて、同年十一月から秀吉サイドから昌幸へ上洛の催促が続いていることから、未だに上洛と臣下の礼のない昌幸に対する不信だったと考えられる。小笠原貞慶が同年春に上洛を済ませて豊臣大名化し、小笠原氏の奏者に増田長盛が定められた（「上杉編年文書」）状況と比較すると、大きく後れを取っている。なお、秀吉は八月六日付けで小笠原貞慶に対して次の内容の書状を送っている（「小笠原文書」）。

　真田成敗として家康が出馬したとのこと。配慮が必要なため、道茂を（信濃国へ）差し下しました。そのほう（貞慶）のことは、困ることが少しも起こらないように、家康に対してよく言い聞かせますので、安心してください。詳しいことは道茂が申します。

秀吉は、真田征討に際して家康が貞慶を攻撃しないように道茂を信濃国へ派遣する配慮をしている。また、前述の八月九日付け水野忠重宛て秀吉書状では、貞慶と木曾義昌は味方であるため、彼らの領内で徳川軍が勝手なことをしないよう家康に伝えよと忠重に命じている。同じ徳川氏から離反した国衆だったが、貞慶と義昌は秀吉によって守られていた。

伊達政宗の事例で知られるように、取次を通じて如何に秀吉に誼《よしみ》を通じようとも、上洛と臣下の礼のない大名は秀吉の不信を招いた。政宗の場合は、浅野長政や富田一白といった吏僚や、前田利家、和久宗是などが奔走して事なきを得たが、昌幸はこうした有力な取次と関係を有していなかった。そのため、昌幸は秀吉の不信を解くことができず、真田征討は容認されてしまったのである。

また、秀吉は貞慶宛て書状と同じ八月六日付けで家康に書状を出しており、道茂が取次を務めている（「小笠原文書」）。そこで秀吉は、上杉景勝に昌幸の支援を禁じた旨を伝えているため、道茂も真田征討の一端を担っていたと言える。昌幸は交渉ルートを失っていた。

上杉氏による取り成しと真田征討の中止

窮地に立たされた昌幸だったが、九月になると事態は好転する。秀吉は、九月二十五日付けの書状で上杉景勝に対して次の内容を述べている（「上杉家文書」）。

（前略）真田のことは、先信で（秀吉が）仰せになった通りです。表裏者であるため、御成敗のことを家康が仰せになりましたが、このたびのことは、まずは取り止めとなりました。（後略）

秀吉は景勝に真田征討の中止を報じた。中止の理由を秀吉は十一月四日付けの書状で次のように述べている（「上杉家文書」）。

（前略）真田・小笠原・木曾の三人のことも、先日、そのほう（景勝）が上洛した際に話し合いがあり、徳川のところへ戻すと（秀吉は）仰せられました。したがって、真田のことは討ち果たすことになっておりましたが、そのほう（景勝）が日頃申しておりますので、真田は生かして、知行も変わらずとした上で、家康に出仕させると（秀吉は）命令を下しました。真田が不届きであることは、先日お越しになった際に（秀吉から）お話しがあったと思いますが、そのほう（景勝）のために真田征討は取り止め、（秀吉は）御遺恨を右の通り御赦しになられました。そのことを、そのほう（景勝）からも真田へ言い聞かせてください。詳細は、増田長盛・石田三成・木村吉清《きむらよしきよ》が申します。

秀吉は、真田征討を中止した理由を、景勝が日頃から昌幸を取り成しているのを容れたからとしている。世の中は、真田征討の問題が九月まで続くが、徳川氏の家臣松平家忠《まつだいらいえただ》の『家忠日記』天正十四年（一五八六）八月七日条には、秀吉の仲裁によって家康の出馬が延期となった旨が記されており、八月の段階で家康には内々に中止命令が出されていた。

秀吉は最初から家康に真田征討を行わせるつもりはなかったように感じられるが、ここで景勝が昌幸を取り成した理由について考えたい。天正十三年七月十五日の誓紙において、景勝は春松太夫について言及した上で、上杉氏に対する忠誠を昌幸に求めており、また、上方へ千坂景親らを派遣したあとに出された九月五日の書状でも「今回、真田安房守（昌幸）が味方となり、前回と同様に忠誠を誓ったこと、感悦浅からず」と昌幸の帰属を喜んでいる（「禰津家文書」）ことから、景勝が昌幸の豊臣大名化を斡旋したようには思えない。

天正十三年十一月十九日の昌幸宛て秀吉判物には、昌幸の要請次第で信濃国へ援軍を送る旨が記されているので、秀吉サイドが軍事的支援の要請を受けていたことがわかる。第一次上田合戦で徳川軍を破ったとはいえ、徳川軍は井伊直政《いいなおまさ》ら約五千の援軍を得て態勢を立て直し、睨み合いが続いていた。徳川軍が撤退するのは同年十一月のことであり、広義の「第一次上田合戦」は、この秀吉判物が出される直前まで続いていたのである。

こうした背景を踏まえて考えると、景勝が千坂景親らを遣わしたのは、昌幸の豊臣大名化ではなく、対徳川抗争における昌幸への支援ではないだろうか。景勝は、昌幸を上杉陣営に帰属する国衆という位置づけで秀吉に取り成したと思われる。

道茂を介した昌幸の交渉は、昌幸の豊臣大名化。上杉氏を介した外交ルートを使った矢沢頼綱は、昌幸に対する秀吉の支援。時期は同じであるが、それぞれ別の交渉を行っていた。昌幸自身は、家康から離反した小笠原貞慶と足並みを揃えて行動していたため、秀吉の昌幸に対する認識は、上杉陣営の国衆といったものよりも、家康から離反した国衆という認識が強かったのだろう。

景勝は、上杉陣営に帰属する国衆として昌幸を擁護していたが、天正十四年六月に上洛した景勝は、昌幸を家康に与力《よりき》として付属させる旨を秀吉から告げられる。景勝からすれば、望ましくない形で決着したことになる。

この処置は、秀吉の昌幸に対する認識に加えて、家康に対する配慮が大きく働いたのだろう。家康は、同年（天正十四年）十月二十七日に大坂城へ出仕して秀吉に臣従する。昌幸・小笠原貞慶・木曾義昌を家康のもとに戻すことは、家康の面目を保つと共に、信濃国での対立解消にも繋がった。景勝に対しては、景勝の面子を立てて真田征討を取り止めたとしている。

これを踏まえれば、秀吉が八月に家康の軍事行動を内々に制止した理由も説明がつく。真田征討の中止は既定路線であって、昌幸を滅ぼそうとする家康には昌幸を付属させることで、昌幸を擁護する景勝には真田征討を中止させることで、それぞれ面子を立てて真田氏をめぐる問題を秀吉は解決したと言える。

十一月四日付け秀吉書状で景勝が昌幸の上洛を促すよう命じられているように、昌幸は赦免となったものの、上洛を催促された。十一月二十一日付けで昌幸に対しても次の内容の秀吉朱印状が出されている（「真田家文書」）。

そのほう（昌幸）に対して、家康は遺恨を持っていましたが、こちらで（秀吉が）直に御話しになられました。殿下（秀吉）も（昌幸のことを）曲事《くせごと》と思っておられましたが、このたびのことは御赦しになられましたので、その意を酌んで早々に上洛しなさい。なお（そちらの）事情は（使いの者に）説明して伝えてください。詳細は、尾藤左衛門尉《びとうさえもんのじょう》（知宣《とものぶ》）が申します。

秀吉は昌幸を赦免したこと、家康に対しても怒りを収めるように説いたことを伝えた上で、上洛を促した。ここでは取次が尾藤知宣となっており、道茂は真田征討を境に昌幸の取次として出てこなくなる。前述のように道茂は、真田征討前夜においても信濃国へ赴いて、小笠原氏とのやり取りをはじめ、家康にも秀吉の意向を伝えているように、真田征討の一端を担っていた。

おそらく道茂は、景勝のように昌幸の赦免を働きかけてはいないだろう。石田三成が景勝の奏者を務めたような担当者としての性格ではなく、信濃国へ赴く機会がたびたびあったことから、昌幸との取次を任されたというタイミング的な要素が強かったのかもしれない。いずれにしても、昌幸は赦免と同時に家康に付属されることとなったため、以後、秀吉とのやり取りは主に徳川氏を介して行われるようになる。

豊臣大名へ

天正十五年（一五八七）二月、真田昌幸は上洛して秀吉に謁見した（「大阪城天守閣所蔵文書」）。小笠原貞慶も上洛しており、二人は家康に従うよう秀吉から言い渡されている。このことは、大坂にいた徳川氏の重臣酒井忠次《さかいただつぐ》に伝えられ、さらに秀吉からは伊藤秀盛《いとうひでもり》が付けられて、四人は駿府へ下った。昌幸らは三月十八日に駿府へ到着し、昌幸と貞慶は家康に出仕した（『家忠日記』）。

秀吉との謁見をもって、昌幸は豊臣政権下の大名として認められ、いわゆる豊臣大名となった。しかし、家康に与力として付属されたため、秀吉の臣下でありながら、家康の指揮下にあるという複雑な立場に置かれたことになる。秀吉と主従関係を結びながらも、領主としての権力は「国衆」の頃と大きな変化はなく、昌幸が「大名」として自立した豊臣大名となるのは、これより三年後のこととなる。

昌幸が「表裏者」と評された理由として、人質の提出がないことが挙がっていたため、人質提出も急務だったと考えられる。おそらく、昌幸の二男信繁《のぶしげ》（幸村）が秀吉のもとへ人質として赴いたのも、昌幸の上洛とほぼ同時期だったのではないだろうか。信繁は、秀吉に馬廻《うままわり》として仕え、のちに大谷吉継《よしつぐ》の娘（竹林院）を娶っている。

一方、嫡男信幸《のぶゆき》（信之）は、徳川氏の重臣本多忠勝《ほんだただかつ》の娘（小松殿）を娶っている。時期は未詳であるが、昌幸が家康に付属されるにあたっての関係改善の処置として、この頃に調《ととの》ったと思われる。

翌天正十六年、真田領内において変化が見られる。昌幸は五月五日付けで矢沢頼綱に知行宛行状を発給し、従来の沼田領二百貫文の所領替地として、信濃国小県《ちいさがた》郡内において計三百六十一貫文余を宛行っている（「矢沢家文書」）。これ以降、矢沢頼綱の沼田における活動は見られなくなり、代わって嫡男信幸が沼田領を監督するようになる。沼田が信幸の管轄になったことによって、矢沢頼綱の複雑な立ち位置は解消されたと言えよう。

一方、昌幸と沼田領を争っていた北条氏は、家康の斡旋によって、天正十六年八月二十二日に北条氏規《うじのり》（氏直の叔父）が秀吉に出仕し、秀吉に臣従する姿勢を示した。これによって、豊臣政権では、政権に属する真田氏と北条氏の領土問題を解決し、両者の対立を解消する必要性が生じた。

天正十七年、秀吉は沼田問題の裁定を下して、沼田城を含む三分の二を北条氏、三分の一を真田氏のものとした。また、真田氏が北条氏に割譲した分に相当する替地を、徳川氏が真田氏に与えることとなった。

秀吉は、関東・奥羽の諸大名の国境を画定するために津田盛月《つだせいげつ》と富田一白を上使《じょうし》として派遣した。

秀吉は、七月十日付けで真田信幸に朱印状を出して、案内者の同道と、信濃国上田から上野国沼田まで伝馬《てんま》・人足の提供を命じている（「真田家文書」）。かつて、沼田を監督する矢沢頼綱が、その土地の重要性から秀吉・三成から領主の一人として扱われ、関東へ向かう使者の世話を直接命じられたが、今回の場合、秀吉が信幸に直接命令を下したのは、領国における昌幸の不在によるものだろう。沼田藩士だった加沢平次左衛門《かざわへいじざえもん》によって著された『加沢記《かざわき》』には、約三ヵ月後に起きた名胡桃《なぐるみ》城事件の際に昌幸は在京していたとあるので、この時も沼田問題や領域の画定などのやり取りを豊臣政権とするために上方にいたのではないかと推測できる。

津田盛月らの下向によって、真田氏から北条氏への沼田領割譲が履行されると共に、それぞれの領域が定められた。北条氏は、沼田領を北条氏邦に委ね、氏邦は沼田城に猪俣邦憲《いのまたくにのり》を配置した。

しかし、同年（天正十七年）十月下旬に猪俣邦憲は、真田氏の領地として残された名胡桃城（群馬県みなかみ町）を奪取してしまう。名胡桃城が北条氏に奪われたことを知った真田信幸は、寄親《よりおや》である家康に訴え、秀吉への取り成しを依頼。家康は、十一月十日付けで次の内容の返書を出している（「真田家文書」）。

書状を披見いたしました。名胡桃城事件での（信幸の）意向について承りました。そちらの事情については、京都から遣わされた両使（津田盛月・富田一白）が存じておりますので、すぐに両人のもとへそのほう（信幸）の使者を向かわせました。必ずや（秀吉に）披露してくれるでしょう。また、（信幸が贈った）菱喰《ひしくい》が十羽到着いたしました。喜ばしく思います。なお（詳細は）榊原《さかきばら》式部大輔（康政《やすまさ》）が申します。

このあと、名胡桃城事件はすぐに秀吉の耳に入り、秀吉は十一月二十一日付けで昌幸に朱印状を発給し、①北条氏政が出仕してきたとしても、猪俣邦憲を成敗しない限り北条氏を赦免しないこと、②（昌幸は）来春まで北条領との国境に位置する城に兵を置いて守りを固めること、③必要な場合は、小笠原貞慶や上杉氏の家臣須田満親を援軍として遣わすこと、④北条氏の対応に不手際があれば、秀吉が自ら出陣して北条氏を討つこと、⑤先日の取り決めに北条氏が違約した場合は、昌幸には本領だけでなく、新たに知行を与えることを伝えている（「真田家文書」）。

朱印状の最後には、詳細は浅野長政と石田三成が伝えると記されており、昌幸が上方に滞在していたことを踏まえると、両者から口頭で子細を告げられたと思われる。少なくとも、この段階で昌幸に三成との接点ができたことは確かである。

天正十八年、小田原征伐に従軍中の昌幸は四月七日付けで三成に書状を送り、松井田城《まついだ》（群馬県安中市）を攻囲中であることを伝え、秀吉への披露を依頼している（『長国寺殿御事蹟稿』）。また、四月十一日付けで出された昌幸・信幸宛ての秀吉朱印状および、四月十四日付け秀吉判物の取次は三成が務めている（「真田家文書」）。

小田原城が陥落したあと、昌幸の寄親だった家康は関東に転封となり、木曾義昌・小笠原貞慶は徳川氏の家臣となって関東へ移ったが、昌幸は信濃国上田に留まった。さらに、上野国沼田領が嫡男信幸に与えられている。こうした真田氏に対する待遇は、昌幸が上方に滞在した期間中に秀吉の信頼を獲得したためと推測できる。三成とのやり取りが確認できることから、真田征討が取沙汰された頃と比較すると、豊臣政権内での昌幸の立場はかなり安定したものになっていたことだろう。

こうした昌幸に対する待遇について、家康は七月二十七日付けの書状で「忝《かたじけな》く存じ奉り候」と感謝している（「水野家文書」）。家康としては、関東に転封したあとも昌幸は与力として付属されたままと思っていたのだろう。特に信幸の領地となった沼田のある上野国は、徳川領国だった。

しかし、これ以降、真田氏が豊臣政権と繫がる上で家康に依存することはなくなった。三成が奏者として、昌幸・信幸と豊臣政権との懸け橋となったのである。特に三成と信幸の関係は親密であり、信幸の岳父である本多忠勝が、三成とのコネクションを持つ信幸を頼るほどだった。

こうして昌幸は、家康の影響下から抜け出して、名実共に「豊臣大名」としてのスタートを切ることになった。そして、昌幸と三成の繫がりは関ヶ原合戦まで続くのである。

【主要参考文献】

黒田基樹『真田昌幸――徳川、北条、上杉、羽柴と渡り合い大名にのぼりつめた戦略の全貌』（小学館、二〇一五年）
柴辻俊六『真田昌幸』（吉川弘文館、一九九六年）
寺島隆史「上田築城の開始をめぐる真田・徳川・上杉の動静」（丸島和洋編『信濃真田氏』岩田書院、二〇一四年、初出二〇〇八年）
寺島隆史「第一次上田合戦前後における真田昌幸の動静の再考」（丸島和洋編『信濃真田氏』岩田書院、二〇一四年、初出二〇一〇年）
寺島隆史「第一次上田合戦の再考」（丸島和洋編『信濃真田氏』岩田書院、二〇一四年、初出二〇一〇年）
利根川淳子「戦国時代における矢沢氏の一考察」（丸島和洋編『真田氏一門と家臣』岩田書院、二〇一四年、初出二〇〇三年）
水野伍貴「真田昌幸の豊臣大名化の過程について」（『信濃』六五巻七号、二〇一三年）

第五章　上杉景勝と豊臣政権

田中宏志

研究が進む上杉景勝と豊臣家の関係

上杉景勝《うえすぎかげかつ》の豊臣政権への臣従過程については、これまでにも景勝やその執政とされる直江兼続《なおえかねつぐ》について書かれた一般書や各種自治体史などで取り上げられてはいるものの、長宗我部《ちょうそかべ》・徳川・島津・北条氏などと比較して、漠然と平和裡に臣従したというイメージがあるせいか、前四者のそれと比較してあまり関心が持たれているとは言い難い。

しかし、ここ二十年あまりの間に関係史料の年次比定の再検討などが進められたことにより、当該期の政治史研究が進展した結果、景勝の豊臣政権への臣従過程も再検討が求められていると言えよう。本章は、こうした点を踏まえ、上杉景勝の豊臣政権への臣従過程を、北陸方面の動向を中心にして概観するものである。

なお、景勝と徳川家康・真田昌幸《さなだまさゆき》をはじめとする信濃国の動向については、第四章で詳述しているので、そちらをご参照いただけたら幸いである。

また、豊臣秀吉、石田三成《いしだみつなり》、上条宜順《じょうじょう》、直江兼続は、本章で概観する天正四年～十四年（一五七六～八六）の期間中に名前を変更しているが、煩瑣《はんさ》を避けるため、最も よく知られていると見なされる前記の呼称を用いることとする。この点、ご了承いただけたら幸いである。

上杉景勝と織田政権

まず、上杉景勝と豊臣政権の前提として、景勝と織田政権の関係を概観する。

天正四年（一五七六）に上杉謙信《けんしん》は織田信長と断交したのち、翌五年九月に能登国七尾《ななお》（石川県七尾市）へ侵攻したが、天正六年三月に謙信が急死したあとに、謙信の後継者争いである御館《おたて》の乱が勃発する。翌七年三月に景勝と謙信の後継者の座を争っていた謙信の養子景虎《かげとら》が自害したあとも乱は続き、天正八年六月になってようやく越後国内は一応の平定をみた。

天正九年六月、揚北《あがきた》（新潟県北部）の国衆新発田重家《しばたしげいえ》が新潟津（新潟市）沖之口（入港税）を横領した事件をきっかけに、重家は景勝から離反し、信長と結んで景勝と抗争する。この間に北陸における上杉家の勢力範囲は織田勢に侵食されて大きく縮小し、天正十年四月には越中国東部の魚津城《うおづ》（富山県魚津市）が織田勢に包囲されたため、景勝は魚津城に在番している諸将を救援するため、越中へ出陣した。

天正十年三月、甲斐の武田勝頼《かつより》が敗死した結果、武田氏の遺領は信長が接収し、上杉領国は越中だけでなく信濃・上野でも直接織田領国と接することとなる。五月に入って、上野からは滝川一益《たきがわかずます》、信濃からは森長可《もりながよし》の軍勢が越後へ侵攻してきたため、景勝はその対応として急遽越後への帰国を余儀なくされ、その結果、六月三日に魚津城は落城し、織田勢は上杉勢を逐って越中国境まで侵攻する（「泰巖歴史美術館所蔵文書」。金子：二〇一六など）。

ところが、前日の六月二日に信長が本能寺で自害し、七日ないし八日にはその京都での異変が景勝のもとへ伝えられたようである（石崎：二〇〇五）。京都での異変を知って織田勢の主力が越中国東部から撤退したため、景勝は六月中旬までに反攻して富山城《とやま》（富山市）を落としている。

なお、六月三日付け直江与六《よろく》（兼続）宛て河隅忠清《かわすみただきよ》書状を典拠として、明智光秀が信長への造反を決行する以前に景勝へ提携を求めていたとする説（藤田：二〇〇三）がかつて提唱されたことがあったが、「六月三日」という日付はのちに竄入された可能性が高いことなどから、現在は批判的な説が有力である（今福：二〇〇八など）。

九月には備後国鞆《とも》（広島県福山市）に滞在している室町幕府将軍足利義昭《あしかがよしあき》から景勝に対して、自身の上洛のために手合わせを求める旨の御内書《ごないしょ》が届けられ、また、十一月にも義昭から上杉氏一門の上条宜順（政繁《まさしげ》）と家臣須田満親《すだみつちか》へ柴田勝家と和与一統して帰洛の馳走を求める旨の御内書が届けられているが、景勝が義昭の要請に応じた形跡は現在のところ確認できない。

織田・豊臣家と上杉家の外交交渉

天正十一年(一五八三)正月に景勝は秀吉への書状と誓詞を伊勢御師で越後国糸魚川《いといがわ》(新潟県糸魚川市)伊勢領の代官的存在である蔵田左京進と、越中瑞泉寺(富山県南砺市)の塔中僧とのちに伝えられる西雲寺へ託して上洛させ、二月に秀吉から須田満親へ返書が届いた。それによると、その誓詞と書状を当時の秀吉主君である織田信雄《のぶかつ》へも披露したこと、秀吉からも誓詞が景勝へ送られたことなどが記されている。また、増田長盛《ましたながもり》から直江兼続へもおおむね同内容の書状が届けられているが、旧冬以来、景勝のご内意を須田満親が豊臣方へ伝えたことなどが補足されている。

同じ二月には増田長盛・木村清久《きむらきよひさ》・石田三成から西雲寺宛てに覚書が届けられている(「片山光一氏所蔵文書」)。本章に関係する箇所を挙げると、一条目には秀吉が景勝と徳川家康の仲介を行う用意があること、四条目には景勝宿老衆の人質やその賄いのこと、六条目には秀吉から景勝に対する越中への出兵要請のこと、七条目には織田信雄に対する景勝の書状の文体について、それぞれ述べている。

この七条目の記載からわかるように、形式としては織田・上杉同盟となっており、この時期においても前年六月の清須《きよす》会議から未だ織田体制が継続していることが窺えて興味深い。

また、当時畿内に独自の情報収集機関を持たなかった景勝は、蔵田左京進を使者として派遣することにより、京都や伊勢に活動の拠点を持つ蔵田一族の情報網を利用して、対豊臣政権との交渉を円滑にし、畿内の情報を収集しようとしたものと考えられる（田中：二〇〇〇）。

このあと三月に、秀吉から景勝へ再び越中出兵の要請が来るが、景勝は関東・信濃の情勢や、越後国内で新発田重家の動きが活発になってきたことへの対応をしなければならなかったために、秀吉の越中出兵要請に対して十分に対応することができなかった。四月上旬には佐々成政《さっさなりまさ》が上杉方の魚津城と小出城《こいで》（富山市）へ侵攻して落城させ、越中のほとんどを平定している。

賤ヶ岳合戦後の織田・豊臣家と上杉家

天正十一年（一五八三）四月、共に織田家の宿老同士である秀吉らと柴田勝家らとの間で賤ヶ岳合戦が起こり、秀吉が勝利する。この合戦の時に秀吉は景勝へも出兵を要請していたが、景勝が出兵しなかったため、景勝は秀吉に対して寺内織部（素休）を使者として釈明を行い、両者の間で同盟の継続を確認している（「伊佐早謙採集文書」など）。

そして四月二十八日には秀吉が佐々成政に対して、①景勝との領地の境を画定する交渉が成立した際には、上杉家との間の取り次ぎ役とすること、②もし景勝との交渉が難航すれば、秀吉が軍勢を差し向け、越後のことは成政の心構えに任せる旨の書状を出した（「長岡市立中央図書館所蔵文書」、萩原：二〇一六）。

その後も成政は新発田重家に対して、上杉家の本拠春日山《かすがやま》（新潟県上越市）まで攻め入るつもりである旨の書状を出していることから、景勝と成政の間には未だ軍事的緊張状態が継続していたとみられる。そうしたこともあり、景勝は秀吉との関係強化を図り、六月下旬に家臣の大石元綱《おおいしもとつな》を使者として上洛させて、太刀や馬などを秀吉だけでなく石田三成・増田長盛・木村清久らへ贈っている。

八月には石田三成・増田長盛より直江兼続・狩野秀治《かのうひではる》へ対して、先述の二月の覚書を踏まえてさらに覚書が出された。本章に関係する箇所を挙げると、二・三条目には上杉家から差し出される「質物」（証人・人質）について整えるよう奔走すること、四条目には以前からの申し合わせの通り景勝が出羽・陸奥・佐渡の取り次ぎを行うこと、五条目には越中国切については以前からの申し合わせの通りに納得してもらうのが肝要であること、などが記されている。

この、五条目の「越中国切」で生じた問題は、天正十四年六月の景勝上洛後も解決せず、解決は同年十月の家康上洛前のこととなる（田中：二〇〇〇）。秀吉は織田家宿老という立場のもとで、景勝との間で境界を画定しつつ、奥羽については景勝を通じて信長以来の東国支配の継承を企図していたとみられる（「景勝公書士来書」、竹井：二〇一二）。

小牧・長久手合戦後の豊臣家と上杉家

天正十二年（一五八四）三月に織田信雄が秀吉と断交して徳川家康と結び、四月に尾張国の小牧《こまき》・長久手《ながくて》（愛知県小牧市・長久手市）で対陣する。これまで景勝と対峙していた佐々成政は、当初は秀吉側へ与《くみ》して景勝へ講和を求めたが、景勝は成政を「佞人」と見なして信用せず、八月下旬に成政は秀吉から離反して信雄・家康と結んだ（萩原：二〇一六）。

しかし、十一月に信雄・家康が秀吉と講和し、当面の脅威がなくなった秀吉は、翌十三年三月に紀伊、六月には四国へ侵攻し、八月までには双方とも平定する。そして八月に、秀吉は敵対している成政を討つために越中へ出兵し、成政は秀吉に降伏して、越中国射水《いみず》・砺波《となみ》・婦負《ねい》の三郡は没収され、神通川《じんづうがわ》以東の新川《にいかわ》郡のみ安堵された。

天正十二年六月には、景勝が新発田重家を攻めるために越後下郡へ進発しようとしたが、勅使が綸《りん》旨《じ》を携えて下向してきたため、下郡への進発を延引している。同月、秀吉は小牧・長久手合戦に際して、景勝からの援軍が派遣されなかったことによって越前・能登・加賀・越中四ヵ国の軍勢も動かせず、その上に味方がまとまりなくバラバラとなってしまったために家康を討つことが遅れていることを景勝に伝えた。さらに、景勝が秀吉のもとへ人質を提出すれば本意を遂げられると、秀吉が景勝へ伝えたので、景勝は上条宜順の親族を人質として上方《かみがた》へ送っている。翌七月には秀吉・木村清久・石田三成・増田長盛から景勝・直江兼続へ礼状が出された。

天正十三年閏八月に富山へ到着した秀吉は、関東の北条攻めについて話し合うため、景勝に対して富山への出仕を求めたが、景勝は越中境（富山県朝日町）までは来たものの、遠国ということで出仕は延期となり、秀吉は景勝から大坂へ上る旨を聞いている（「高野山文書」）。

なお、近世に成立した軍記である『北国太平記』などでは、秀吉が石田三成ら三十八人を伴い、景勝も直江兼続らを伴って、越後墜水城《おちりみず》（新潟県糸魚川市）で秀吉と景勝が三成・兼続のみを侍らせて会談し、肝胆相照らして深く結託したという、いわゆる「墜水会合」が記されているが、すでに先学によって指摘されている通り、これに関する確実な史料は全く伝わらない（木村：一九四四など）。

景勝の上洛と秀吉への臣従

天正十四年（一五八六）四月に景勝は、諸国の大名衆が上洛・一礼しており、こちらへもいろいろと話が来ているので、急遽上洛することにしたと、配下揚北国衆である色部長真《いろべながざね》に述べている（「新潟県立歴史博物館所蔵色部文書」）。五月十六日には増田長盛・石田三成・木村清久から直江兼続に宛てて、家康が秀吉へ詫び言を申し入れて赦免されたので、関東の境目等が決まる前に景勝様が上洛なされるのが、そちらのためになるという旨の申し入れを行った（「景勝公書士来書」）。

景勝一行は五月二十日に越後国府内（新潟県上越市）を出発し、二十七日に越中国木船《きふね》（富山県高岡市）で前田孫二郎の迎えを受けて宿泊する。翌二十八日に倶利伽羅峠《くりからとうげ》を越えて、能登の前田安勝《やすかつ》をはじめとする能登・加賀の侍たちが残らず出迎えた。次いで、石田三成が関白秀吉の御使いとして加賀国森本《もりもと》（石川県金沢市）近辺まで出迎え、小《お》（尾）山《やま》（同金沢市）に泊まった。

翌二十九日には小山で前田利家の接待を受ける。以下、六月一日に大聖寺《だいしょうじ》（石川県加賀市）で溝口秀勝《みぞぐちひでかつ》、二日に越前国北庄《きたのしょう》（福井市）で堀秀政《ほりひでまさ》、三日に麻生津《あそうづ》（福井市）で長谷川秀一《はせがわひでかず》、四日に敦賀《つるが》

（福井県敦賀市）で蜂屋頼隆《はちやよりたか》（古文書等では「出羽守」と称しているが、「天正十四年上洛日帳」では「伯耆守」と記される）の留守衆、六日に近江国大溝《おおみぞ》（滋賀県高島市）で生駒親正《いこまちかまさ》、の出迎えと馳走を受けた。七日夜に京都へ入り五泊すると、十日に三成が来訪して兵粮三百石を景勝へ進上している。

十二日に大坂へ入って増田長盛の館へ泊まり、十四日に関白秀吉のもとへ出仕し、秀吉から茶会・酒宴などによる歓待を受け、秀吉が手ずから御道服《ごどうふく》（公家の堂上が家庭で内々に着用する上衣）を景勝へ着させている。十五日には三成・木村清久の歓待を受け、十六日には再び秀吉から歓待を受けて、景勝は秀吉自らの手前で茶を勧められ、直江兼続と千坂景親《ちさかかげちか》は千宗易《せんのそうえき》の手前で茶を勧められている。晩には秀吉の弟秀長《ひでなが》の手前で茶会が開かれ、歓待された。十八日には石清水八幡宮《いわしみずはちまんぐう》を参詣し、二十二日には前日の従四位下左近衛権少将任官の御礼として参内して天盃《てんぱい》を与えられた。この間、二十三日に景勝は秀吉から佐渡の置目などを申し付ける旨の直書《じきしょ》を与えられている。二十四日に景勝は京を出発し、七月六日に越後府内へ到着した（「天正十四年上洛日帳」）。

豊臣家、上杉家で外交交渉に携わった人々

豊臣家の家臣で主に対上杉家の外交交渉に携わった人々としては、石田三成・増田長盛・木村清久らがおり、その中でも三成が当初から中心的な役割を果たした。

また、三成は上杉家への使者として寺内織部（素休）を用いている。谷徹也氏によると織部は元々

本願寺《ほんがんじ》に教如《きょうにょ》方として仕え、天正八年（一五八〇）には上杉景勝の家臣河田長親《かわだながちか》と接触を試みている。本能寺の変後の天正十年十月に教如の使者として織部の子の伯耆守が山崎宝寺《やまざきほうじ》城（京都府大山崎町）へ赴いており、これ以降に秀吉と関係を結ぶようになったとされている。

天正十一年四月に、織部は上杉景勝の使者として派遣されているが、これは先述したようにかつて景勝方と交渉を行ったことのある織部を適任者と見て登用したものと指摘されている。のち天正十四年になると、織部は上杉家と三成を繋ぐ回路の一つとして行動しているのが見受けられるようになり、三成らの意図を代弁する役割を果たした。

谷氏によると、秀吉の対上杉氏交渉が三成に委ねられていく中で、織部も三成の指示を受けることが多くなっていったのだろうと指摘している。天正十七年には陸奥国黒川《くろかわ》（福島県会津若松市）の蘆《あし》名《な》氏との交渉を担当し、出羽国庄内《しょうない》（山形県鶴岡市）の大宝寺義勝《だいほうじよしかつ》の上洛の際には三成の小奏者として織部の名が見え、この頃までには織部は三成家中へ転身もしくは両属しており、蘆名・大宝寺の両家は景勝を通じて豊臣政権と関係を持っていたために、それらとの交渉に起用されたものと推測されている（谷：二〇一八）。

上杉家の家臣で主に対豊臣家の外交交渉に携わった人々としては、執政とされる直江兼続・狩野秀治と、越中国における上杉家の最前線の城主としては須田満親らが挙げられ、天正十二年に狩野が歿したあとは直江兼続がほぼ独占的に外交交渉を担うようになる（片桐：二〇〇九）。また、使者としては、当初は西雲寺が、のちには家臣大石元綱らが務めた。参考までに、江戸時代前期に成立した上杉景勝の写伝史料集である『覚上公御書集』によると、西雲寺は越中瑞泉寺《ずいせんじ》の塔中《たっちゅう》であり、石田三成や増田長盛とは「郷縁好」とされている。

豊臣・上杉両家共、戦国期によく確認される、戦国大名が旧来の宗教的な繋がりを用いて情報伝達を行っていたことを踏まえて、外交交渉を行っていたものと捉えられる。

景勝の臣従過程について

冒頭で述べたように、景勝の豊臣政権への臣従過程は、長宗我部・徳川・島津・北条氏などと比較して、漠然と平和裡に臣従したというイメージがあるが、遺されている史料を検討してみると、景勝は秀吉が富山へ出陣した際に秀吉のもとへ出仕しなかったり、越中国切における境目の城の取り扱いが家康上洛前まで解決しなかったことなどを踏まえると、景勝の臣従過程は決して単線的なものではなく、ほかの戦国大名の臣従過程と同様に少なからぬ紆余曲折を経ていることに気づく。

結局、景勝の秀吉への出仕は、秀吉の富山出陣から十ヵ月後の天正十四年（一五八六）六月になってようやく行われることとなる。

こうしてみると、秀吉と景勝の対面に関する『北国太平記』などの叙述は、個別事実では相対化されていても、歴史叙述においては未だその影響力が払拭されていないことを痛感させられる。

【主要参考文献】

池享・矢田俊文編『増補改訂版　上杉氏年表　為景・謙信・景勝』（高志書院、二〇〇七年、初版二〇〇三年）
石崎建治「本能寺の変と上杉景勝」（『日本歴史』六八五号、二〇〇五年）
今福　匡『直江兼続』（新人物往来社、二〇〇八年）
今福　匡『「東国の雄」上杉景勝――謙信の後継者、屈すれども滅びず』（角川新書、二〇二一年）
片桐昭彦「直江兼続と一族・家中」（矢田俊文編『直江兼続』高志書院、二〇〇九年）
金子　拓「本能寺の変の「時間」と「情報」」（『大信長展　信長とその一族・家臣・ライバルたち』太陽コレクション、二〇一六年）
木村徳衛『直江兼続伝』（慧文社、二〇〇八年、初出一九四四年）
児玉彰三郎『上杉景勝』（ブレインキャスト、二〇一〇年、初出一九七九年）
佐伯哲也『戦国の北陸動乱と城郭』（図説　日本の城郭シリーズ⑤、戎光祥出版、二〇一七年）
柴　裕之編著『図説　豊臣秀吉』（戎光祥出版、二〇二〇年）
高岡　徹『戦国期越中の攻防――「境目の国」の国人と上杉・織田』（中世史研究叢書30、岩田書院、二〇一六年）
竹井英文『織豊政権と東国社会――「惣無事令」論を越えて』（吉川弘文館、二〇一二年）
田中宏志「景勝期上杉氏の情報と外交――対豊臣氏交渉を中心として」（『（駒沢大学）史学論集』三〇号、二〇〇〇年）
谷　徹也編著『石田三成』（シリーズ・織豊大名の研究7、戎光祥出版、二〇一八年）
中野　等『石田三成伝』（吉川弘文館、二〇一七年）
萩原大輔『武者の覚え　戦国越中の覇者・佐々成政』（北日本新聞社、二〇一六年）
萩原大輔『謙信襲来　越中・能登・加賀の戦国』（能登印刷出版部、二〇二〇年）
藤井讓治編『織豊期主要人物居所集成　第2版』（思文閣出版、二〇一一年）
藤田達生『本能寺の変』（講談社学術文庫、二〇一九年、初出二〇〇三年）
矢部健太郎「豊臣政権と上杉家」（福原圭一・前嶋敏編『上杉謙信』高志書院、二〇一七年）
山田邦明『上杉謙信』（吉川弘文館、二〇二〇年）

第六章　徳川家康はいかにして秀吉に臣従したのか――織田大名から豊臣大名へ

平野明夫

本能寺の変頃の徳川家康――織田大名

天正十年（一五八二）六月二日、織田信長が本能寺で斃れた。この時、徳川家康は和泉国堺（大阪府堺市）にいた。本能寺の変当時に家康が堺にいたのは、近江安土城（滋賀県近江八幡市）で信長に対面したあとの上方《かみがた》遊覧のためだった。つまり、家康が畿内に滞在した目的は信長への対面である。この行為が、当時の信長と家康との関係を明示している。家康は信長に従属する織田大名だった。

この年三月十一日、信長は武田氏を滅亡させた。これによって、武田氏の領国は信長が接収した。三月二十九日、その領国を諸将へ配分した。『信長公記』に載せられた覚書によると、甲斐国は穴山《あなやま》信君《のぶきみ》の本領分を除いて河尻秀隆《かわじりひでたか》へ与えられ、駿河国は家康へ、上野国は滝川一益《たきがわかずます》へ下された。信濃国は郡ごとに分けて下されており、高井《たかい》・水内《みのち》・更科《さらしな》・埴科《はにしな》の四郡は森長可《もりながよし》へ下され、長可は川中島《かわなかじま》（長野市）に在城した。これは武田氏攻略の先陣として働いた褒美だという。木曾義昌《きそよしまさ》へは木曾谷の本領が安堵され、安曇《あずみ》・筑摩《ちくま》の二郡が新たな知行地として与えられた。伊那《いな》郡は毛利秀頼《もうりひでより》へ与えられた。諏訪《すわ》郡は河尻秀隆と穴山信君へ、替地として与えられた。これは穴山信君の本領と同等分が河尻秀隆へ与えられ、穴山信君が甲斐国内に領有していた本領以外の分と同等分を穴山信君へ与えられたということだろう。そして、小県《ちいさがた》郡・佐久《さく》郡は滝川一益へ下された。『信長公記』は、「已上十二郡」としているものの、信濃国は本来十郡である。木曾谷を二郡と数えているので、十二郡になったとみられる。

武田氏の旧領を与えられた河尻秀隆・滝川一益・森長可・毛利秀頼が信長の臣下であることは言うまでもない。また穴山信君と木曾義昌は、武田氏滅亡に先立って信長へ投降している。いずれも信長の臣下と位置づけられる。周囲の状況からして、家康も信長の臣下になっていたと考えられる。

家康が信長の臣下となっていた状況は、駿河国を与えられたことに、端的に表れている。主従関係は御恩と奉公とで表現される。御恩は主君から従者へ与えられる恩恵で、主に土地で表現される。土地を与えるのが主君で、土地を与えられるのが従者である。家康は信長の従者となっていた。奉公は、最も重要な行為として、軍事動員がある。家康は信長の命に従って、武田氏攻めに従軍している。さらには、主君への表敬訪問も奉公の一つである。家康の安土での対面は表敬訪問であり、それは従者としての行為だったのである。

信長は、諸将へ武田氏の旧領を配分すると共に、甲斐・信濃両国へは国掟を定め、十一ヵ条にわたって、細心の注意を払って支配を行うよう求めた。『信長公記』には、甲斐・信濃両国宛ての国掟しか記載されておらず、上野国と駿河国へは同様の掟が出たのか、出なかったのか明確でない。しかし、同様の掟が出されていたならば、本文は省略されても、出された旨の記述があると思われる。上野国と駿河国へは掟が出されなかったと推測される。これは、河尻秀隆や毛利秀頼らと、滝川一益・徳川家康の立場が異なっていたことを示しているように思える。滝川一益と徳川家康は、独立性が尊重される存在だったのではなかろうか。

家康は信長の従者ながら、独自性を認められた存在だった。こうした点からも、家康は織田信長に従属する織田大名だったと位置づけられるのである。

織田信雄と徳川家康

本能寺の変後の天正十年（一五八二）六月二十七日、尾張清洲城《きよす》（愛知県清須市）において、信長の重臣だった柴田勝家・羽柴秀吉・丹羽長秀《にわながひで》・池田恒興《いけだつねおき》・堀秀政《ほりひでまさ》の五人が一堂に会して会議を行った。「清洲会議」と称されるこの会議は、信長の後継者選定と遺領分配が議案だった。そして、信長の後継者は信忠《のぶただ》の子、すなわち信長嫡孫である三法師（のちの秀信《ひでのぶ》）と決し、信長の遺領が信長の子および重臣たちに配分された。これ以後の政治抗争は、信長の子である信雄《のぶかつ》（二男）と信孝《のぶたか》（三男）が、三法師名代（後見）の地位を争い、それに重臣層の権力闘争が加わった形で進行することになった。

会議後、信雄・信孝や重臣たちは三法師宛てに起請文を提出したと考えられる。秀吉が、同年十月十八日付けで岡本《おかもと》次郎右衛門尉（良勝《よしかつ》）・斎藤玄蕃助（利堯《としたか》）宛てに出した織田信孝への披露状写（「浅野家文書」）に、秀吉が織田信孝・信雄、それに家康と柴田勝家の起請文、および丹羽長秀ら宿老の「一札」を所持していると主張した文が含まれている。重臣の間で互いに交わした起請文ならば、自分が所持していることを主張する必要はないと考えられるので、これらの起請文は三法師宛てで、その起請文を三法師の後見役である秀吉が所持していると、殊更に述べたものと理解される。清洲会議後、信孝・信雄・家康・柴田勝家は三法師宛てに起請文を提出していた。おそらく、秀吉自身も同様だったと推測される。

これらの起請文が出された時期は、清洲会議が行われた六月二十七日から先の秀吉披露状が出された十月十八日までの間である。そして、織田信孝や柴田勝家の起請文も含まれているので、織田信孝・柴田勝家対織田信雄・羽柴秀吉の抗争が表面化する以前と推定できる。したがって、起請文作成の時期は、清洲会議直後と見て、ほぼ間違いなかろう。これらの起請文は、残存していないものの、出された時期や情況によって、主家の当主交替に伴ういわゆる代替わり起請文と判断できる。代替わりの起請文であるならば、内容は織田家、中でも三法師に忠誠を誓ったものと推定される。なお、丹羽長秀らの「一札」が起請文かどうかは判断し難いものの、内容的には起請文の可能性が高い。あるいは、三法師に忠誠を誓うことを承知した旨を示した請文《うけぶみ》だろうか。

家康も織田三法師宛てに起請文を提出していたのである。ここに表れているように、本能寺の変後の家康は、織田氏の臣下としての言動が見られる。例えば、(天正十年)六月十四日付け佐藤六左衛門尉宛て徳川家康書状写(『譜牒余録』所収文書)に、三法師に供奉《ぐぶ》して上洛し、明智光秀を討ち果たす覚悟だとある。単独での上洛ではなく、三法師を供奉してとしている点に、織田氏との関係が表れている。また、(天正十年)九月十日付けで織田信雄の宿老である飯田半兵衛尉宛てに出した書状(「古今消息集」所収文書)は、飯田半兵衛尉に信雄への伝達を依頼する披露状の様式で出されている。ここに織田信雄を主筋と認識していたことが、端的に表れている。

そして、(天正十年)十月二十七日付け依田右衛門佐宛て徳川家康書状写(『譜牒余録』所収文書)では、北条氏と講和して甲信方面が無事となるように信長の子たちがたびたび意見してきたと述べ、さらに(天正十年)十月二十八日付け水谷伊勢守《みずのやいせのかみ》(勝俊《かつとし》)宛て徳川家康書状写(「記録御用所本古文書」所収文書)でも織田信雄・信孝兄弟から、甲信の対陣について講和するように、いろいろ意見をいってきたとし、私に頼んできたことは道理であるので、それに従って北条氏直《うじなお》と和与したと述べている。家康が北条氏との和与を、織田信雄・信孝兄弟の指示に基づくと表明しているのである。

織田信孝・柴田勝家対織田信雄・羽柴秀吉の抗争が表面化してくると、家康は信雄・秀吉方として行動している。本能寺の変後、甲斐国では河尻秀隆の支配に対する反発が表面化し、河尻が殺害された。そこで家康は甲斐国へ出兵し、接収を試みた。そこへ小田原北条氏も出陣し、徳川と北条は若神子《わかみこ》(山梨県北杜市)で対峙した。こうした状況に秀吉は、十一月一日付けで、家康の重臣石川数正《いしかわかずまさ》へ宛てて書状を認めている(「小川文書」)。ちなみに、家康はこの書状の二日前の十月二十九日に甲府へ引いていた。秀吉にはその情報がまだ届いていなかったと見られる。

この書状で秀吉は、家康に、陣中心許なく思い、すでに織田信雄が援軍を申し付けたので、近々出陣の予定だったものの、その予定は、起請文に違反した柴田勝家の計略で、織田信孝が謀反を企てたことによって変更されたとする。そして、信孝・勝家の動きに対して秀吉は、丹羽長秀・池田恒興と相談して、織田信雄を当主に立てて、対応することにしたという。さらに、秀吉は、家康が信雄の意向に従うようにと思っていたところ、家康のほうから信雄に従うとの連絡を受けたという。そうした家康について満足していると、秀吉は石川数正、実際には数正を通して家康に伝えている。家康は、秀吉が擁立した織田信雄に従うことを表明したのである。

加えて、秀吉としては、ここで物事の道理・善悪を弁え、家康の起請文を申し請けたからには、どのようにも意見次第に行うので、そのように心得てほしいとしている。これは、織田信雄を織田家当主と認め、その意見に従うことを承知した旨を示した起請文を、家康が織田家へ提出したことを指していると考えられる。

家康は、信雄に従う織田大名として行動していくのである。家康は、すでに天正三年頃から、織田一門に準ずる織田大名になっていた。本能寺の変後、その立場に変化はなかったのである。本能寺の変直後に家康は、織田一門・重臣たちと共に、代替わりの起請文を提出した。これは、織田政権に包摂される存在だったことを端的に示している。それは、織田信雄・信孝兄弟への対応にも表れる。

この織田一門に準ずる織田大名という立場が、本能寺の変後の家康の行動を規定することになる。

本能寺の変直後に三河へ帰国して上洛の姿勢を示したことも、甲斐・信濃への軍事行動も、織田大名としての行動と理解できる。甲斐・信濃への侵攻は、本能寺の変後の混乱の抑制を目的とした軍事行動である。もっとも、織田家宿老羽柴秀吉の意図には反していたようで、秀吉は先の石川数正宛ての書状で、浜松（静岡県浜松市）への帰還を促している。

そして、家康は天正十年十一月の時点で、織田信雄に従うことを表明している。家康は、柴田勝家と羽柴秀吉を対立軸とした織田家の内部抗争に、織田大名としては関わらざるを得ず、その立場を明らかにする必要があった。その答えが、織田信雄を承認することで、大義名分に従ったと言える。

このように、本能寺の変後の家康は、本能寺の変以前と同様に、織田大名としての立場を維持しており、三法師、次いで織田信雄が織田家当主となると、それを承認し、従った。なお、家康が織田家内部抗争の一つの軸だった徴証は見られない。織田政権に直接参画する立場にはなかったと捉えられる。

小牧・長久手合戦の中の対外交渉

その後、小牧《こまき》・長久手《ながくて》合戦で秀吉と家康は直接戦うことになる。天正十二年（一五八四）三月から同年十一月まで行われたこの戦闘の状況については、ここでは割愛する。

まず注目しておきたいのは、小牧・長久手合戦は、織田家の一門に準ずる大名という家康の立場のために、織田政権の後継者としての地盤を築く秀吉との間で、起こるべくして起こった戦闘だったということである。秀吉としては、織田政権下で自分よりも上位に位置する織田信雄・徳川家康を臣従させなければ、織田政権の重臣にすぎないことになる。そのため、秀吉は信雄・家康と対決せざるを得なかった。そして、家康の大義名分は、織田家当主の織田信雄に従うという、先に織田家へ提出した起請文の履行だった。

小牧・長久手合戦は、途中から完全に外交戦となった。双方が、いわゆる遠交近攻策をとったとされる。家康もまた外交戦を展開した。特に土佐の長宗我部《ちょうそかべ》氏と連携したとされる。

長宗我部氏との交渉は、信雄・家康の尾張方から始められたと見られる。天正十二年三月七日に織田信雄および一族で家臣の織田信張《のぶはる》が長宗我部元親《もとちか》の弟香宗我部親泰《こうそかべちかやす》宛てに書状を発した。その返信が届かない三月二十日に、信雄は再び香宗我部親泰へ書状を送っている。家康は、信雄とは別に、伊勢の北畠朝親《きたばたけともちか》を通じて長宗我部方へ連絡した。家康も、三月初旬には北畠朝親に土佐への連絡を指示したと見られる。朝親は、三月中に土佐との連絡もとり、起請文を取ったようである。ところが、朝親からの報告が届く前に、家康は土佐へ使者を派遣している。その使者が長宗我部元親の使者と途中で遭遇し、引き返してきた。元親が四月中に使者を派遣したのだろう。四月三十日、徳川氏は返信している。ここまでは、尾張北部を主戦場としていた時期である。

その後、尾張西部が主戦場となった時期、土佐から織田信雄への返信が三月十九日に出され、五月一日に届いている。そこで、織田信雄が五月三日付けで、織田信張が五月七日付けで返信した。この返信には、信雄および家康の起請文が託されていた。

主戦場が尾張西南部へと移り、さらに外交戦が中心となっていく時期、七月十九日以前に、長宗我部元親から織田への使者が到着した。信張は七月十九日に返信を出した。元親の使者派遣は、七月初旬だろうか。八月八日以前に、徳川へも書状が届いている。徳川への書状は四月三十日付け書状への返信だった。八月八日・九日に徳川氏はそれに対する返信を送った。

その十日後の八月十八日、家康は六月十一日付けの井伊直政《いいなおまさ》へ宛てられた香宗我部親泰書状を披見して、返信を送った。井伊直政も副状《そえじょう》を出している。香宗我部親泰は、なかなか返信が届かなかったため、六月十一日に信雄・家康の尾張方へ一斉に書状を発していた。ただし、それを一人に運ばせたのではなく、別々に運ぶことによって安全を図った。家康のもとへは、直政宛ての翌日八月十九日に届き、再度返信を送った。十九日には本来のルートである本多正信《ほんだまさのぶ》が副状を出した。この日は、土佐からの起請文も届いている。織田氏へも六月十一日付けの書状が届き、八月十九日に返信している。信雄は香宗我部親泰の要望への対応も提示した。

現在のところ、信雄・家康の尾張方と土佐との交渉を示す直接的な史料は、以上である。このあと、和睦交渉期になると、史料が見つかっていない。

尾張と土佐は、直線距離でも約三百五十キロある。当然、人が運んだ書状は日数を要した。書状の日付から相手に届くまでの期間は、十二日間内・四十日間・四十五日間となる。最も早い十二日間内は、最初の通信である。その後は四十〜四十五日間となる。この差が生じた理由は未詳ながら、飛脚と使者の差である可能性はあろう。

遠距離に位置する両者は、直面する状況を伝達しても、即時に対応できるものではないことを承知しつつ、交渉していた。つまり、相手に届くのに一ヵ月要することを前提にしていたと考えられる。それは、秀吉に対する即時的・直接的な影響を求めないということである。

信雄・家康の長宗我部氏との連携は、根来《ねごろ》・雑賀《さいか》衆と同様に、すでに秀吉と敵対しているとの立場に基づいていた。そして、秀吉との関係が不明瞭な毛利氏へは長宗我部氏を介して関係を構築しようとしていた。信雄・家康の連携は、対秀吉を鮮明にしている勢力に限定されていた。秀吉方の勢力を引き込んだことを示す史料は、現在のところ見られない。積極的に秀吉包囲網を形成する意図は見出せない。

信雄・家康は、対秀吉という点で一致した勢力との連携を行ったにすぎない。それは、秀吉との和睦交渉が、信雄・家康と進められ、他勢力とは進められていない状況で、信雄・家康が他勢力との連携を試行していない点に表れていよう。もちろん、長宗我部氏が尾張と連携して畿内への渡海を標榜しており、それを秀吉が牽制しただろうことは想像できる。しかし、実際には渡海しない（できない）長宗我部氏に対して、実勢力としては期待できないとの印象を信雄・家康は持っていたのではなかろうか。

九月に入ると、信雄・家康は秀吉との和睦交渉に向かっていく。そうした中で、土佐との交渉は見られなくなっていく。現存する最後の通信が信雄・家康の尾張方であることを前提にすると、土佐側からの返信がなかったと想像される。

長宗我部元親は織田信雄に対して、所領安堵を要求しており、香宗我部親泰も所領給与を要望していた。これは、長宗我部氏が織田信雄に臣従することを意味している。長宗我部氏は、秀吉に対抗する織田信雄の傘下に入ることによって四国制覇を企図した。ところが、信雄は親泰へ備前国を与えるとして、長宗我部氏による四国全土の支配を拒否した。この点が長宗我部氏にとっては受け入れ難かったのではなかろうか。そのために土佐方は返信をしなかったのだろう。それが、信雄・家康と秀吉の和睦交渉開始の時期にあたった。そのため、尾張・土佐交渉は立ち消えになっていった。尾張・土佐交渉は、いずれともなく、いつとはなく、無くなった。

信雄・家康は、共に秀吉と和睦したものの、その後の状況は大きく異なっていた。信雄と家康の違いは、秀吉と面会したか、面会しなかったかにある。面会した信雄は、秀吉に「見参《げざん》」と見なされ、臣従と捉えられることになった。面会しなかった家康は、講和のみで臣従に至らなかった。この点が、その後の状況に影響した。

豊臣大名徳川氏の成立

小牧・長久手合戦後、家康は、秀吉の求めに応じて、二男於義伊《おぎい》（のちの秀康《ひでやす》）を秀吉のもと、大坂へ赴かせた。この秀康の立場をめぐって、秀吉と家康では認識に大きな差があった。この認識の差が、臣従したかしないかの差を示している。

秀吉は人質と捉えていた。秀吉は、（天正十年）十二月二十日付けで下野佐野《さの》城（栃木県佐野市）の佐野修理進（宗綱《むねつな》）に宛てた書状（栃木県庁採集文書）で、家康と北条氏直が講和を求めて人質を提出したと報じている。北条氏直については虚構ながら、家康が於義伊を大坂へ赴かせたことを前提にした宣伝だろう。それは、秀吉のみの認識ではなかった。公家の吉田兼見《よしだかねみ》も、その日記『兼見卿記』天正十二年十二月二十五日条に、前田玄以《まえだげんい》のところへ歳暮のために行ったものの、玄以は今朝、三河徳川氏の「人質」を連れて近江国坂本《さかもと》（滋賀県大津市）へ下向しているということで、山城国淀《よど》（京都市伏見区）まで送りに行ったとある。徳川の「人質」と表現している。「人質」を提出するということは、提出した者が提出した相手の統制に服して、従属関係になることを明示する政治的行為の一つとされている。つまり、秀吉の論理では、家康を服属させたことになる。

ところが、家康は、於義伊を人質として大坂へ赴かせたとの意識はなく、養子として赴かせたと捉えていた。『家忠日記』天正十三年十月二十八日条に、秀吉への人質送還について、家康が諸将と論議したことが見える。そこに、家康に従う諸将は一致して人質提出拒否となったとある。天正十三年に至っても、徳川氏は秀吉に臣従しないことを決め、宣言したのである。こうした行動をしている点も、これ以前の家康が秀吉に臣従していなかったことの証左となろう。

徳川氏は、於義伊の上洛による秀吉への臣従表明を、養子という名目によって回避したのである。秀吉が一方的に臣従したと宣伝しても、家康に臣従していないとの認識がある限り、未だ秀吉と家康の間で主従関係は成立していないのである。秀吉の認識と家康の認識に違いがある。

なお、この時、家康の重臣石川数正と本多《ほんだ》重次《しげつぐ》が、それぞれ子息を於義伊と共に上洛させた。於義伊は養子であっても、この石川・本多の子息は人質だったとの見解もある。しかし、彼らは於義伊に付けられた従者と捉えられる。主人が人質でないので、従者も人質ではないとの論理展開が可能である。

於義伊に関する認識の差は、秀吉と家康との違いであるものの、現代の研究者にも見られる。秀吉の立場の研究者は人質と認識しているようである。しかし、秀吉の認識としては正しいとしても、家康の認識としては誤りと言わざるを得ない。家康は臣従していないので、行動として上洛をしていないのである。秀吉は、人質を取ることによって家康が臣従したことを内外に示そうとした。ところが、家康は養子と捉えることによって、臣従を表明しなかった。秀吉は、家康に直接面会することによって、臣従を内外に示すよう求めていく。より具体的には、家康の上洛を求めることになる。

天正十四年正月末、織田信雄が秀吉・家康の和議を周旋し、間もなく和議が成立した。この時、起請文が交換されたようである。和議が成立したものの、家康が上洛しようとしなかったので、秀吉は妹（旭姫《あさひ》）を家康に嫁がせ、それによって上洛させようとした。天正十四年四月十三日には、祝言の日取りが同月二十八日と決まった。ところが、十九日には、二十八日の祝言は少し延びることになった。その理由は、徳川からの使者が、秀吉の知らない天野《あまの》三郎兵衛景能《かげよし》だったので、秀吉が立腹したことによる。その後、いったんは五月九日に決まったものの、五月七日に再び延期となった。この時の理由は、互いの起請文のためだという。起請文の交換に、何らかの障害があったのだろう。ここから、起請文を交換して、その後、祝言という段取りだったことが窺える。間もなく起請文の内容に合意ができたのだろう。九日には、翌十日の祝言が決定した。起請文の内容については、具体的には明らかにならないものの、家康の起請文は、秀吉に背かない旨を誓ったものかと考えられる。ところが、この日程も徐々に延び、婚儀が行われたのは五月十四日だった。

婚儀は執り行われた。それでも家康は上洛しなかった。ついに秀吉は、生母大政所《おおまんどころ》を妹の見舞いという名目で浜松へ赴かせることによって、家康の上洛を促した。家康も、ついに応じて、天正十四年十月二十日に三河国岡崎《おかざき》(愛知県岡崎市)を発して上洛の途に就き、二十七日、大坂城において秀吉に謁見した。家康は、大坂城で秀吉の前に平伏し、ついに臣従した。ここで重要なのは、上洛ではなく、謁見だろう。上洛しても、謁見しなければ、臣従行為とは捉えられない。謁見するならば、場所は問わないだろう。新しく主従関係を結ぶにあたって、主人に直接対面することを「見参《げざん》」と言う。臣従行為は、「見参」によって成立するのである。

本能寺の変後の家康の行動は、織田大名としてのものであり、その立場を遵守していた。その後の秀吉と家康の交渉の過程では、起請文の交換があり、それによって婚儀が成立した。起請文の交換が、交渉成立の重要な要素だったことは間違いない。しかし、この交渉過程は、起請文の交換が主従関係成立に決定的な要素ではなかったことを示している。それは、秀吉・家康間での主従関係成立が、家康の上洛・謁見を必要条件としたことに表れている。この時代においても、「見参」が主従関係成立の契機だったのである。家康は上洛し、天正十四年十月二十七日、秀吉に謁見することによって、織田大名から豊臣大名へと転換した。

家康と駿府城

家康は、秀吉に臣従する以前から、本拠を浜松から駿府《すんぷ》（静岡市葵区）へ移そうとしていた。天正十三年（一五八五）八月、駿府に屋敷を建設し始める。そして、上洛直前の天正十四年九月十一日に御屋渡り、すなわち引っ越しの儀式を行ったようである。中世の貴族社会では、引っ越しを移徙《いし》（わたまし）と呼び、水と燭《しょく》（蠟燭）を捧げた童女二人と牛を先頭にした行列を組んで移住し、その後の宴会では粥《かゆ》や湯漬《ゆづけ》を食している。室町時代の武家故実書によれば、参加する人々は白装束で、蠟燭や畳の縁まで白に統一したという。

この時に造作した屋敷は、現在の駿府城公園の地で、旧今川氏館跡に造られたとの推定がある。今川氏館は、複雑に入り組んだ大小の堀によって囲まれる形で存在していた。今川氏を滅亡させた武田氏が家臣の屋敷地としていたため、今川氏館の堀が残存しており、家康はそれを利用して屋敷にしたと考えられる。家康は今川氏館跡の堀を改修し、虎口《こぐち》（出入口）に石積みによる防御を施したと推測される。

家康は、天正十四年十一月二十日、大坂から浜松城へ帰った。それから二週間後の十二月四日に、家康は本拠地を浜松城から駿府へ移すことを触れた。そして、翌天正十五年二月から、駿府城の普請を始めた。駿府城築城の様子は、家康の家臣で、深溝《ふこうず》（愛知県幸田町）を本拠とした松平家忠の日記『家忠日記』に垣間見られる。

『家忠日記』では、天正十五年二月五日に二の曲輪（二の丸）の普請を行ったことが記され、二月十三日に堀の普請ができあがったとし、石垣を築いたことも記されている。また、三月三日には石垣の根石を置き、五月二十五日に普請が終わったとして、二十七日には深溝へ帰っている。

その後、家忠のもとへ十月一日から再び築城が始まるとの触れが九月十七日にあって、家忠は三十日に駿府へ到着している。十月七日にいこま（駒ヵ）の段の石垣を担当し、十二日には本城（本丸）の堀普請を行っている。いこまの段の石垣は十一月三日にできた。翌四日には二の曲輪の石垣を家忠が担当している。十一月三十日に普請が終わり、家忠は十二月二日に深溝へ帰着した。

天正十六年にも普請は継続している。家忠に対して、正月五日、駿府城普請のため正月十五日までに駿府まで到着するようにとの指示があった。もっとも、正月七日にはそれの延期についての連絡があった。その後、再度普請の指示があったようで、家忠は二月一日に駿府へ到着した。翌二日には石垣のための石材をとったとある。石材をとるとは、具体的にどのような行動かは未詳である。二月四日には本城の堀の浚渫《しゅんせつ》工事を行った。このあと、しばらく普請に関して記述がなく、五月十二日に天守の手伝い普請が当たったとあり、工区がくじ引きだったことを想定できる。同日、家忠は家康から、念入りに行っているということで、使者を受けている。十四日には普請ができて、家忠は十六日に深溝へ帰着している。その後、普請についての指示があったのだろう。六月三日に普請のため五人を駿河へ遣わした。彼らの動向は未詳で、家忠自身は天正十七年の年頭参賀のため、天正十六年十二月二十八日に駿府へ参着した。天正十七年正月五日には、普請衆を置いて帰途に就き、七日に深溝へ着いた。同日に残してきた普請衆が帰っている。

ところが、家忠は一ヵ月もしない天正十七年正月三十日には、駿府城普請のために駿府へ着いている。二月二日に石垣の普請場へ赴き、十一日に小天守の手伝い普請が当たり、十九日に石垣の根石を据えている。四月十日に普請ができ、十三日に深溝へ帰着した。

四月二十九日、駿河普請奉行衆から家忠のもとへ、本城の石垣が崩れたので早々に駿府へ来るようにとの指示があった。家忠自身は、駿府へ赴かず、人数を五月十日に派遣した。この普請は五月二十五日にできあがり、同日普請衆が帰っている。

このように深溝松平家忠は、断続的に駿府築城に従事している。ただし、これは家忠の状況である。『家忠日記』に普請ができたとあるのは、家忠の担当工区のことで、駿府城全体ではなかろう。駿府築城工事は家忠以外の臣下も従事していたことが、家忠の従事期間における交流から類推できる。おそらく、駿府築城工事は継続的に行われていたのであろう。

この時に築かれた駿府城の全容は、『家忠日記』からは窺えない。それでも、本城（本丸）と二の曲輪（二の丸）まで石垣を築き、大小の天守が築かれたことが窺える。すなわち、総石垣・高石垣に天守を備えた城郭だったと推定できる。これは、織田信長によって生み出され、豊臣秀吉によって広められた城郭の形である織豊系城郭と言える。

加えて、駿府城では金箔瓦を使用していたことが、発掘調査の結果明らかになった。金箔瓦には、軒平瓦や軒丸瓦の紋様の間の凹《へこ》んだ部分に金箔を貼り付けた織田信長スタイルと、瓦の紋様が突出した部分に金箔を施した豊臣秀吉スタイルがある。駿府城では、両方のスタイルの金箔瓦が出土している。この金箔瓦は、家康の関東移封後に入った中村一氏《なかむらかずうじ》が築いた駿府城に使用された物との意見があるものの、中村一氏であれば秀吉スタイルのみになるのが一般的である。この金箔瓦は、家康が築いた時の物と考えられる。

なお、家康の関東移封後、その領国を金箔瓦の織豊系城郭で包囲して牽制するという「金箔瓦包囲網」説が提唱されている。しかし、家康が駿府城で金箔瓦を使用していたとなると、その説は成り立たない。ちなみに、関ヶ原合戦前の江戸城も、金箔瓦の城だった可能性があろう。

家康が、本拠を駿府へ移した理由は明確になっていない。天正十三年には屋敷を建設し始めている。すなわち、秀吉への臣従確定以前である。もっとも、直接対決した小牧・長久手合戦で、秀吉を屈服させることは困難との認識は持っていた可能性が高い。そして、駿府築城は、大坂からの帰還直後に始めているので、家康は大坂滞在中に秀吉へ説明し、その許可を得ていたと見て間違いなかろう。秀吉認可の駿府築城は、豊臣大名としての行為だったと言えよう。もっとも、縄張りを含めた普請そのものに、秀吉が関わっていたのか。関わっていなかったのか。関わっていたならば、どの程度関わっていたのか。今のところ、手がかりを見出せない。

家康の名字・姓

家康と秀吉の関係を明示するものの一つに、家康が使用した名字・姓がある。家康は一時期、羽柴を名字としている。文禄三年（一五九四）九月二十一日付けで出された秀吉の知行目録の宛先は、「羽柴江戸大納言殿」となっている（「関地蔵院文書」）。ここに家康を羽柴と明言している。そして、家康が豊臣を姓としていた徴証は、現在のところ見つかっていないものの、羽柴を名字としているので、豊臣姓だったと見られる。家康は秀吉の一門に含まれていた。家康は秀吉の妹婿なので、当然一門ながら、名前によってそれを明示したと言える。

家康は、文禄三年九月以前に、秀吉から羽柴名字を与えられて、同時に豊臣姓も与えられた。ただし、それがいつだったのかは、明確になっていない。一つの説は、文禄三年二月から九月までの間とするものである。それは、文禄三年二月付けで源姓署名した文書があり（「伊豆山神社文書」「矢田部文書」）、以後は関ヶ原合戦後まで源姓が見られないことによる。

一見すると、妥当な説に見られる。しかし、羽柴名字が秀吉関係の文書で見られ、源姓が領国内において見られる点を考慮すると、使い分けていた可能性があろう。それは、家康の若い頃の事例に基づく類推である。

正親町《おおぎまち》天皇が、家康の後奈良《ごなら》天皇十三回忌費用供出への礼を伝達するようにと、山科《やましな》大納言（言《とき》継《つぐ》）宛てに出した永禄十二年（一五六九）十一月五日付けの女房奉書に「とく川さ京の大夫」とあり、『言継卿記』永禄十二年十一月十日条に「三州徳川左京大夫」と記されている。これらの記事によって、左京大夫任官は明らかである。時期的に見て、口宣案《くぜんあん》が残る永禄十一年正月十一日の任官も承認できる。ところが、家康が発給した文書での左京大夫の初見は、天正十二年、正親町天皇の比叡山《ひえいざん》再興の綸旨《りんじ》に答えた九月十二日付け左中弁（万里小路充房《までのこうじあつふさ》）宛て書状および同日付け大蔵卿（五辻為仲《いつつじためなか》）宛て書状である（どちらも「延暦寺文書」）。左京大夫任官後も、天正十二年まで家康は左京大夫を称さなかった。これは、領国内では「三河守」のほうが役に立つと認識したためだろう。つまり、対外的な呼称と、領国内への呼称は異なるケースがあったということである。羽柴名字・豊臣姓授与後も、領国内には徳川名字・源姓だったのではなかろうか。

家康からは事例を見出し得ないものの、上杉景勝《うえすぎかげかつ》も同様に、対外呼称と領国内呼称を使い分けていた可能性がある。景勝は、天正十六年五月二十三日に正四位下参議に叙任され、羽柴名字・豊臣姓を与えられた。これで「羽柴越後宰相」と呼ばれるようになる。その後、天正十八年十一月二十八日付けで越後国柏崎《かしわざき》（新潟県柏崎市）の塩川神社へ出した禁制《きんぜい》には、「弾正少弼藤（花押）」との署判がある（「塩川神社文書」）。時期的に景勝の時代であり、景勝の天正期の花押である。そのためか、この文書を検討の余地ありとする見方もある。しかし、この署名が景勝による領国内呼称であるならば、真正の文書と捉えることができよう。景勝は、以前からの通称である弾正少弼を使い、藤原姓を称して領国の統治を行っていた。

家康も景勝も、秀吉に従う大名として、対外呼称と領国内呼称を使用していたのだろう。これは、ほかの大名も同様だった可能性が高い。考えられているよりも早くに、家康は羽柴名字・豊臣姓を授与していたのだろう。

なお、家康は当初、源を称し、藤原に改姓して、再び源となり、豊臣姓を授与して、三度源となったと、四回改姓をしたともされる。これは、当初は源を私称し、最初の叙爵に際して藤原姓を公的に称することとなり、そのあとで豊臣姓を授与され、最後に征夷大将軍任官の際に源を公認されたということで、家康自身は生涯、源を称していたと言える。ちなみに、藤原から源への改姓は天正十六年との説があるものの、天正十五年に「源家康」とする梵鐘銘がある（宣光寺所蔵）。領国内呼称は源で一貫していた。

姓については、このような状況が考えられよう。それでは、名字羽柴については、どうだろうか。家康は当初、父祖以来の名字である松平を称していた。徳川を名字としたのは、永禄九年である。この年、家康は朝廷へ叙位任官を申請した。武家の叙任申請は将軍が仲介するのが、正規のルートである。ところが、前年に十三代将軍足利義輝《よしてる》が弑逆され、将軍が不在だった。そのため、家康は別ルートでの申請をせざるを得なかった。

家康は、三河出身で京都誓願寺《せいがんじ》の住持だった泰翁《たいおう》慶岳を対朝廷の窓口としていた。泰翁は、永禄八年に誓願寺と同じ浄土宗西山深草《せいざんふかくさ》派寺院である円福寺・三福寺と朝廷内で訴訟をし、参内が可能な立場にあった。まず泰翁は、その訴訟と同様のルートである山科言継から万里小路輔房《すけふさ》を通じて叙任の申請を試みた。ところが、正親町天皇は、先例がないとして家康の叙任を認めなかった。先例がないというのは、明記された史料がないものの、武家が将軍以外から叙任を申請したことを指すのだろう。

そこで言継は、前年の誓願寺をめぐる訴訟と同様に、関白近衛前久《このえさきひさ》に相談した。その頃、家康は松平氏が、元は徳川だと近衛前久へ伝えた。家康には、祖父清康《きよやす》が世良田《せらだ》を称していたので、新田源氏《にったげんじ》の有力な一族で、得川からの分かれである世良田の末裔との意識があったと推測される。この頃の家康には、「松平蔵人佐源家康」と源姓で署名した文書が散見される。家康が、元は徳川だと言ってきたあとだろうか。前久は、吉田兼右《かねみぎ》に調査を命じたようで、兼右は万里小路家所蔵の「旧記」の中に先例を見つけ出し、写し取って前久へ渡した。その先例とは、徳川が昔近衛（藤原）の家来だったということだろうと、このあとの動きから類推される。

一族の長である氏長者《うじのちょうじゃ》には、一族内（氏人）の叙位を申請する権限があった。氏長者の申請によって位を受けることを氏爵《うじのしゃく》と言う。近衛前久は藤原氏の氏長者なので、家来筋であるならば、氏人として叙位を申請することができる。したがって、家康が昔、近衛（藤原）の家来筋だったならば、氏人の叙位申請を氏長者が行うという形式で、前久による申請が可能である。

もっとも、世良田・得川が藤原氏の家来だったことを示す史料は、現在のところ見つかっていない。強いて挙げれば、新田氏の祖である源義国《よしくに》が藤原摂関家の家司《けいし》だった可能性があることだろうか。現在知られていない史実があるのかもしれない。

家康は松平から徳川へと改称することによって、藤原氏の家来の家、すなわち氏人という立場を手に入れ、従五位下に叙され、三河守に任じられた。現在、叙任それぞれに対する永禄九年十二月二十九日付けの口宣案（天皇の任命書）が、日光東照宮と久能山《くのうさん》東照宮に残されている。ただし、これらの口宣案は、どちらも家康が受領した物ではない。正保二年（一六四五）に三代将軍徳川家光の要請によって、時の朝廷が再度出した物である。家光が再度口宣案を出させたのは、家康受領の口宣案に「藤原家康」「豊臣家康」とあったためである。

近衛前久申請の氏爵によって叙任した家康は、藤原氏の氏人の立場にあるので、藤原姓である。当然、口宣案は「藤原家康」とあったはずである。加えて、天正十六年以降の武家宛ての口宣案は、すべて豊臣姓だったので、文禄五年五月八日の正二位内大臣に叙任する口宣案は、「豊臣家康」とあったろう。将軍徳川氏が源氏の嫡流を自認する中で、その祖である家康が藤原姓・豊臣姓であってはならない。そこで、家光は作り直しを要請した。本来一通であるはずの口宣案が、日光東照宮と久能山東照宮に二通ずつあるのは、そうした事情による。

このように、家康は叙任のために徳川へ改称したのである。羽柴名字を授与されて以後は、徳川を称した事例は見つかっていない。ただし、領国内に羽柴名字を使った形跡も見出せない。家康は、自らの名字を、羽柴名字を与えられて以後も、領国内では使っていたのではなかろうか。

ここで参考となるのは、江戸時代の大名である。江戸時代の大名は、前田・伊達・島津など、多数の家が松平名字を与えられていた。そのため、江戸切絵図などでは、大名屋敷の名前の多くが松平某となっている。そして、幕府関係の文書では、松平加賀守・松平陸奥守・松平薩摩守などと宛名に記され、自らも署名している。対外呼称と領国内呼称が異なっていたのである。この使用方法は、豊臣期からの継続だったのではなかろうか。

家康も、羽柴名字・豊臣姓を授与し、対外的には使用していた。ただし、領国内には徳川名字・源姓だった。もっとも、これは家康のみではなく、他大名も同様だったろう。家康が、秀吉に従う一大名として扱われていたことを示すのかもしれない。

肥前名護屋の家康

天正二十年（一五九二）正月五日、秀吉は諸大名に大陸への出兵を命じた。これを受けて家康は、二月二日に江戸城を出発し、二月十六日頃に京都へ着いたようである。京都にしばらく滞在したのち、三月十七日、伊達政宗・上杉景勝・佐竹義宣《さたけよしのぶ》・南部信直《なんぶのぶなお》らと共に京都を発って、大陸出兵の本営として築かれた肥前名護屋城《なごや》（佐賀県唐津市）へ向かった。そして、四月二十二日頃に名護屋城へ着陣したと想定される。

秀吉自身は、三月一日に出陣する予定だったものの、眼病などのために二度延期し、実際に京都を出陣したのは三月二十六日だった。そして、一ヵ月後の四月二十五日、名護屋城に着陣している。

この時、家康が率いた人数は、一万五千人だった（太田牛一『天正記』）。豊臣政権の軍役は、小田原合戦以前から、百石につき五人が本役だった。朝鮮出兵に際しては、家康をはじめとした東国の者へは、軍役の十分の一ずつ、すなわち一千石につき五人の人数が課されている。したがって、一万五千人は、三百万石分の軍役を負担したことになる。家康の知行高は明確にならないものの、『当代記』巻二所載「惟時伏見普請役之帳」には二百四十万二千石とあるので、一万二千十人が相応の負担となる。つまり、賦課された軍役の一・二五倍で、多めの人数である。ただし、本役の動員兵力十二万人からすれば少ない。また、伊達氏が十万石分に賦課された軍役に対して、三倍の人数を動員したのに比べると、その比率は少ない。

家康は秀吉の命令に従い、命令通りの人数を率いたと評価できる。

秀吉は天正二十年五月末頃、自ら渡海することを決した。準備を進める秀吉に、家康および前田利家は、渡海を諫止した。六月に入って秀吉が、馬廻り以下の近臣を乗船させていたところ、家康・利家といった面々が制止に入った。渡海諫止の理由は、思いがけない風が吹くという天候上の問題が一つである。さらに、後続する軍勢の渡海が八月あるいは九月過ぎになって、船の航行が非常に困難な時期にかかるというのが、もう一つの理由だった。晩秋から冬季に入って荒天が続き、後続の軍勢が朝鮮半島に上陸できないという事態になったならば、兵力の面（実儀）でも征明を進める軍勢としての威儀・威厳（外聞）という点でも問題だとした。秀吉が渡海を延期したのは、外聞実儀の点に重点があったためと想定されている。それは、輸送力の問題だったという。

この時、家康は強硬に渡海を諫止している。家康と利家は、まず神仏に内容を誓う形式の起請文という様式で意見書を提出し、その後、秀吉に面談している。当時は、石田三成なども、六月中の秀吉渡海が妥当との意見だった。家康の考えでは、船頭たちの意見として土用中は思わぬ風があるとして、秀吉にもしものことがあったならば、天下が亡んでしまうので、まずは家康と利家を先発させてほしい。そうしたならば、秀吉の意向を渡海している将兵へ十分説明すると、涙ながらに訴えたという（「西笑和尚文案」）。

秀吉は、この諫言を受け入れて渡海を中止した。家康と利家は、秀吉に諫言し、それによって翻意させ得る立場にあった。そして、家康と利家は、秀吉の意向を朝鮮に在陣する諸将へ伝達する役割を担っていた。なお、これより前に浅野長政《あさのながまさ》が渡海延期を諫言して、短期間ながらも蟄居《ちっきょ》を命じられている。

その後、家康と利家は、天正二十年七月、秀吉が母大政所の病気見舞いのために帰京した際、後事を託されている。実際、天正二十年七月二十三日付けで家康と利家が連署して坂井利貞《さかいとしさだ》へ通行手形である過書《かしょ》を与えている（「酒井家文書」）。家康と利家は、秀吉の名護屋留守中、秀吉の代行を行う立場にあった。

このような家康の立場をどのように評価するかは、様々な意見があろう。秀吉が家康を信頼し、家康も秀吉を支持していたと捉えるのは、あまりに表面的すぎるだろうか。信頼していない者の諫言は耳に入らないし、後事を託すようなこともしないだろう。支持していない者の安危を涙ながらに述べるほどの演技者だったのだろうか。むしろ、支持していないならば、その行動を無視するのが一般的ではなかろうか。これらの言動は、秀吉と家康の信頼関係を示しているように感じられる。

豊臣政権と家康

信頼関係を築いていた秀吉と家康ながら、家康は秀吉の死後、政権を簒奪する。どこかで信頼関係に亀裂が生じたのである。ここで注目すべきは、家康の豊臣政権内における立場である。

家康は、秀吉に臣従すると、関東・奥州への取次になった。そして、これをもって、家康が豊臣政権の中枢にいたと捉えられている。しかし、家康が命じられた取次は、豊臣領国と非豊臣領国の境目に位置する大名が命じられた取次である。しかも、豊臣政権へ服属して間もない時期に任命されている。これは、未服属地域攻撃の先鋒と位置づけられたものである。

家康は、小田原合戦が示しているように、関東攻撃の軍事的先鋒である。また、奥羽攻撃でも、秀次の補佐的役割も担ったものの、軍事的先鋒と捉えられる。家康は、関東・奥羽攻撃の軍事的先鋒だった。そして、個別大名ではなく、広域の地域を対象としている。これも、攻撃予定地域で、敵味方の区別が付かない状況での対応と捉えられる。さらには、取次を命じられた地域が豊臣領国に含まれると、その地域の取次ではなくなる。

こうした立場の取次が、政権の中枢に参画しているとは捉えられない。当時の家康の立場は、豊臣政権の外縁に位置づけられ、中枢に位置するものではなかった。臣従直後の大名を、政権の中枢に位置づけることは常識としては考え難く、次の攻撃対象への先鋒を命じるのが常識的だろう。秀吉と家康の関係も同様である。

肥前名護屋の家康は、政権中枢に入っていく徴候が見られるものの、未だ臨時的な立場と言えよう。文禄四年七月以前には、家康が豊臣政権の政策遂行に関与して発給した文書が確認できない。もちろん、蒲生氏郷《がもううじさと》の後継問題に見られるように、秀吉への取り成しは見られる。しかし、政権運営・政策遂行に関わる文書は見られない。そうした文書は、すべて浅野長政・石田三成・増田長盛《ましたながもり》・長束正家《なつかまさいえ》・大谷吉継《おおたによしつぐ》らが発給している。この時期の家康が、政権の外に位置していたことを示している。

文禄四年七月、家康は、毛利輝元《もうりてるもと》・小早川隆景《こばやかわたかかげ》と連署して、起請文を秀吉へ提出した（「毛利家文書」）。その中の条文に、坂東《ばんどう》の法度・掟・裁判は正しい道理に従い、公平・公正に取り扱うこととして、家康に申し付ける。坂西《ばんせい》のことは輝元・隆景に申し付ける。家康と輝元は、常に在京して秀頼に奉公すること。もし用事があって帰国しなければならない場合には、家康と輝元で、交替に暇を申して下国すること、といった内容が含まれている。この起請文について、毛利輝元は八月三日付けで家臣の児玉元次《こだまもとつぐ》へ宛てた自筆書状で、秀吉の御前で起請文に署判したとし、東は家康、西は輝元が任されたと述べている。

秀吉は、家康と輝元を、諸大名の頂点に位置づけたのである。これによって、家康と輝元を秀吉に次ぐ地位に位置づける政治体制が敷かれた。家康は、輝元と共に、豊臣政権の中枢に入り込んだのである。

その状況を端的に示すとされるのが、毛利輝元や小早川隆景らのいわゆる大老の面々と、家康が連署した文禄四年八月三日付け御掟・御掟追加（「浅野家文書」ほか）である。御掟・御掟追加の署判者は、徳川家康・毛利輝元・小早川隆景・前田利家・宇《う》喜《き》多《た》秀家《ひでいえ》・上杉景勝の六人で、これらの法令は、豊臣政権にとって空前の領主的危機に対処するため、最悪の事態を想定しつつ定められたもので、そのまま履行されたとは限らないという。それでも、架空のものではない。

御掟・御掟追加は、文書様式上は署判者の直状である。法令違反者の処罰が、署判者に委任されたと捉えられる。その場合、あくまでも連署者の複数人への委任であり、特定個人への委任ではない。もっとも、そのまま履行されたとは限らないので、どこまで委任されたかは不明である。それでも、こうした文書に家康が署判しているということは、家康が豊臣政権の一員として、政策遂行に携わることを意味している。御掟・御掟追加の効力にかかわらず、この文書の署判者が政権の中枢に位置づけられる法的根拠になったと推定される。

家康の立場は、文禄四年七月以前と以後で変化した。文禄四年七月以前は、政権に関与する立場になく、以後は政権に関与する立場になったと言えよう。

政権の中枢に入った家康は、秀吉の肉体的な衰えも感じるようになる。そうした立場と秀吉の衰えを目の当たりにした時、政権奪取が芽生えたと想像される。秀吉と家康の信頼関係は、文禄四年七月を境に変化したと見られる。もちろん、表面的には家康の秀吉支持は継続していく。家康は、あくまでも一豊臣大名だった。その豊臣大名を脱却し、天下人となるには、それを象徴する出来事が必要だった。それが関ヶ原合戦ということになる。

【主要参考文献】

跡部　信『豊臣政権の権力構造と天皇』（戎光祥出版、二〇一六年）
黒田基樹『羽柴を名乗った人々』（角川選書、二〇一六年）
平野明夫『徳川権力の形成と発展』（岩田書店、二〇〇六年）
平野明夫「肥前名護屋の徳川家康」（天野忠幸・片山正彦・古野貢・渡辺大門編『戦国・織豊期の西国社会』日本史史料研究会、二〇一二年）
平野明夫「秀吉は、家康を警戒していたのか」（日本史史料研究会編『秀吉研究の最前線――ここまでわかった「天下人」の実像』洋泉社歴史新書y、二〇一五年）
平野明夫「誓願寺住持泰慶岳」（誓願寺文書研究会編『誓願寺文書の研究』岩田書院、二〇一七年）
平野明夫「天正十二年の尾張・土佐交渉」（橋詰茂編『戦国・近世初期　西と東の地域社会』岩田書院、二〇一九年）
前田利久「徳川家康の天正期駿府築城について」（『駒沢史学』九四号、二〇二〇年）

第七章　島津氏はなぜ秀吉と戦ったのか

光成準治

本能寺の変——賤ヶ岳合戦期の秀吉と島津氏

本能寺の変による信長横死の情報は、六月十七日付けで関白の近衛前久《このえさきひさ》が島津氏の当主義久《よしひさ》へ発した書状によってもたらされた（「島津家文書」）。島津氏の本貫《ほんがん》島津庄が近衛家の庄園だったことから、島津氏と近衛家は極めて親密な関係にあり、前久についても、信長が天正九年（一五八一）の島津・大友講和を斡旋した際、信長の意を踏まえて講和実現に向けて島津氏に働きかけている。

ところが、明智光秀が山崎合戦に敗れて落命すると、本能寺の変への関与を疑われた前久は蟄居《ちっきょ》に追い込まれた。前久の本能寺の変への関与が事実だったのか、確定することは難しいが、光秀や細川藤孝とも親しかった公家の吉田兼見《かねみ》は、羽柴秀吉と共に光秀を破った織田信孝《のぶたか》が前久を成敗しようとしたため、前久が洛外へ出奔したと日記に記している。右記書状には「万一の場合、よろしくお願いします」とあり、前久自身、成敗される危険性を認識しており、その際には島津氏領国へ逃げ込んで、庇護してもらおうと考えていた。

ただし、この前久の依頼を、本能寺の変への島津氏の関与の証拠と見なすのは早計だろう。島津氏領国は畿内から遠く離れており、光秀が島津氏と連携したとしても軍事的支援は期待できない。信長の斡旋に従って大友氏と講和し、肥後国から筑後・筑前・肥前国へと勢力圏を広げることを企図していた島津氏にとって、当面の標的は、毛利氏と連携して、少なくとも表面的には織田権力に服属していなかった龍造寺《りゅうぞうじ》氏や秋月《あきづき》・高橋・麻生・宗像《むなかた》といった九州北部の国人衆であり、毛利氏領国への進攻に積極的だった信長を殺すメリットはない。

仮に島津氏が光秀と事前に謀議していたとすると、畿内の情報収集に注力するはずであるが、肥後方面の前線に位置していた島津氏の家臣新納《にいろ》忠元《ただもと》でさえ、八月になっても、藤孝が光秀に荷担して討死したという誤情報を信じているようであり、畿内に大きな関心を寄せていた様子は窺えない。

一方、光秀を山崎合戦で破った直後期に、秀吉が通交した西国大名は毛利氏と龍造寺氏（鍋島《なべしま》直《なお》茂《しげ》）である。このうち、龍造寺氏は肥後国をめぐって島津氏との争奪戦に突入しようとしていた。島津・大友講和以前の龍造寺氏は、反大友氏という共通性から島津氏と良好な関係にあり、毛利氏とも連携関係にあった。

ところが、七月十一日付けで秀吉が発した書状は、龍造寺氏の重臣鍋島直茂のほうから秀吉へ使者を派遣したことに対する返信であり（「鍋島文書」）、本能寺の変以前に龍造寺氏が秀吉を通じて信長への接近を試みていたことを窺わせる。また、秀吉書状から、鍋島が珍品である南蛮帽子を贈り、秀吉との関係構築に積極的だったこと、秀吉も今後は親密にする姿勢を示したことが判明する。

しかし、この時点における秀吉は、織田体制内における主導権の確保に注力しており、境界を接する毛利氏との完全講和は重要課題だったものの、九州大名との関係構築の優先度は低かったと考えられる。したがって、通交の確認ができないとはいえ、島津氏との関係が悪かったわけではない。前久が万一の場合の逃避先に島津氏領国を想定していたことは、島津氏が秀吉への対抗勢力として期待できるためではなく、従来からの近衛家と島津氏との親密な関係によるものだった。

その後、秀吉と織田信孝・柴田勝家らとの関係が悪化すると、双方の勢力は毛利氏など織田氏分国周囲の大名との連携によって、優位性を確立しようと外交工作を展開した。さらに、帰京を目指す足《あし》利義昭《かがよしあき》も織田氏分国内の内紛に乗じて、織田氏家中の諸将や諸大名に対して帰京への協力要請を行った。島津氏の場合、天正十年に比定される十一月二日付けで義昭からの要請が確認される（「島津家文書」）。ただし、この直前に義昭は、秀吉から帰京への協力が得られる見込みを示しており、義昭の要請によって、秀吉と島津氏との関係が悪化したわけではない。

結局、秀吉は帰京に非協力的になり、義昭は柴田勝家ら反秀吉勢力への働きかけを強めた。このような状況下において、天正十一年二月、長宗我部《ちょうそかべ》氏や毛利氏のほか、毛利氏領国内に滞在していた義昭への使者を務めた善哉坊が長宗我部元親《もとちか》からの書状を携えて帰国した。善哉坊を通じて義昭とどのような折衝が行われたのかは定かでないが、同じ頃、義昭からの使者が島津氏のもとへ到着した。

おそらく、義昭の帰京への協力、秀吉の討伐に向かわせるための工作を目的とした下向だったと推定される。

大友氏以外の九州の大名に目を向けると、大友氏の場合、いち早く秀吉への接近を試みている。賤《しず》ケ《が》岳《たけ》合戦を経て柴田勝家を自刃に追い込み、凱旋途中の近江国坂本《さかもと》（滋賀県大津市）において、五月二十八日、秀吉は大友義統《よしむね》（宗麟の嫡男）からの書状を受け取った（「大友家文書録」）。これに対して秀吉は、合戦の様子を詳細に知らせると共に、信長に服属していたという筋目に従い、大友氏が秀吉との懇意な関係を望んできたことを歓迎し、今後も疎略に扱わないことを約束している。

このように、「天下人」の座をめぐる抗争は九州の大名をも巻き込みつつあったが、島津氏には大友氏・龍造寺氏（鍋島直茂）のような秀吉への接近は見られず、逆に、義昭と接触していたからといって、反秀吉へと舵を切っていたわけではない。義昭の要請にもかかわらず、島津氏は義昭支援の軍事行動を起こしておらず、支援の明確な意思表示もしなかったと考えられる。

小牧・長久手合戦期の秀吉と島津氏

島津氏領国への逃避を検討していた近衛前久が、最終的に逃避先に選んだのは徳川家康のもとだった。前久の徳川氏領国への下向は天正十年（一五八二）十一月。翌十一年二月二十日付けで島津義久へ発した前久の書状によると、島津氏領国へ下向した場合、京都から遠隔の地にすぎるため、京都への復帰が困難になると考え、家康を頼ったとしている(「島津家文書」)。そのような前久の判断から、家康には羽柴秀吉ら織田体制中枢に対して前久の赦免を陳情するルートがあったが、島津氏には織田政権中枢との緊密なルートがなかったことが判明する。天正十一年八月、家康の斡旋によって前久は京都への復帰を果たしたが、前久の行動の結果、島津氏と家康との間のルートが形成されたことに着目しておきたい。

天正十二年になると、織田体制内において秀吉との対立を深めていた織田信雄《のぶかつ》(信長の二男)を家康が支援して、小牧・長久手合戦が勃発した。この戦争については、尾張・伊勢国における秀吉対信雄・家康間の抗争(三月〜十一月)にとどまらず、両陣営の外交交渉によって、中国・四国から北国・関東に及ぶ広範な地域の大名・領主らが二分化されて抗争を展開した「天下分け目の戦い」だったとされる(藤田:二〇一四)。そのような大規模戦争が九州地域にどのような影響を及ぼし、島津氏はどのように行動したのだろうか。

天正十二年二月、足利義昭の家臣布施治部少輔から島津氏に宛てた書状が到来した。その内容は、秀吉の尽力によって義昭の帰京が実現しそうであるが、より一層の支援を島津氏に要請するものであり(「上井覚兼日記《うわいかくけんにっき》」)、賤ヶ岳合戦の際には織田信孝・柴田勝家との連携によって帰京を実現しようとしていた義昭が方針を転換して、秀吉への接近を図っていたことが判明する。秀吉にとっても、信雄との対立が深まっていた時期であり、義昭の権威を利用するメリットを感じていたと考えられる。

秀吉との和解によって義昭が帰京する場合、義昭が島津氏に期待していた支援とは何であろうか。

西国の主要な大名のうち、明確な信雄・家康方は長宗我部氏のみであるが、毛利氏と秀吉との国境画定交渉は未だ決着しておらず、交渉の行方によっては、毛利氏が反秀吉に転じて、長宗我部氏と共に義昭の帰京を妨げる可能性も皆無とは言えなかった。大友氏や龍造寺氏は秀吉への接近を図っていたが、大友氏は毛利氏と対立関係にあり、毛利勢が義昭の帰京に供奉《ぐぶ》して領国の守備が手薄になると、毛利氏領国へ進攻する可能性があった。そこで、島津氏が大友氏領国へ進攻して、大友勢の毛利氏領国への進攻を中止させ、間接的に自身の帰京を支援することを義昭は期待したと考えられる。

さらに、義昭の要請は秀吉の意向を踏まえたものだったと推定される。信雄・家康を中心に秀吉包囲網が形成されつつあったが、九州大名の帰趨は定まっておらず、彼らの動向によっては、対信雄・家康戦争に出兵した秀吉は背後を襲われる恐れがあった。そのため、秀吉は帰京を望む義昭を利用して、九州大名を自陣営に引き込もうとした。

ところが、島津氏の優先事項は対龍造寺氏戦争であり、義昭への支援は二の次だった。天正十二年三月、龍造寺氏に圧迫された肥前有馬《ありま》氏を救援するために、島津勢は島原半島へ出兵。三月二十四日、いわゆる沖田畷《おきたなわて》合戦において龍造寺隆信《たかのぶ》を討ち取るという大勝利を収めた。この勝利の結果、隈部《くまべ》氏など肥後国における龍造寺方の領主層は島津氏へ服属し、肥後国は島津氏によって制圧された。一方、大友氏は龍造寺氏に侵蝕されていた筑後国の制圧に乗り出したが、その結果、肥後国制圧後のさらなる北上を目指す島津氏との対立が顕在化してくる。信長の斡旋によって成立していた島津・大友同盟関係には大きなひびが入りつつあった。

勢力を拡大した島津氏に対して、大友氏や龍造寺氏はどのように対処しようとしたのか。「上井覚兼日記」七月二十八日条には「大友殿と龍造寺は羽柴秀吉に対してお頼りしたいと言上しているとのことです。とりわけ、龍造寺氏は、島津家に対して到底合戦できる状態ではないので、どうにかして、秀吉の判断によって家の存続を図ろうと頼んでいるとのことです。いずれにしても、九州について、島津氏が制圧するのは遠くないだろうと、諸国で噂になっているとのことです」とある。秀吉は長久手における局地戦では敗北したものの、その後の信雄領への進攻では戦況を優勢に展開しており、秀吉が「天下人」になると考えた大友氏や龍造寺氏は、秀吉の支援によって島津氏に対抗しようとしたのである。

しかし、秀吉と信雄・家康との講和は十一月までずれ込んだ一方で、大友氏に抵抗するために島津氏の支援を期待していた筑前国人秋月種実《たねざね》の再三の斡旋により、九月末、島津氏と龍造寺氏との講和が成立した。講和成立の直前には、大友氏家臣で筑前国支配を担っていた戸次道雪《べっきどうせつ》・高橋紹運《じょううん》が島津氏に対して「龍造寺氏と講和するという噂を聞きましたが、今は龍造寺氏を討伐することが最も重要です」と申し入れていたが(「上井覚兼日記」)、龍造寺氏が島津氏へ肥後国を献上した上、島津氏の幕下になるという服属を受け入れたため、大友氏との事実上の断交を覚悟して、龍造寺氏との講和に踏み切った。

自らに接近していた龍造寺氏の島津氏への服属に対して、秀吉は当面、静観せざるを得なかった。信雄・家康との講和は成立したものの、両者共に秀吉への服属は受け入れておらず、毛利氏との国境画定も最終妥結していなかったため、秀吉勢の九州出兵は不可能だったからである。

義昭使者の下向と秀吉の思惑

天正十三年（一五八五）正月、足利義昭の使者として柳沢元政《やなぎさわもとまさ》（義昭と毛利氏に両属）が九州へ下向し、島津氏と龍造寺氏に対して義昭帰京への支援を要請した。柳沢は前年の九月四日付け義昭御内書を持参しており、そこには「帰京について、上方から言ってきた」、それを受け取った島津義久の返書には「上方から懇望してきたので、ご帰京について準備中」とある（「島津家文書」）。義昭が御内書《ごないしょ》を認めた頃には、秀吉と信雄・家康との戦闘には終結の目処が立ち、その上、秀吉と毛利氏との国境画定交渉もほぼ合意段階に至っていた。その結果、西国において反秀吉陣営の一翼を担っていた長宗我部氏の討伐に注力できる環境が整い、義昭を使って九州大名を自陣営に引き込む必要性は低下していた。

このように、秀吉にとって義昭の利用価値はなくなっていたが、義昭は秀吉との関係を強調することによって、帰京を実現しようと考えた。秀吉の西国経略において、四国平定に続く最終段階として九州平定が予定されていた。義昭が要請したのは、表面的には自らの帰京への支援であるが、それが秀吉の意に沿うものであると強調することによって、帰京を支援することは秀吉への服属の意思表示になると認識させようとした。島津氏や龍造寺氏などが支援を約束すれば、彼らの服属を取りつけたと秀吉に主張して、帰京を認めてもらおうとした可能性を指摘できる。

ところが、島津義久は「遠隔の地に釣り合った尽力」を約束するにとどめ、中央政局と一定の距離を保とうとした。ただし、義昭の戦略には島津氏にとって有益なものも少なくなかった。柳沢が下向したのは島津氏と龍造寺氏であり、九州の主要な大名のうち、大友氏のみ除外されている。大友氏は毛利氏と対立関係にあり、信長横死以前には、毛利勢の供奉によって帰京するという義昭の戦略を妨げてきた。毛利氏領国の背後を突く気配を見せた結果、毛利勢の京都への進攻は実現しなかった。義昭にとっても、大友氏は許すことのできない敵だったのである。

そのような大友氏に支援を要請することは、毛利氏にとっても許容できるものではなく、義昭は大友氏およびその与同勢力を除く九州地域の大名・領主層を結集させようと考えた。龍造寺氏との講和によって島津氏の次の標的は大友氏領国となっており、義昭御内書は大友氏領国への進攻の正当性に繋がるものだった。

このように、義昭や毛利氏・島津氏は大友氏を孤立させようとしていたが、秀吉は九州地域をどのようにして平定しようと考えていたのか。家康は服属を拒んでいたが、この年二月に信雄が秀吉への服属姿勢を示したことにより、当面、東方面の脅威は去った。そこで、三月~四月の和泉・紀伊攻撃、六月~八月の四国出兵、八月の越中出兵というように、矢継ぎ早に天下一統戦争を展開しているが、九州地域については戦争ではなく、諸大名の服属による平定を予定していた。

天正十三年三月、秀吉の使者として、毛利氏の外交僧安国寺恵瓊《あんこくじえけい》と秀吉の家臣宮木宗賦《みやぎそうふ》が九州へ下向し、大友氏のもとを訪れた。その際、大友宗麟が所持していた茶入を所望し、秀吉のもとへ持ち帰っているが、それが下向の主たる用務だったとは考え難い。恵瓊は大友氏領国での滞在中に島津義久へ書状を発しており、それによると、秀吉は島津氏に対しては鷹を所望した。また、秀吉の書状は粗末なものだったが、公家になったためであると恵瓊は弁解している（「旧記雑録」）。

これらのことから、秀吉は上位権力者として大友氏や島津氏に対して贈答を強要することを通じて、服属の圧力をかけたと言えよう。大友氏・島津氏のいずれにも肩入れすることなく、すべての大名・領主層の平和的服属を目指していたのである。

九州停戦命令

長宗我部氏や佐々成政《さっさなりまさ》の降伏によって、四国・北陸方面を平定した秀吉は、続いて九州平定に乗り出した。ここで、龍造寺氏が島津氏に服属したあとの島津・大友関係について見ておこう。龍造寺氏の服属直後、島津氏は筑後国を島津氏勢力圏とすることを企図して、天正十二年（一五八四）十月、大友氏に対して筑後国からの撤退を要求し、撤退に応じない場合は大友氏との対決に踏み切る方針だった。紆余曲折はあったものの、島津氏との直接対決を恐れて、天正十三年九月、大友勢は筑後国から撤兵した。この結果、島津・大友の同盟関係は一応維持されることとなった。一方で、筑後国には大友方の国人も残っており、当面の直接戦闘は回避されたものの、島津氏と大友氏との係争の火種は燻《くすぶ》っていた。

そのような情勢下、秀吉は十月二日付けで島津義久に対して直書《じきしょ》を発した（「島津家文書」）。同様の命令は大友氏や毛利氏にも発せられたと考えられる（尾下：二〇一〇）。

天皇の仰せがありましたので、命じます。関東は残らず奥州の果てまでも天皇の命令に従い、天下は平穏になりましたが、九州については、未だ戦争が続いており、けしからぬことですので、国郡境目相論の言い分を聞き、後日、裁定します。まずは、敵味方共に戦闘を止めろとの天皇のご意向です。そのことを心得てください。万一、この方針を守らない場合、必ず成敗しますので、これに対する返答が各大名にとって極めて重要です。よく考えて返答しなさい。

天皇の命令であることを強調しているが、実質的には、関白になった秀吉が天皇の名を使って命じたものである。その内容は、九州諸大名、とりわけ、島津氏と大友氏との戦闘の停止を命じたものであるが、単なる仲介者ではなく、天下を治める「天下人」として強制的に戦闘を停止させ、それを受け入れさせることを通じて、秀吉への平和的服属を実現することに主眼があった。秀吉は、この直前に「唐入り」（中国大陸への進攻）計画を明かしている。そのためには、最前線となる九州地域を早期に平定する必要があったが、「唐入り」の先兵に想定する九州地域の大名・領主層の軍事力は「唐入り」まで温存することが望ましく、軍事制圧は避けたかった。

ただし、この命令にも明記されているように、停戦命令に従わない場合、軍事制圧が予定されている。したがって、この命令を受諾した場合、島津氏は大友氏に対して軍事力の面で優勢にあったにもかかわらず、九州制圧の夢を諦めざるを得なくなるが、受諾しなかった場合、豊臣勢のみならず秀吉に服属した諸大名からの総攻撃にさらされることが予測された。

ただし、島津氏の頼みの綱として、義昭と毛利氏が残されていた。天正十三年十一月十八日付けで義昭から「義」の一字を拝領した義久の弟忠平《ただひら》（翌年八月以降、「義珍《よしたか》」を称する。のちの義弘）は、同じ日付で義昭御内書を受領している。そこには「大友氏領国へ毛利勢が出兵する際には、格別に（毛利氏と）連携するように、義久へ意見してください」とある（「島津家文書」）。同様の文書は喜入季久《きいれすえひさ》（島津氏の庶家）にも発せられている。正月の柳沢下向後、義昭の帰京問題に進展はなく、九州停戦命令の蚊帳の外にあった義昭は、秀吉の意向に左右されることはなかった。

もはや義昭には自分を庇護している毛利氏を頼りにするほかなく、大友氏討伐を願う毛利氏のために、島津氏の支援を取りつけようとしたのである。

島津・大友同盟の成立によって冷え込んでいた島津・毛利関係は、この年正月の柳沢下向と三月の恵瓊下向によって親密度を増していた。四国出兵の際、毛利氏は秀吉に協力したが、縁戚関係にあった河野氏の権益を事実上継承することも目的としており、完全に秀吉に服属したわけではなく、自己の利害関係を重視していた。

九州平定に関しては、大友氏討伐という点で、島津氏と毛利氏の利害関係は一致しており、停戦命令が発せられたとはいえ、毛利氏（義昭）ルートを使って秀吉に働きかければ、大友氏を停戦命令違反に陥れて、討伐可能になる道が残されていると考えていたのではなかろうか。その上、講和は成立したものの、家康は秀吉への服属を拒んでおり、秀吉の「天下人」としての地位は未だ盤石ではなかった。それゆえ、秀吉の停戦命令に絶対的な強制力はないとみられていたのである。

停戦命令への島津氏の対応

天正十四年（一五八六）、島津義久は秀吉の停戦命令に対して正月十一日付けで返書を認めた（「上井覚兼日記」）。宛先は長岡（細川）幽斎である。幽斎は信長政権期に島津氏との折衝窓口を担った経験があり、かつ、停戦命令が発せられた際、同日付けで千宗易《そうえき》（利休）と共に島津氏の重臣伊集院《いじゅういん》忠棟《ただむね》へ副状を発している（「松井氏所蔵文書」）。その副状には、停戦命令が発せられたことを伝えた上で「もしご承諾されない時には、必ず討伐されるご所存です。言うまでもなく、今が思案の時です」とあり、停戦に従わない場合、秀吉が討伐軍を派遣することを予告していた。このような命令に島津氏がどのように返答したのか、見てみよう。

天下を一統し平穏にするために、関白様からの九州の戦争を停止するようにとの命令について、とりわけ、天皇のお言葉を加えられましたので、勅命に従います。先年には、信長公のご才覚で、近衛前久様が仰られて、大友・島津間の和平が成立して以降、全くよそよそしい心は持っていなかったにもかかわらず、大友氏はたびたび裏切りましたが、（島津氏は）和平を結んだ筋道を守り、現在も戦争する準備をしておりません。ところが、（大友氏は）最近、日向国や肥後国の国境に出兵して、（島津方の）数ヵ所の城郭を破壊しました。（大友氏が）このような軍事行動をさらにとられますと、今後どのような事態になるか予測できません。結局、釣り合った防戦をするのが当然ではないでしょうか。島津氏を改易することには全くならないでしょう。

大友氏のほうから島津氏領国へ進入してきたと主張し、島津氏の軍事行動は防衛のためであるので、停戦命令違反にならないとしている。停戦命令は秀吉が違反行為に対する軍事制裁発動権を独占することを意図していた。それは、侵略に対する防衛権さえも自国の判断では発動できない体制を構築しようとするものであり、島津氏には到底容認できるものではなかった。あるいは、最小限の防衛権は残されるという認識を持っていたとも考えられる。

また、このような返答方針は前年十一月頃にはほぼ固まっていたようであり、義久は近衛前久や千宗易・毛利輝元に対して書状を発して、秀吉への取り成しを願っている。例えば、十二月十三日付けで千宗易に対して「関白殿へお祝いとして、このたび使者をそちらへ派遣しますので、引き続き、お世話いただけますと、うれしく思います」という書状を発すると共に、生糸十斤を贈っている（「荻野仲三郎氏所蔵文書」）。大友氏の非を主張し、島津氏の軍事行動は防衛にすぎないという返答が、秀吉に受け入れられる確証はなく、前久や宗易を通じて秀吉を説得してもらおうという方策をとったのである。

一方で、早い時期から豊臣勢の来襲は予測されており、十分に対抗できるとの考えもあった。そもそも、天正十三年八月に上井覚兼が得た情報によると、秀吉は中立を装いながら大友氏へ大量の金を送っており、大友氏はそれを工作資金に用いていた。毛利氏や義昭と結びついていた島津氏の勢力を現状のまま認めることは、万一、揃って反秀吉に転じた場合の脅威になることから、島津氏の勢力削減を当初から狙っていた可能性もある。

そうすると、停戦命令を受諾しても、大友氏に有利な国分けになることが予想され、毛利氏の支援が得られるのであれば、抵抗したほうがよいと考える者もいたのではなかろうか。豊臣勢や毛利勢が四国へ出兵している最中、長宗我部氏が討伐されたあとには九州出兵になるとの風聞が広まった際、秀吉や大友氏の動向を探ると共に、諸将を招集して防衛策の検討が行われている。島津氏の中枢においても様々な意見があり、停戦命令の到着前であるが、義久の末弟家久は大友氏領国への進攻を強く主張していた。

結局、十月初旬の諸将の談合では、大友氏領国への進攻を来春にするという事実上の様子見で決着していたが、その直後に、京都で情報を収集して帰ってきた者から豊臣勢の九州下向は必定であるとの報告があったため、家臣団から起請文を徴収して、家中の結束を図るなど、戦闘準備を進めていた。

このように準備を進めた上で、天正十四年正月二十二日、籤《くじ》を用いて神慮《しんりょ》を伺った結果、肥後口・日向口両面からの進攻がよいとの神慮が示され、日向口は義久、肥後口は弟忠平を大将とすることに決した。翌日にも諸将による談合が開かれ、その場で認められたのが十一日付けの返書だった。返書には、今後の大友氏の動向によっては防衛戦を行うとしていたが、実際には、島津氏のほうから進攻する方針に決していたのである。

鎌田政広の上洛

進攻方針は定まったものの、秀吉がそのような進攻をどのように受け止めるか不安は大きく、秀吉の真意を探り、停戦に応じる場合の条件を折衝させるために、鎌田政広《かまたまさひろ》に返書を持たせて上洛させた。京都に到着した鎌田は三月七日、長岡幽斎の接待を受けた。幽斎は停戦命令の副状を発しており、秀吉の対島津氏外交における折衝窓口を担っていたため、秀吉との対面に向けて、幽斎に取り成しを依頼していたと考えられる。その後、幽斎は大坂に向かっており、その際、鎌田を同道して、大坂城における秀吉との対面に臨ませたのだろう。当初の会見には、安国寺恵瓊や小早川隆景も同席していた。島津氏と親密な関係にあった毛利氏による仲介を期待して、同席させていたと推定される。

「上井覚兼日記」によると、会見は四度に及んでおり、島津氏の言い分を聞いた上で、秀吉は最終的な国分け案を提示したと考えられる。その案とは、島津氏に薩摩・大隅・日向国+肥後半国、毛利氏に肥前国、大友氏に豊後・筑後国+豊前・肥後各半国、筑前国は豊臣領というものだった。併せて、秀吉は七月までに鎌田が再上洛してこの案に対して返答するよう言い渡し、もし返答がない場合（拒否する場合も含むと考えられる）、七月に必ず出兵すると通告した。この案を携えた鎌田が鹿児島に到着したのは五月二十二日であり、秀吉の最終提案は三月末〜四月初頭と推定される。

一方、ちょうどその頃、大友宗麟は自ら秀吉のもとへ出頭している。宗麟が堺津（大阪府堺市）に着岸したのは三月晦日。秀吉は四月十日、「大友入道が上洛したので、九州国分けについて決定した」と記しており（「吉川家文書」）、宗麟と秀吉の対面は四月初頭と考えられる。宗麟自身の出頭は明確な服属の意思表示であり、停戦命令に対しては勅命なので従うとしつつ、戦闘の完全な停止を確約しなかった島津氏との差は歴然としていた。

「上井覚兼日記」に記された国分け案と四月十日時点の国分け案が同一のものなのか定かではないが、四月十日付けで毛利輝元に宛てた秀吉朱印状には、戦闘の準備に関する事項が多く含まれる上、「大友氏とよく話し合うこと」という条目を設けており（「毛利家文書」）、鎌田に提示した国分け案では、島津氏が拒否すると予測していたことを窺わせる。右記の国分け案は島津氏の実効支配地域を大きく削減する内容となっていた。一方、大友氏にとっては島津氏に侵蝕された地域も取り返すことができる内容だった。これ以前から、秀吉は島津氏の勢力削減を狙っていたが、宗麟自身の出頭が島津氏冷遇と大友氏優遇を決定づけたのである。

しかし、このような方針は、島津氏と親密で、大友氏と対立関係にあった毛利氏の反発を招く蓋然性が高い。そこで、秀吉は肥前国を毛利氏領とするという餌によって、毛利氏を自陣営に引き留めようとしたのである。鎌田を派遣した直後の正月二十五日付けで、毛利輝元は義久に対して「九州については、諸家が無事に京都（秀吉）のために働くよう助言せよとのことでした」と伝えている（「旧記雑録」附録）。

島津氏への助言を命じた主体は輝元書状に明記されていないが、前年十二月に小早川隆景・吉川元長（元春の嫡男）が大坂に赴いて秀吉と対面していることから、秀吉であることが判明する。秀吉は毛利氏に、島津氏を服属させるための尽力を期待していた。対面の場では、九州国分けに関する話題も出た可能性があり、九州地域における毛利氏領の給付という餌はこの時点で提示されていたのではないか。それゆえに、毛利氏も島津氏との連携による秀吉への対抗ではなく、島津氏の秀吉への平穏な服属を実現させることによって、権益拡大を図る戦略に転じていた。

国分け案で毛利氏領とされた肥前国の多くの部分を支配していた龍造寺氏については、隆景が龍造寺政家《まさいえ》に対して二月二十三日付けで発した書状に「九州については、先の書状でも申し上げたように、停戦について秀吉からのご命令がありましたので、そのことを心得てください」とある（「成富家文書」）。龍造寺氏を幕下にしていた島津氏の頭越しに秀吉への服属を勧めており、龍造寺氏は毛利氏麾下（与力）とされる予定だった。

また、島津氏に従属していた大名・国人衆の離反を防ぐために、人質の提出を要求したところ、秋月氏や龍造寺氏は人質提出に応じたが、三月には筑紫広門《つくしひろかど》の明確な拒否姿勢が明らかになっている。従属していた大名・国人衆にも動揺が見られ、島津氏は危険な状況に陥っていた。

進攻の決定

そのような危険な状況下で、五月二十二日、鎌田政広によって秀吉の国分け案が島津氏に伝えられた。六月二日付けで伊集院忠棟が秋月種実に発した書状には「中国に使僧として真蓮坊を派遣しましたが、帰国が遅れており、不安に思っています」とあり（「島津家文書」）、この時点においても、島津氏は毛利氏との連携に望みを抱いていた。

真蓮坊の派遣については、前年の十二月十三日付け輝元宛て義久書状案（「島津家文書」）に「このたび、豊前・筑前へ諸勢を渡海させるご準備をされているのでしょうか。大友氏と島津氏との戦争については、先年に京都（信長）のご斡旋によって和睦し、現在も継続しております。しかし、大友氏は毛利勢に従わず、籠城することは必定です。万一、混乱状況になると、想定外の事態が起こるのではないでしょうか。そこで、春に柳沢殿が上使としてご下向されました。（こちらからも）そのお礼として、かつ、じっくりと話し合うために、真連（蓮）坊を派遣します」とある。

この時点では、秀吉からの停戦命令をすでに受け取っていたと考えられるが、島津氏は大友氏との講和を守っており、停戦命令違反によって討伐されるのは大友氏であるという認識を示唆している。しかし、このような認識は建前にすぎず、万一、島津氏が秀吉によって討伐される対象となった際の支援の確約を得るために真蓮坊は派遣されたのではなかろうか。

一方で、秀吉は四月十日付け朱印覚において、㋐豊前・肥前国人領主層から人質を徴収しなさい、㋑門司《もじ》・麻生・宗像・山鹿《やまが》の各城へ兵や兵粮を入れなさい、㋒「筑前国への検使は安国寺と黒田官兵衛に命じました」と指示している（「毛利家文書」）。㋐は肥前国に加えて豊前国も毛利氏領とする計画があったことを窺わせ、毛利氏の要求によって、鎌田に伝えられた案が変更された可能性がある。

また、㋑からは、門司氏のほか、麻生氏（花尾・山鹿の両家）と宗像氏が毛利氏を通じて豊臣政権に服属姿勢を示していたことが判明し、麻生氏と宗像氏の所領がある筑前国の扱いについては豊臣領で確定していたのか疑問も残る。筑前国の検使を予定されていたのが、秀吉の家臣黒田と毛利氏の外交僧（秀吉の外交僧も務める）恵瓊であることから（㋒）、筑前国の一部を毛利氏領とする案もあったと考えられる。

さらに五月になると、恵瓊は「隆景様を、九州に置くべきであるとのお考えです」「輝元様がご納得されれば、豊前・筑前・筑後・肥後国を給付します。（その代わりに）備中・伯耆・備後国は収公するとのことです」と記しており（「不動院文書」）、秀吉は新たな国分け案を提示している。毛利氏領国のうち、備中・伯耆・備後を収公して、豊前・筑前・筑後・肥後を与えること、九州には隆景を置くという内容であるが、毛利氏が早い段階で支配地域に包摂した備後国を含むことから、毛利氏の拒否反応は強かったと考えられる。そこで、秀吉は六月、伊予国以外の毛利氏領国の収公を断念して、「筑前・筑後国については、毛利氏へ給付し、隆景を置くべきです」（「吉見家文書」）との新提案を行った。

このような秀吉と毛利氏との九州国分けをめぐる二転三転ぶりを島津氏がどの程度把握していたかは定かでないが、先に見たように、島津氏は毛利氏領国へ真蓮坊を派遣しており、ある程度の情報は得ていたのではないか。つまり、国分け案が示されたあとにおいても、これまでの毛利・大友間の熾烈な対立関係に加え、秋月・高橋・宗像・麻生・長野・原田といった毛利・大友戦争時に毛利方だった国人衆が所領を有する筑前・豊前国における権益を獲得できない秀吉国分け案に不満を持った毛利氏が、大友氏も含む全面停戦案を呑まないと予想していた可能性を指摘できる。

加えて、島津氏が筑紫広門の離反を放置した場合、筑前・筑後・肥前・肥後国人衆のさらなる離反が予想された。実際に、四月初め頃には、肥後の隈部氏に離反の動きが見られており、秀吉国分け案で認められた肥後半国さえも確保できない恐れもあった。逆に、入田宗和《にゅうたむねかず》・志賀一族など豊後国南郡衆への内通工作は順調に進んでおり、大友氏領国への進攻は成功する確率が高かった。

これらの情勢を踏まえ、六月七日、島津氏諸将による談合が再び行われた。この場で義珍は、豊後への進攻について「島津勢の軍事行動が遅延しており、けしからぬことです」として(「上井覚兼日記」)、進攻を強く主張し、結局、「神慮」と称して大友氏領国へ進攻することが決定された。この決定の背景には、この時点において、徳川家康が秀吉への服従を拒否していたこともあったと考えられる。

前年十月に家康が秀吉への人質提出を拒否して、秀吉との対決姿勢を明確にした結果、家康の重臣石川数正や家康に臣従していた信濃の小笠原貞慶《さだよし》が出奔するなど、徳川氏家中は混乱に陥ったため、秀吉は家康征討を宣言し、出兵予定時期は天正十四年正月とされていた。結局、この出兵は延期され、正月末には、織田信雄の仲裁によって中止となったが、五月に秀吉が妹旭《あさひ》を家康のもとへ送ったにもかかわらず、未だ家康は服従姿勢を見せていなかった、それゆえに、島津氏が停戦命令に従わなかったとしても、豊臣勢の九州出兵はないと予想していたのである。

変更された進攻計画

六月七日の談合においては、義久が日向口、義珍が肥後口という二つのルートから進攻すること、義久の出陣は七月とすることが決定されていたが、「上井覚兼日記」によると、六月半ば頃に中国（毛利氏領国）から帰国した善哉坊の報告を踏まえ、再度神慮を伺った結果、当面は肥後口から筑後・筑前方面へ進攻するという一つのルートに変更された。島津勢の豊後への進攻を待っていた入田宗和に対する弁明には、島津氏から離反した筑紫氏を放置して出兵することはできないと龍造寺氏や秋月氏が主張したため、筑紫氏討伐を優先するとあるが、善哉坊の帰国が変更の契機となった点に着目すべきである。つまり、毛利氏の動向あるいは毛利氏から得た情報が大友氏の本拠豊後国への進攻を思いとどまらせたと考えられる。

善哉坊の報告内容は定かでないが、善哉坊の帰国直後期における同時代史料から推定してみたい。六月十六日付けで島津家久が入田宗和に発した書状には「宗麟が下向したと聞きました。間違いなく羽柴殿と親密になったようですので、以前より隠密に（離反計画を）進めなければならないところ、志賀氏の島津氏への忠誠心は深く、頼もしく思います。以前に京都へ使者を派遣したところ、羽柴殿から仰られたことがありましたので、談合している最中です」とある（「旧記雑録」）。善哉坊はちょうどその頃帰国しており、秀吉が事実上、大友氏を優遇する方針をとったという情報は善哉坊がもたらした可能性を指摘できる。

　いずれにせよ、大友氏の本拠へ進攻することは、秀吉との直接対決に繋がる蓋然性が高いことを悟った島津氏は、日向口からの進攻を見合わせ、島津氏領国内の内乱を鎮圧するという大義名分が立つ筑紫氏討伐に絞り込んだのではないか。内乱の鎮圧であれば、国郡境目相論には該当しないので、秀吉からの命令に違反したことにならないとの主張が可能と考えた。

　また、七月付け輝元宛て義久書状案には「お問い合わせの通り、このたび大坂（秀吉）に対してずっと無沙汰していた事情を、使者によって言上しました。すると、関白殿はご会談に応じられ、その上、島津氏に対して親しく接するというご意向をお聞きして、（使者は）無事に帰国しました。表向きも実際にもこれ以上のことはありません。より一層の島津氏と毛利氏との連携については、今後も変わることはありません」とある（「島津家文書」）。

　毛利氏にも秀吉の九州国分け案は伝わっていたが、あえて知らぬ体で島津氏に問い合わせ、島津氏も秀吉との親密さを強調しつつ、毛利氏との連携を重視している姿勢を示した。この書状案から、この時点においては毛利氏と島津氏との連携関係は維持されていたことが判明する。つまり、秀吉との直接対決にならない戦略であれば、毛利氏は島津氏との関係を維持するとの方針が示唆されていたのではないか。

　一方、七月十四日付けで輝元が家臣大多和《おおたわ》就重《なりしげ》へ宛てた書状には、島津勢が筑紫氏を降伏させたことを伝え、赤間関《あかまぜき》（山口県下関市）への兵の集結を指示すると共に「薩摩へ派遣した日向入道露月もまだこちらへ上ってきません。島津氏と毛利氏との協定はまだ調っていないので、とりあえず関門海峡の用心のためです。また、島津氏がこちらへ戦争を仕掛けてきたとは聞いていません」とある（『萩藩閥閲録』）。島津氏と毛利氏は連携関係を維持すべく交渉を続けていた。

ところが、豊前門司城（福岡県北九州市門司区）に在番していた毛利氏の家臣仁保隆慰《にほたかやす》は八月一日付けで「このたび島津勢が門司城に攻めてきた場合、討死覚悟で奉公いたします」と記しており（『萩藩閥閲録』）、島津勢が毛利氏領へ進攻してくる可能性を認識している。ただし、この時点においても、毛利氏には島津氏を積極的に攻撃する姿勢は見られない。

しかし、島津勢の門司進攻こそなかったものの、秀吉からの出兵の催促に対してサボタージュすることは難しく、その上、島津勢の筑前国への進攻は同国を支配下に入れることを目論む毛利氏にとって容認できるものではなかったため、八月半ば、毛利氏は九州への出兵を決意するに至った。

豊後進攻

毛利勢との衝突を避ける意図があったのか、毛利氏が九州出兵を決意した頃、島津勢は筑前立花山《たちばなやま》城（福岡県新宮町、久山町、福岡市）の攻略を断念して、撤兵している。島津勢の撤兵により、若杉《わかすぎ》（高鳥居《たかとりい》）城（同須恵町）に残された筑後国人星野氏は壊滅に追い込まれ、原田氏や龍造寺氏には離反の動きが見られるなど、島津方不利な情勢に転じつつあったが、島津氏の認識は異なっていた。

毛利勢の関門海峡からの渡海のほか、四国衆が日向方面へ渡海してくる情報も得ていたが（実際には、九月末に豊後国南部に着岸）、筑後・肥後北部方面においては、三池《みいけ》・小代《しょうだい》・大津山《おおつやま》・蒲池《かまち》・高良山《こうらさん》などから人質を徴収しているので、この方面は容易に突破できないと考え、豊後国への進攻に方針転換したのである。この戦略が成功すると考えた根拠は定かでないが、家康が未だに秀吉への服従を明確にしていないため、豊臣勢の主力は進攻してこないと予想したこと、毛利氏の戦闘意欲は高くないと考えたことなどが推定される。

それでも不安があったのか、諸将による談合を繰り返したあと、再び神慮によって豊後国への進攻が決まった。一方、義久は九月二十七日付けで秀吉に対して「ご命じになった条々については、すぐに言い訳をしようと思っていたのですが、夏から肥筑境界の凶徒（筑紫氏）が妨害したために、今まで遅滞してしまい、本意ではありません」と弁解した（「旧記雑録」）。同日付けの秀吉の弟秀長への書状案には「肥筑方面の謀叛に対して鎮圧していたので、（ご返答が）今まで遅延しましたが、関白様のご下知に従い、他国へはこれまで進攻していません」とあり（「島津家文書」）、筑前・肥前方面への出兵は領国内の内乱鎮圧のためであると主張している。

さらに、同日付けで義久は石田三成に対する書状案も認めた。そこには「（私は）若輩者ですので、何事についてもご指南いただきますようお頼みいたします。さて、七月頃の筑前国境界付近における戦闘については、特別の事情があったわけではありません。次第次第に裏切り者が増長したことによって、京都（秀吉）への忠勤に励むため、かつ、領内の悪党を懲らしめるために出兵して、おおよそ鎮圧しました。京都や隣国を疎略にする考えは全くありません。四国・中国衆が兵を率いてこちらに来るという噂が広まっていますが、全く納得できません。ぜひとも、善悪を糾明していただきますよう希望します」とある（「島津家文書」）。筑紫氏討伐が領国内の問題であるとした上で、隣国への侵略の意図を否定したのであるが、実際には豊後国への進攻を決定していた。

そのような矛盾した行動が許容されると思っていたのか、領国内の問題に介入して兵を派遣しようとしている秀吉に対して島津氏の正当性を明らかにしておくためのものなのか、その狙いを明らかにすることは難しい。仮に、前者だとすると、入田・志賀らの内通によって豊後国南部は島津氏領国になったと見なして、その安定化を図るために出兵するとの理屈で、隣国への侵略ではないと主張するつもりだったのかもしれない。

いずれにせよ、義久自身も十月十八日には出陣して、大友氏との戦闘に突入していった。毛利勢や四国衆の渡海にもかかわらず、島津氏には勝算があったのだろうか。

筑前・豊前方面への進攻を避けて、毛利氏の仇敵大友氏のみと戦った場合、毛利氏が大友氏を積極的に支援することはない。四国衆のうち、長宗我部氏は八月半ば頃、島津氏に対して大船一艘を進上している。秀吉の命令に従って渡海してきたものの、島津氏との潜在的友好関係は維持されており、戦闘意欲は低い。家康の上洛も未だ実現しておらず、秀吉の出陣は不可能である。このような想定に基づくと、大友氏領国の占領は十分に可能であり、既成事実を作ったのち、秀吉から示された国分け案よりも有利な条件で講和に持ち込むことができると考えていたのではなかろうか。

ところが、上洛した家康が十月二十七日、秀吉に拝謁して服従姿勢を明らかにしたことによって、島津氏の戦略は破綻していった。

開戦後の折衝

渡海した毛利勢は、黒田孝孝らと共に筑前・豊前の島津方勢力と交戦に入った。ところが、十一月二十日付け吉川元春（十五日に死歿していた）・元長宛て秀吉書状写（「吉川家文書」）には「皆へ今年中に出陣するつもりであると伝えたところ、春まで延期すべきであると、安国寺恵瓊・渡辺長《はじめ》（毛利氏家臣）・黒田孝高を通じて言ってきました。その意見に従い、今年は出陣しないことにしたため、不安に思い、来年はそちらへ知らせることなく早々に出陣するので、そのように心得られることが当然です」とある。

なぜ、吉川元春・元長父子は秀吉の出陣を止めたのか。秀吉の出陣前に島津氏を降伏させるという戦功を狙ったとも考えられるが、同じ頃、足利義昭が島津氏に対して講和を勧めている点に着目したい。

十一月十八日付け義珍宛て書状には「豊前国へ毛利勢が進攻しましたので、格別に話し合うように、義久へ意見することが非常に大切です」とある（「島津家文書」）。さらに、十二月四日には義久や義珍らに宛て「このたび秀吉と戦争になったこと、不安に思っています。そこで、和睦についてぜひともとも斡旋したいと思います」という書状を発すると共に（「島津家文書」）、家臣一色昭秀《いっしきあきひで》を使者として下向させている。義昭は未だ毛利氏領国にとどまっており、義昭の斡旋工作は毛利氏も知っていた蓋然性が高い。つまり、義昭の斡旋によって、秀吉と島津氏の講和が成立することを毛利氏は期待しており、工作が進行している最中に、秀吉と島津氏が直接衝突しないように、秀吉の出陣を止めようとしたのではなかろうか。

義昭の動きに呼応して島津氏も講和を模索し、義久は正月十九日付けで羽柴秀長と石田三成に宛てた書状を認めた（「旧記雑録」）。ほぼ同文であるが、三成宛ての書状案を引用する。

大友家が長年のはかりごとだといって、他国を引き連れて（島津氏領国へ）攻めかかることが紛れもなくはっきりしましたので、分国の者が尽力して日向と豊後の国境まで出陣し、防衛のために兵を進攻させたところ、千石殿（仙石秀久《せんごくひでひさ》）・長宗我部殿が大友義統に合流するという情報を得ました。このたびの下向は関白殿のご命令ということですが、島津家から大坂（秀吉）に対して少しも逆意を抱いていないのに、どうしてご遺恨をお持ちになったのでしょうか。出兵を取り止めることが非常に大切だと、仙石・長宗我部の両者へ先立って通知したのですが、全く承諾しないで押し寄せてきました。（そこで）反論することなく、一戦を交え、勝利しました。その上、大友勢は敗北して混乱したので、仙石・長宗我部の軍勢と区別することなく、数千騎を討ち捕りました。思いがけないことになり、今となっては仕方がないことです。しかし、疎遠にする気持ちはありませんので、府内（大分市）において京都や四国の軍勢が（撤退に）苦労していた際に、弟の中務少輔（家久）が大船三・四艘程度を調達したので、出船することができました。それは広く知られているのではないでしょうか。あなた方が深くお考えくださって、適切にお取り成しいただきますことを切望いたします。

大友氏領国への進攻について、大友氏が戦争を仕掛けようとしたので、防衛のために出兵したとして正当化し、四国衆との交戦も、秀吉に逆らうつもりはないという弁明を無視して攻撃してきたので、やむを得ず応戦したとする。その上、撤退に難渋していた四国衆などには船を提供したことが忠誠の証であるとして、秀長や三成に秀吉への取り成しを依頼したのである。

さらに、二月二十六日付け義珍宛て義昭書状には「和平について申し入れたところ、言ってきた考えは何はさておき殊勝なことなので、秀長の考えのままを詳細に言い聞かせて、一色昭秀を下向させました」とあり（「島津家文書」）、義昭ルートも用いて島津氏は講和を模索していたと考えられる。

しかし、義久書状にもあったように、大友氏の救援に駆けつけた四国衆がいわゆる戸次川《へつぎがわ》合戦において大敗し、大友義統が府内を捨てて豊前龍王城《りゅうおう》（大分県宇佐市）まで逃れるという状況になっていたため、秀吉にとって島津氏との妥協は選択肢から外れていた。停戦命令を無視した島津氏との安易な妥協は秀吉の権威を低下させ、秀吉に服従した諸大名の統制さえも揺らぐ恐れがあったためである。

秀吉の渡海と島津氏の降伏

天正十五年（一五八七）二月に先行して羽柴秀長を出陣させたあと、秀吉は三月一日に出陣して三月末には九州へ上陸したが、武力で島津氏を殲滅することに決していたわけではなかった。秀吉と島津氏との講和を斡旋するため、三月十二日に府内まで下向した高野山木食上人《もくじきしょうにん》（応其《おうご》）と一色昭秀は「京都から」あるいは「上使」と認識されており、秀吉の意を受けた使者だった。

しかし、義久はこの斡旋を拒否した。一方で、島津勢はちょうどこの頃から退却を開始している。占領地域での戦闘は万一大敗した場合の撤退に不利であること、兵力の分散を避けようとしたことが背景にあったと推定される。また、前年十二月四日付けの義昭御内書を義久は三月五日に受領し、四月三日に返書を認めた。その内容は、講和の斡旋について感謝し、義昭の命令に従うとしたものであるが、秀吉に降伏することは明記されていない（「旧記雑録」）。豊臣勢を拡大前の島津氏領国に誘い込み、一矢報いたのち、より有利な条件で講和に持ち込もうと考えていた可能性を指摘できる。

しかし、島津勢は四月十七日、日向国根白坂《ねじろざか》（宮崎県木城町）において秀長の率いる大軍に敗れた。これ以上の抵抗は家の滅亡に繋がることを悟った義久は、秀長に対して降伏を申し入れた。五月八日付け桑山重晴《くわやましげはる》（秀長重臣）書状に「義久の関白様（秀吉）への出仕については決着しました。鹿児島の引き渡しについて、（義久から）伊集院忠棟の請状によって言上されたところ、秀吉様は一段とご機嫌がよく、赦免することにした以上は、鹿児島を請け取るはずもないと仰られました」とあり（「旧記雑録」）、島津氏の秀吉への服従と島津氏の赦免が決まった。

同日、義久は薩摩国川内《せんだい》（鹿児島県薩摩川内市）まで進攻してきていた秀吉の前に忠棟と共に剃髪して赴き、降伏を申し出た。翌日、秀吉は義久に対して「九州国分けについて去年決定したところ、命令に違反して秩序を乱す行為をしたため、誅伐するためにこのたび関白殿が薩摩国まで出兵して、すっかり討ち果される目前に、義久が一命を捨てて出頭してきたので、ご赦免されました。そこで、薩摩国一国を宛行います」という書状を発した（「島津家文書」）。

一方、義珍は病気を理由に秀吉のもとへ当分の間伺候《しこう》しなかったが、桑山重晴らの説得によって五月下旬には服従姿勢を示し、大隅国（肝付《きもつき》郡は伊集院忠棟）を宛行われた上、嫡男久保《ひさやす》は日向国において所領を宛行われた。さらに、家久は所領を返上して上方《かみがた》において秀長へ仕えたいと申し出たが、その心懸けを殊勝とされて、結局、日向国佐土原《さどわら》領を安堵された（ただし、六月五日に急死し、嫡男豊《とよ》久《ひさ》が継承）。

このようにして、島津氏は秀吉の停戦命令に明確に違反したにもかかわらず、改易を免れた上で、当初の国分け案からの減封も最小限度にとどまった。このような処分の背景として、「唐入り」に向けて勇猛な島津勢を先兵として活用することに加えて、一連の戦闘を通じて島津勢の手強さを認識した秀吉が、味方の被害を恐れて徹底的な殲滅を避けたこと、進攻軍の主力だった毛利氏が島津氏に同情的だったことを挙げられる。

一方で、義久・義珍・家久といった兄弟を個別に処遇することによって、島津家の結束を乱そうという意図も感じられ、このような処遇は関ヶ原合戦における島津氏の動向にも影響を与えたのである。

【主要参考文献】

尾下成敏「九州停戦命令をめぐる政治過程」(『史林』九三巻一号、二〇一〇年)
津野倫明「戸次川の戦いと長宗我部氏の命運」(『日本歴史』八六五号、二〇二〇年)
中野　等「羽柴・徳川「冷戦」期における西国の政治状況」(藤田達生編『小牧・長久手の戦いの構造　戦場論上』岩田書院、二〇〇六年)
新名一仁『島津四兄弟の九州統一戦』(星海社新書、二〇一七年)
平井上総『長宗我部元親・盛親――四国一篇に切随へ、恣に威勢を振ふ』(ミネルヴァ書房、二〇一六年)
藤田達生『天下統一――信長と秀吉が成し遂げた「革命」』(中公新書、二〇一四年)
山本浩樹『西国の戦国合戦』(戦争の日本史12、吉川弘文館、二〇〇七年)
山本博文『島津義弘の賭け』(中公文庫、二〇〇一年)

第八章　毛利輝元と羽柴秀吉

――中国国分の様相をめぐって

渡邊大門

羽柴（豊臣）秀吉の登場

本章で取り上げるのは、天正十年（一五八二）六月の本能寺の変で織田信長が横死して以後、羽柴（豊臣）秀吉と毛利輝元《てるもと》の間で行われた領土画定をめぐる問題である。本論に入る前に、天正五年に始まる秀吉の中国計略の経過などを確認することにしよう。

当初、信長と輝元との関係は悪くなかったが、天正元年（元亀四年・一五七三）四月に信長と足利《あしかが》義昭《よしあき》の関係が破綻すると、状況は一変した。室町幕府は事実上滅亡したものの、義昭は京都を脱出して信長に抵抗を続けた。そして、天正四年二月、義昭は流浪の果てに毛利氏を頼り、備後国鞆《とも》（広島県福山市）に押しかけた。当初は困惑気味だった毛利氏であるが、結局、腹をくくって義昭を受け入れることにした。義昭は毛利氏の支援を得て、各地の大名に「打倒信長」の檄を飛ばした。これによって、信長と輝元の関係は完全に破綻したのである。

とはいえ、信長は各地で敵対する諸大名や大坂本願寺などと激しい戦いを繰り広げており、すぐに中国計略を開始できなかった。ようやく、秀吉に信長から中国計略の命が下されたのは、天正五年十月のことである（『信長公記』）。信長の期待を一身に背負った秀吉は、軍勢を率いて出陣し、最初は播磨・但馬方面を中心に戦いを展開した。その主たる相手は、毛利氏とその配下にあった宇喜多《うきた》氏である。以下、中国方面における、秀吉の戦いを概観しておこう。

天正五年十二月、秀吉は配下の小寺《こでら》氏らの活躍もあり、毛利方の播磨上月城《こうづきじょう》（兵庫県佐用町）を落とすことに成功した。上月城は播磨に接した美作との国境付近にあり、地理的にも重要な地点だった。秀吉は上月城に尼子勝久《あまごかつひさ》とその家臣山中鹿介《やまなかしかのすけ》（幸盛）を入れ置いたが、毛利氏は即座に反撃を開始し、翌天正六年四月には上月城を攻囲した。その二ヵ月前には、播磨三木《みき》城（兵庫県三木市）の城主別所《べっしょ》氏が信長を裏切ったので、秀吉は窮地に立たされた。結果的に秀吉は上月城を見殺しにして窮地を凌ぎ、残された尼子勝久や山中鹿介は降参する憂き目に遭ったのである。

一方、秀吉は三木城主別所長治《ながはる》に対して、二年にわたる兵粮攻めの末、天正八年正月に降参させた。同年五月には、毛利方の宇野氏が籠もる播磨長水山《ちょうずいさん》城（兵庫県宍粟市）も落とすことに成功する。勢いを得た秀吉は但馬方面へ進出し、さらに因幡国へと軍を進めた。吉川経家《きっかわつねいえ》が籠もる鳥取《とっとり》城（鳥取市）を落としたのは、天正九年十月のことである。その間の天正七年には毛利方に味方していた宇喜多直家《なおいえ》が離反するなどし、秀吉は優位に戦いを進めたのである。

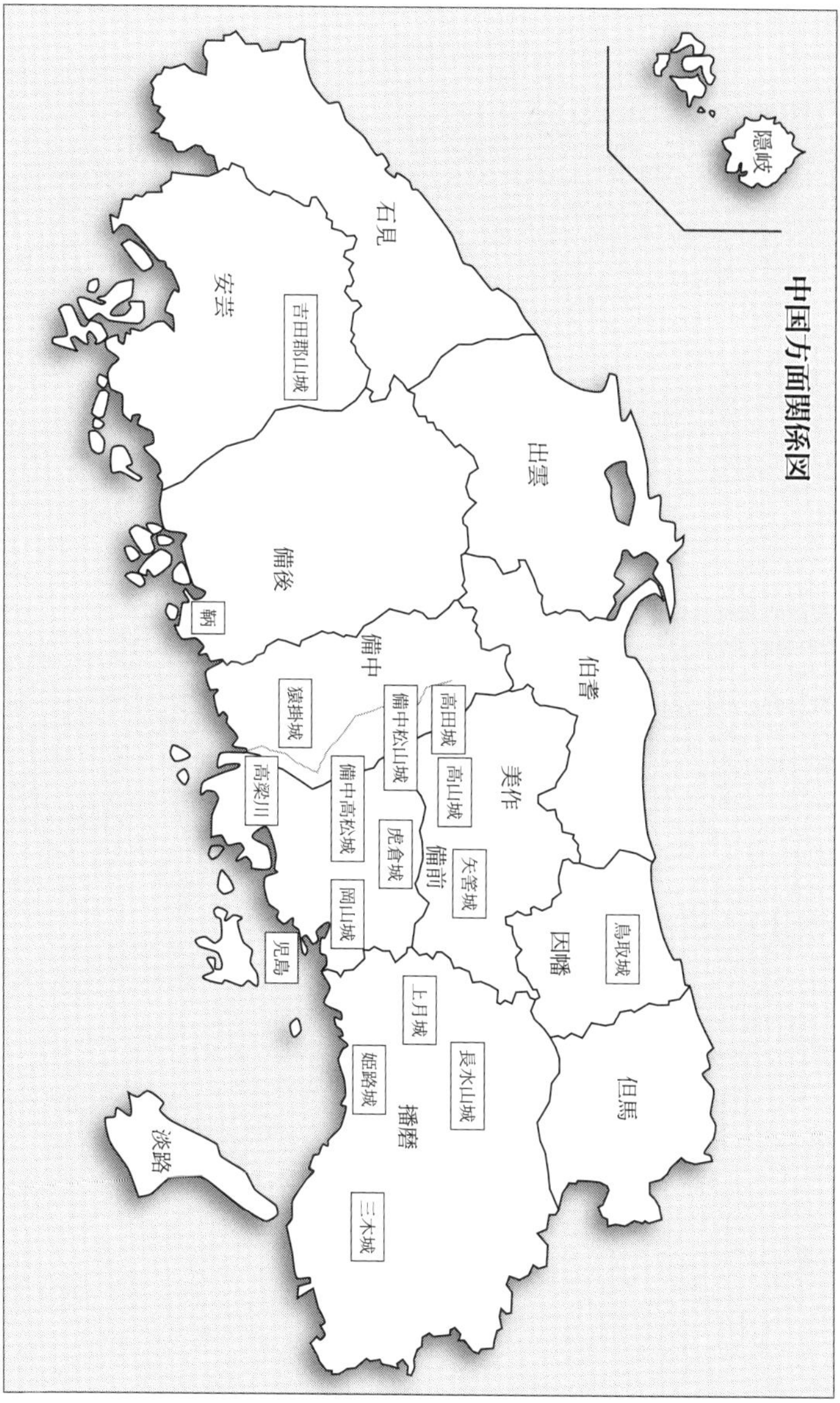
隠岐
石見
安芸
吉田郡山城
出雲
備後
鞆
備中
伯耆
猿掛城
備中松山城
高田城
高梁川
備中高松城
高山城
美作
虎倉城
備前
矢筈城
岡山城
児島
因幡
鳥取城
上月城
姫路城
長水山城
播磨
但馬
淡路
三木城
中国方面関係図

天正十年三月十五日、秀吉は宇喜多氏が率いる備前・美作の軍勢、そして自らが平定した播磨・但馬・因幡の軍勢を率いて備中国へ向かった。秀吉が攻囲した備中高松《たかまつ》城は、現在の岡山市北区高松に所在した平城《ひらじろ》である。もともと同城の城主は備中国守護細川氏の守護代石川氏だったが、石川氏が毛利氏に滅ぼされたあとは清水宗治《しみずむねはる》が城主となった。秀吉は備中高松城を水攻めにし、同年五月にはあと一歩で落城させるところまで追い詰めたのである。

本能寺の変と毛利氏との和睦

秀吉は有利に戦いを進めていたが、天正十年（一五八二）六月二日の未明に織田信長が明智光秀によって討たれた（本能寺の変）。信長は同年五月二十九日にわずかな手勢を率いて近江安土城（滋賀県近江八幡市）を出発し、六月一日に京都四条にある本能寺に入っていた。少しの軍勢しか連れていなかったのだから、信長は光秀が謀反を起こすなど、夢にも思わなかったに違いない。

信長が自刃したとの一報は、本能寺の変の翌日、六月三日の夜になって、備中高松城に在陣する秀吉のもとにもたらされたという。その事実が書かれているのは、天正十八年五月二十日付けの秀吉書状である（「浅野家文書」）。この書状は、同年の小田原合戦時に書かれたもので、かつての秀吉自身の軍功を懐古した内容が含まれている。本能寺の変の一報が秀吉のもとにもたらされたことを示す信頼できる史料はほかになく、おおむね六月二日の夜から翌三日にかけて伝わったと見るのが妥当なのかもしれない。

その後、秀吉が「中国大返し」をしたことから明らかなように、ただちに信長の弔い合戦を決意した。しかし、この時点で秀吉は備中高松城を完全に落としたものの、毛利氏を屈服させるのか、それとも和睦を結ぶなどの措置をしていなかった。秀吉がいきなり東上すれば、毛利氏が追撃するのは明らかだった。したがって、秀吉は毛利氏を攻め滅ぼすか、あるいは和睦をする必要があった。改めて、先の秀吉の朱印状（「浅野家文書」）によって、毛利氏との和睦に至る経緯を確認しておこう。

六月二日に信長が切腹したとの情報が、翌三日の夜に秀吉にもたらされたことに続けて、清水宗治から「水攻めで死ぬのは無念なので、秀吉の前で切腹をしたい」と申し出があったという。秀吉は二日に信長が腹を切ったこともあり、宗治の申し出を受けることにした。しかし、秀吉は宗治の切腹について、敵味方の将兵による同意が必要であると考え、六月六日まで宗治のもとに船を遣わせなかった。

その時、毛利方から、五ヵ国および備中高松城を秀吉に差し出すことを条件として、和睦を乞うてきた。そこで、秀吉は備中高松城に船を遣わし、宗治に切腹をさせたのである。これにより、秀吉は毛利方を許し、明智征伐のために東上したという。秀吉の朱印状を見る限り、毛利氏と和睦を結んだのではなく、一方的な勝利として描かれている点に注意すべきだろう（五ヵ国を差し出すのは、毛利方からの申し出）。また、毛利方が差し出した五ヵ国の内訳については、特に記されていない。果たして、本能寺の変から八年後に書かれた秀吉の朱印状は、どう考えるべきなのだろうか。

秀吉の朱印状は、天正十八年五月二十日のものであり、本能寺の変から約八年もの時間が経過している。しかも、北条氏征伐の意気込みが強いせいか、文章には全体的に自身の軍功を誇張した表現が見られる。それは当時、秀吉が絶頂期にあり、自信に満ち溢れていたからだろう。何よりも決定的なのは、秀吉が備中高松城を発ったのは天正十年六月四日のことと一次史料に書かれているので（「梅林寺文書」）、六日まで備中高松城にいたというのは明らかな誤りである。つまり、記憶違いもあるので、秀吉の朱印状を全面的に信頼するのは、実に危険であると指摘できよう。

「金井文書」などの記述内容

天正十年（一五八二）十月十八日、秀吉は、織田信孝《のぶたか》（信長の三男）の家臣岡本良勝《おかもとよしかつ》と斎藤利堯《としたか》に書状を送った（「金井文書」）。この書状は、信長死後の六月二十七日に清須《きよす》会議が催され、秀吉と信孝の確執が表面化した頃のものである。大変な長文なので、以下、備中高松城の水攻めから、秀吉と毛利氏の和睦に至る経緯に限り確認することにしよう。

備中高松城の落城寸前に、清水宗治が切腹したい旨を申し出たところ、秀吉はそれを許さなかった。六月二日に信長が本能寺で自害すると、六月四日にその情報が秀吉のもとに届いた。秀吉は殉死こそしなかったものの、毛利氏を切り崩して首を刎ねれば、明智征伐もたやすいことだと考え、ついに城主の宗治だけでなく、城兵の首をことごとく刎ねた。宗治の切腹が和睦条件ではなく、城兵ともども首を刎ねたことになっている。

その後、秀吉は毛利方に攻め込もうとしたところ、毛利氏から、①五ヵ国を差し出すこと、②人質二人（小早川元総《もとふさ》〔のちの毛利秀包《ひでかね》〕と吉川経言《つねとき》〔のちの吉川広家《ひろいえ》〕）を差し出すことを条件として、和睦を求めてきた。秀吉は許さないと思ったが、明智討伐が先だと考え直し、毛利氏から血判（誓書）と人質二人を受け取ると、六月七日に一夜にして姫路《ひめじ》（兵庫県姫路市）までたどり着いたという。先述の通り、七日に一夜で姫路に到着したというのは、秀吉の誇張によるもので誤りである。

「金井文書」には宗治の切腹の話がなく、逆に毛利氏から血判誓書と人質二人を取ったことが記されている。五ヵ国の具体的な国名が記されていないのは、共通した点である。いずれにしても、秀吉が敵対する信孝を追い込もうとし、自身の過去の戦歴を誇示しているのは明らかなので、「金井文書」は一次史料ではあるが、先の「浅野家文書」の秀吉朱印状と同じく内容に信が置けない。

もう少し別の史料を確認しよう。二次史料であるが、天正十年十月頃に成立した『惟任謀反記』（『惟任《これとう》退治記』ともいう）がある。同書は秀吉の御伽衆《おとぎしゅう》だった大村由己《おおむらゆうこ》の手になるもので、『天正記』のうちの一つである。

『惟任謀反記』によると、秀吉のもとに「信長死す」の一報が届いたのは、六月三日の夜半だったと記す。その後、備中高松城の大将五、六人が切腹し、残った城兵の助命を条件に降参した。毛利氏からは、①五ヵ国（備中・備後・伯耆・出雲・石見）を秀吉に差し出すこと、②誓書を捧げること、③人質を秀吉に送ること、という条件で和睦を求めてきた。当初、秀吉は毛利氏を攻め滅ぼそうとしたが、明智征伐が先だと考え直し、和睦を受け入れたという。

『十六・七世紀イエズス会日本報告集』（一五八四年一月二日。和暦の天正十一年十一月二十日）によると、秀吉は備中高松城で結んだ和睦の条件として、毛利方領国の九ヵ国中の五ヵ国を割譲されることになっていたが、未だに履行されないので怒っていたという。そして、もし約束が履行されなければ、戦争を辞さない覚悟を示している。

なお、『池田氏家譜集成』には、五ヵ国ではなく備中・備後・伯耆の三ヵ国を献じることにより、毛利氏から和睦を乞うてきたと記している。この史料を見る限り、毛利氏からの申し出によって、秀吉が和睦を即決したかのような印象を受ける。

このほか、二次史料の類いを挙げるとキリがないが、秀吉側の一次史料、二次史料を検討すると、毛利氏が①五ヵ国を秀吉に差し出すこと、②誓書を捧げること、③人質を秀吉に送ること、の三つが和睦の条件であり、あくまで毛利氏の懇望によるものとされている。

毛利方の史料

ここまで秀吉側の史料を見てきたが、毛利方の史料では秀吉との和睦の過程について、どのように書かれているのだろうか。

まず、後世に成った『江系譜』の内容を確認しておこう。『江系譜』によると、信長の死の一報が毛利氏の陣営にもたらされたのは、六月三日の昼だったという。その際、重要な条件だったのは、清水宗治の切腹である。宗治が切腹したことで、毛利氏と秀吉の和睦が成就したと記している。毛利氏が差し出したのは、因幡・美作の両国、そして伯耆半国、備中半国だった。

そして、秀吉が毛利輝元、小早川隆景《こばやかわたかかげ》、吉川元春《きっかわもとはる》の三人に起請文を差し出したことにより、両者の和睦が締結したと記す。毛利氏が誓書を差し出したこと、人質を送ったことは書かれていない。なお、秀吉が三人に差し出した起請文は『江系譜』に記載されているが、原本が残っていない。重要な史料が残っていないのであるから、本当に秀吉が差し出したのか疑問が残る。『江系譜』は、あくまで毛利方の史料なので、そのまま内容を素直に信じるわけにはいかないだろう。

『毛利家日記』にも、両者の和睦の状況が書かれている。備中高松城がなかなか落ちなかったので、秀吉は安国寺恵瓊《あんこくじえけい》を呼び出し、和睦について相談した。和睦の条件は、①伯耆八橋《やばせ》川以西、備中河辺《かわべ》川以西を毛利氏が支配すること、②清水宗治の切腹、の二点を条件として、秀吉が持ちかけたと記されている。しかし、毛利氏は宗治の切腹に難色を示した。秀吉は近国の武将がことごとく秀吉の陣営に属したことを告げ、改めて毛利方に和睦を迫った。

そこで、恵瓊は宗治を説得し、切腹させた上で、両者は誓書を取り交わした。その直後、秀吉は軍勢を引き上げたと書かれている。しかし、これは秀吉の作戦で、六月二日に信長が自害した一報が翌三日の夜に届いていたものの、その事実を隠したままで毛利氏と和睦をしたというのである。毛利氏は、信長の死を知らなかったので、そのまま和睦に応じたのだ。こちらも毛利方の史料の記述だけに、信憑性には疑問が残る。

以上の記述は二次史料のものであるが、本能寺の変後に輝元の発給した文書には、興味深いことが書かれている。以下、確認することにしよう（以下、天正十年に比定される文書）。

六月四日、輝元は村上元吉《もとよし》に書状を送り、「秀吉が和睦を申し入れたので同意した」と伝えた（「村上文書」）。六月十日、輝元は福井十郎兵衛尉に書状を送り、「秀吉がしきりに懇望したので、和睦を受け入れた」と伝えている（『萩藩閥閲録』）。両者の和睦の条件は詳しく書いていないが、秀吉のほうから懇望してきたというのが、毛利氏の主張である。つまり、秀吉とは逆である。

このように、様々な史料を確認すると、秀吉の言い分では「毛利氏が和睦を懇望してきた」ことになっており、逆に毛利氏の言い分では「秀吉が和睦を懇望してきた」となる。いずれが正しいのかは判然としないが、両者が了解の上で停戦したのは事実であり、この時点で正式な和睦が成立したとは言い難い。というのも、和睦の最も重要な条件である中国国分《くにわけ》（羽柴・毛利両氏の国境画定）は、天正十二年まで続くからである。以下、その交渉経過を見ることにしよう。

本能寺の変後の秀吉

毛利氏との和睦後における秀吉の動きを確認しよう。秀吉は毛利方といったん停戦すると、ただちに上洛の途に就いた。これが世に言う「中国大返し」である。秀吉は驚くべきスピードで東上すると、天正十年（一五八二）六月十三日の山崎合戦で明智光秀を打ち破った。敗北した光秀は居城のある近江坂本城《さかもと》（滋賀県大津市）を目指し、小栗栖《おぐるす》（京都市伏見区）の山中をさまよっていたが、土民に襲われ、「落武者狩」に遭って討たれた。これにより、光秀の謀反は失敗に終わった。

その後、信長亡きあとの体制をめぐって、織田家中で混乱が生じた。実質的に織田家の家督は、嫡男信忠が信長から引き継いでいたが、本能寺の変で信忠も亡くなったので、織田家の家督は信忠の嫡男三法師（のちの秀信《ひでのぶ》）が継ぐことになったからだ。通説では、織田家の家督をめぐって、信雄《のぶかつ》（信長の二男）と信孝（信長の三男）が争ったかのように言われてきたが、事実と相違する。二人が争ったのは、三法師の後見の座だったことが明らかにされている。

そのような事情から、同年六月二十七日に開催されたのが清須会議である。会議の結果、三法師を秀吉ら重臣が支えることが確認され、信長の遺領配分も行われた。その結果、秀吉には都に近い丹波国や山城国などが配分されたが、同じ重臣たる柴田勝家は思ったような恩賞をもらえず、不満だけが残ったという。不満を抱いたのは、信孝も同じだった。その結果、秀吉は勝家らと対決の様相を深めることになったのである。

所領配分に強い不満を抱いた勝家は、信孝と結んで「反秀吉」の兵を挙げた。これに呼応したのが、伊勢の滝川一益《かずます》である。天正十一年正月以降、秀吉は約七万の兵を率いて北伊勢に侵攻し、一益と交戦した。一益は秀吉の猛攻に耐えきれず、同年三月に降伏した。その直後、勝家は秀吉と雌雄を決すべく北近江に侵攻し、同時に信孝がいったん降参した一益と結び、本国の美濃で挙兵した。

挟撃された秀吉は、危機的な状況に陥るが、急ぎ北近江へ引き返した。そして、賤ヶ岳《しずがたけ》（滋賀県長浜市）での合戦で勝家の軍勢を打ち破った。秀吉は追撃の手を緩めず、同年四月二十四日には越前北庄城《きたのしょう》（福井市）を落城させたので、勝家と妻のお市の方は自害に追い込まれたのである。その後、信孝も信雄の命により、自害して果てた。こうして、信孝、勝家らの反乱は鎮められ、秀吉は織田家中における発言権を高めたのである。

毛利氏の秀吉に対する態度

ここで、その間における毛利氏の秀吉に対する態度を確認しておこう。

天正十年（一五八二）六月十三日、足利義昭は毛利方の乃美宗勝《のみむねかつ》に書状を送った（「本法寺文書」）。義昭は信長を討ったことを告げ、輝元と隆景に対して上洛に協力するよう伝えて欲しい、と宗勝に要請したのである。ところが、この日に光秀は山崎合戦で敗れ、その直後に討たれたのだから、上洛しなくて正解である。とはいえ、この時点においても、まだ毛利方に光秀の動きについての正しい情報は伝わっていなかったようである。

同年六月十六日付けの吉川元長《もとなが》書状によると、信長父子が横死し、光秀の勢いが高まっていることを喜んだことが窺える（「厳島野坂文書」）。毛利氏にすれば、いったん秀吉と和平を結んだものの、秀吉側が不利になることを望んでいたのは確かである。今後の領土画定問題の交渉を考慮すれば、状況が毛利氏に有利に傾くことを密かに期待していたのだ。しかし、この書状が記された三日前に、光秀は山崎合戦に敗れて戦死していた。その後、毛利氏は当然光秀の死を知っただろうから、領土画定問題をめぐる秀吉への対応を考えざるを得なかった。

信長死後の天正十年七月十七日、輝元は秀吉に書状を送り、信長の死に対して弔意を表した。秀吉は輝元に返事を送り、山崎城（京都府大山崎町）を修築しているので、信長の葬儀が遅れることを伝えた（「毛利家文書」）。輝元が秀吉に対して信長の弔意を示したのは、中国方面の領土画定をする上での交渉相手と見なしたからだろう。

実は同年七月十八日、輝元は丹羽長秀《にわながひで》にも書状を送っている（『毛利氏四代実録考証』）。その内容は、毛利氏と秀吉の和睦が本望だったこと、そして天下が収まったこと（光秀討伐の成功）を祝したものである。それだけなく、太刀一腰と銀子百枚を贈った。長秀も織田家中で秀吉と並ぶ実力者だったので、厚誼《こうぎ》を深める必要があった。

輝元は同日付けで、長秀に対するのとほぼ同内容の書状を蜂須賀正勝《はちすかまさかつ》・家政《いえまさ》父子に送った（「蜂須賀家文書」）。正勝には太刀一腰と銀子百枚、家政には太刀一腰と銀子十枚をそれぞれ贈っている。吉川元春も正勝に書状を送り、太刀一腰と馬一頭を贈った。正勝は秀吉側の毛利氏との交渉窓口だったので、輝元らは書状だけなく、太刀・銀子・馬を贈ったのである。なお、いずれの書状の末尾にも安国寺恵瓊の名があるのは、恵瓊が毛利方の交渉担当者だったからだ。

同年七月二十三日、小早川隆景も正勝に書状を送り、太刀一腰と馬一頭を贈った。こちらは内容がもう少し具体的で、中国国分（羽柴、毛利の国境の画定）について「分別」を加えてほしいと依頼したものである。分別にはいろいろな意味があるが、この場合は事物の善悪や正邪や条理を弁《わきま》え、その識見に基づいた判断を下してほしいということになろう。光秀が戦死し、秀吉が台頭してきたのだから、毛利方はあらゆるルートから領土画定を有利に進める必要があった。

同年七月十八日、秀吉は吉川元春に書状を送った（「吉川家文書」）。その内容は、元春が天下静謐の祝詞を秀吉に呈した際、「信国」という太刀を贈呈したので、秀吉はその見事な太刀に対して礼を述べたのである。そして、毛利氏との交渉の件について、恵瓊から口上があったことを記している。元春が秀吉に送った書状と太刀は、すぐに効果をもたらしたと言えよう。

複雑な情勢

天正十年（一五八二）八月四日、吉川元春は丹羽長秀から書状を受け取った（「吉川家文書」）。かねて、元春は長秀に書状を送り、秀吉との接触を試みたようである。そこで、長秀は仲介役を引き受け、秀吉と連絡することを勧めたのである。毛利方では、先述の通りに織田家中の有力者と連絡を取り、太刀・銀子・馬などを贈っていたので、長秀は骨を折ったのだろう。

話は少し逸《そ》れるが、信長の死に乗じて、足利義昭も入洛を希望していた。同年九月二十六日、義昭は安国寺恵瓊に書状を送った（「黒田家文書」）。内容は、秀吉との和睦に異議がないことを告げ、自らの入洛を秀吉に受け入れてもらうべく、恵瓊に黒田孝高《くろだよしたか》と蜂須賀正勝を介して秀吉を説得してほしいというものである。翌月、義昭の意向は、秀吉に受諾された（「黒田家文書」）。

毛利方と秀吉は、少しずつ距離を詰めていったが、必ずしも完全に縮まったとは言い難い。同年十一月一日、織田信孝は吉川元春に書状を送った（「吉川家文書」）。当時、信孝は秀吉と対立していたので、毛利方と誼《よしみ》を通じて、局面を打開しようとしていた。信孝は毛利方に誓書を差し入れて、互いの協力関係を堅く誓ったのである。つまり、毛利方は秀吉との交渉を進めつつも、水面下では万が一に備えて、信孝を両天秤にかけていたのである。

天正十一年二月十三日、柴田勝家は吉川元春に書状を送り、義昭の入洛に賛意を示した（「吉川家文書」）。これ以前、毛利方は勝家に対して、義昭の入洛への協力を呼び掛けていたようである。一方で勝家は、三月二十日までに江北《こうほく》（近江北部）に出兵することを伝えた。これが、先述した賤ヶ岳合戦である。勝家は単に義昭の上洛に賛意を示したのではなく、輝元がこれを推戴し、味方になることを願っていたのである。

また、同年二月十四日、徳川家康は毛利輝元に書状を送り、織田信雄、秀吉ら織田家の重臣が義昭の上洛に同意していることを伝えた（「毛利家文書」）。毛利方は義昭の入洛実現について、勝家だけでなく、ほかの織田家重臣にも協力を呼び掛けていたのだ。

同年三月、勝家は江北に侵攻したが、それは雪を掻き分けて進むという過酷なものだった。この時、勝家が当てにしていたのは、先述の通り義昭と輝元だった（「古証文」）。この頃、毛利方では秀吉と和睦すべく使者を送っていたが、状況が不透明になった。毛利方では、勝家と秀吉のどちらが優勢なのか判断がつかず、困惑した様子が窺える（「毛利家文書」）。下手に義昭を推戴して上洛をすれば、面倒なことになりかねなかった。

一方の当事者である義昭は、幕府を再興すべく、上洛するしか眼中になかった。同年四月六日、義昭は毛利氏に対して、勝家が江北に侵攻するのに乗じて上洛するよう強く迫った（「徳山毛利文書」など）。同じく勝家も、江北などの情勢を輝元に伝え、義昭と共に出陣するよう強く求めた（「徳山毛利文書」）。勝家にすれば、秀吉との戦いの勝利を決定的なものにするには、権威となる義昭と強勢を誇る毛利氏の出兵が欠かせなかったのである。

毛利方は、秀吉にも情勢を尋ねていた。同年四月十二日、秀吉は小早川隆景に書状を送り、江北の情勢を細かに書き送り、二、三日中には上洛する旨を伝えた（『萩藩閥閲録』）。その際、織田家中に秀吉の真似をできる者はなく、関東には秀吉に匹敵する武将はいないと述べた。このように書いたのは、秀吉が毛利方を威圧するためだろう。

結局、義昭も輝元も動かず、賤ヶ岳合戦は秀吉の勝利に終わった。毛利方では、秀吉と勝家の戦いを見極め、その後の中国国分を進めようとしたが、話は振り出しに戻ったのである。

振り出しに戻った交渉

勝家の死によって、秀吉は再び毛利方との領土画定問題に着手することになった。しかし、交渉に至るまでには、いくつかのステップが必要だった。

天正十年（一五八二）四月、来島通総《くるしまみちふさ》が毛利氏や主家の伊予河野氏から離反し、秀吉方に与《くみ》した（「村上文書」など）。驚いた毛利方では通総の懐柔を試みるが、失敗に終わってしまった。そこで毛利氏は、ついに来島村上氏を攻撃する。これにより、通総は毛利氏、村上氏らの猛攻に耐えきれず、来島城（愛媛県今治市）から退去した。秀吉から見れば、来島村上氏は大切な麾下《きか》の武将である。この状況を見過ごすわけにはいかなかった。

これを受けて天正十一年五月、秀吉の配下にあった黒田孝高は、安国寺恵瓊に書状を送った（「小早川家文書」）。内容は、冒頭に勝家の征伐が無事に済んだことを記し、秀吉との和睦を望む場合は、直ちに来島から毛利方の軍勢を引き揚げるよう求めたものである。要求が聞き入れられない時は、警固衆を差し向けるとまで記している。厳しい内容の申入れだった。

秀吉は、配下にあった通総をまず助けてから、領土画定の交渉を行おうとしたのである。実際に通総が来島に帰還したのは、この約五ヵ月後のことである。ここから秀吉と毛利方との交渉が本格化するが、それぞれの交渉窓口を務めた人物を紹介しておく必要があろう。

秀吉方の交渉窓口を務めたのは、蜂須賀正勝と黒田孝高だった。

正勝は、大永六年（一五二六）に尾張国海東《かいとう》郡蜂須賀村（愛知県あま市）で誕生した。もとは土豪に過ぎず、美濃斎藤氏に仕えていた。その後、幾度か主君を変えて織田信長に仕えたが、その死後は秀吉の配下に収まったのである。以降、秀吉に従って各地を転戦し、厚い信頼を得ていた。天正九年の段階においては、播磨国龍野《たつの》（兵庫県たつの市）に五万三千石を領していた。

孝高は、天文十五年（一五四六）に播磨国で誕生した。父の職隆《もとたか》と共に播磨御着《ごちゃく》城（兵庫県姫路市）の城主小寺氏に仕えていたが、天正八年に小寺氏が放逐されると、秀吉の配下に加わった。それ以前から、秀吉の中国計略で中心的な役割を果たしていたが、特に天正十年の備中高松城の水攻めでは正勝と共に主導的な役割を果たした。この段階では、播磨国内に一万石を領していた。

毛利方の交渉窓口を務めたのは、安国寺恵瓊と林就長《はやしなりなが》だった。

恵瓊は生年未詳。安芸国守護の武田氏の出身と言われている。幼い頃に安芸安国寺（広島市東区。現在の真言宗不動院）に入り、のちに毛利氏に仕えて使僧となった。天正元年に織田信長と足利義昭の関係が決裂すると、その調停のために上洛し、たびたび秀吉と交渉した。この時、信長の没落と秀吉の台頭を予測したことは、あまりに有名だろう。

就長は、永正十四年（一五一七）に備後国で誕生した。その前半生は不明な点が多いものの、永禄五年（一五六二）の第二次月山富田城《がっさんとだじょう》（島根県安来市）の合戦に出陣したことが知られる。また、先述した義昭と信長の調停の際には、恵瓊と共にその任にあたった。経歴には不明な点が多いものの、就長は恵瓊と同じく、毛利氏から高い交渉能力が買われて起用されたのだろう。

秀吉の厳しい書状

天正十一年（一五八三）五月十五日、秀吉は隆景に書状を送った（「毛利家文書」）。同年五月五日、秀吉は近江国坂本で隆景の書状を読んだので、それに対する返書だった。隆景の書状は残っていないが、内容は領土画定問題の一件であることは疑いない。秀吉の書状は非常に長いものであるが、全体の半分くらいが柴田勝家を討伐した経過で占められている。

秀吉は圧倒的な軍事力により、勝家を滅亡に追い込んだことを強調した。「即時に切り崩し」「ことごとく首を刎ね」という文言は、その象徴だろう。戦いの様子を詳細に記し、勝家の自害や将兵の最期を書くなどは、明らかに毛利氏に恐怖心を植えつけるためだ。秀吉は自身の圧倒的な軍事力を誇ることで、毛利方を牽制しようとしたのである。

むろん、それだけではない。勝家討伐後、秀吉は加賀国を平定したが、その状況を「筑前守（秀吉）の太刀風に驚き、草木までも相靡《なび》く体《てい》にて候」と書いている。つまり、秀吉に従うのは人間だけでなく、植物にまで至ったことを誇示しているのである。そして、織田信長の二男信雄をして、秀吉に反抗した信長の三男信孝を攻め滅ぼしたことも記され、ここにも「ことごとく首を刎ね候」という文言がある。同じく、伊勢国長島《ながしま》（三重県桑名市）で反旗を翻した滝川一益も秀吉の攻撃を受け、「ことごとく首を刎ね候」という悲惨な有様だった。

書状の大部分を見る限り、秀吉による毛利氏方への恫喝と考えてよいだろう。それは、領土画定問題において、秀吉が一歩も引かないというメッセージでもある。さらに、秀吉は「人を切り抜くことは、嫌い申し候につきて」と述べている。「切り抜く」の意は取りづらいが、続けて「命を助け、先々の国で替地を与え、いずれの国をも念を入れて申し付ける」と書いている。つまり、毛利氏が秀吉に従うならば攻撃するのは止めて、ふさわしい国を与えるとの意になろう。

そして、戦後処理の国分は六月中旬に終わり、七月の三十日間を諸侍の休みに充てるという。本格的な交渉は、八月以降ということだろう。実際に国分が終わったのは、同年八月一日のことだった。さらに、秀吉は軍勢を毛利氏の国境付近まで送り込むと述べ、「よくよく分別をもって、秀吉に腹を立てさせないように」と忠告した。秀吉の強い自信の表れでもある。

さらに、現状では東国の北条氏政《うじまさ》、北国の上杉景勝《かげかつ》までもが秀吉の意のままであると述べ、毛利氏が秀吉の配下になるならば、「源頼朝以来の天下統一がなされる」と記している。秀吉は隆景に対して、以上のことを十分に輝元へ申し聞かせて、相応の対応をするようにと結んでいる。

このような秀吉の自信は毛利氏を圧倒するのに十分なものがあり、現実に情勢は秀吉が圧倒的に有利だったと言えよう。

毛利方からの人質の供出

天正十一年(一五八三)六月八日、安国寺恵瓊と林就長は連署して、黒田孝高と蜂須賀正勝に書状を送った(「黒田家文書」)。全体は三ヵ条にわたっている。一条目は、秀吉の養子秀勝《ひでかつ》(信長の四男)と毛利輝元の娘との結婚の件で、輝元の娘が七月に国元を発つ予定であることを知らせている。二条目は領土画定の件で、秀吉方に誓紙を下すよう依頼した。三条目は、領土画定の措置については祝言後に履行する旨を伝えている。両者の和睦は婚姻によって成立していたようだが、問題は領土画定だった。しかし、この時点では具体的な条件が示されていない。

和睦の条件が明らかになるのは、天正十一年七月十日付けの恵瓊の書状である(「黒田家文書」)。この書状は、孝高・正勝・堀秀政《ほりひでまさ》の三人に宛てたものである。冒頭の文言からは毛利氏の低姿勢振りが窺えるが、領土画定の条件は、毛利氏が持つ美作・備中・伯耆を秀吉に進上するというものだった。そこには条件が付されており、それは穂田元清《ほいだもときよ》(毛利元就《もとなり》の四男)に備中高梁川《たかはし》の西を、吉川元長(元春の嫡男)に伯耆半国(汗入《あせり》・会見《あいみ》・日野の三郡)を与えたので、二人を秀吉の家臣にしてほしいという要望だった。

毛利氏も秀吉との交渉がハードになることは、十分に予想していた。同年六月二十一日、輝元は恵瓊を和平の使者として秀吉のもとへ遣わせるに際して、厳島《いつくしま》神社(広島県廿日市市)所蔵の「吉平」

という刀剣を所望し、代わりに領知として二十石と刀一腰を与えている（「厳島野坂文書」）。輝元は秀吉の贈答品としてふさわしいものがないか探していたが、厳島神社の宝蔵にある名刀の「吉平」に目をつけたのである。

同年七月十四日、恵瓊は毛利家の御書・帷《かたびら》・綿を持ち、和泉国堺（大阪府堺市）に滞在中の秀吉のもとを訪ねた（『顕如上人貝塚御座所日記』）。しかし、この記事は訪問のことを伝えるのみで、特に詳しい内容が書かれていない。毛利氏の来島からの撤退や領土画定問題が俎上に載ったことは想像に難くないが、決してそれだけではないだろう。今後の交渉をめぐって、多くの問題が話題になった可能性は極めて高いと考えられる。その一つが人質問題である。

同年八月十三日、吉川元長は小早川隆景に長文の書状を送った（「吉川家文書」）。重要なポイントは、元長の弟経言（のちの広家《ひろいえ》）を秀吉の人質として送る件である。しかし、これには問題があった。そもそも経言は、石見温湯《ぬくゆ》城（島根県川本町）の城主小笠原長旌《おがさわらながあき》の養子になる予定だった。長旌は病弱で、後継者となる実子がいなかったからである。その後、小笠原家中の内訌《ないこう》や輝元の反対などもあって、経言が小笠原家の養子になる話は消滅した。そこで、経言を人質として、秀吉のもとへ送ることになったのである。

同年八月二十二日、恵瓊は毛利氏の家臣井上氏に書状を送った（「毛利家文書」）。この書状の冒頭には、恵瓊の母が病に伏せていることが記されており、秀吉との交渉という大仕事の最中、喘ぎ苦しむ恵瓊の姿が滲み出ている。書状の中心となる話題は、人質に関するものだった。以前から恵瓊は元春に対して、経言を人質として差し出すよう決断を迫っていた様子が窺える。

すでに、もう一人の人質である小早川元総《もとふさ》は、八月に船で出発することになっており、九月五日から六日には大坂に到着する予定だった。元総は毛利元就の九男だが、兄である小早川隆景の養子となり、のちに秀包《ひでかね》と名乗った。本来、恵瓊は元総の大坂行きに随行すべきだったが、母が重篤なために辞退を願った。ただし、秀吉の機嫌がよいので、元総が到着したら対面することとし、進上する馬や太刀の準備を依頼している。

秀吉のもとに向かった二人の人質

やや複雑な過程を経て、経言は大坂の秀吉のもとに人質として向かうことになった。出発の日は、天正十一年（一五八三）九月七日または八日となった（『萩藩閥閲録』）。当時の毛利方の史料には、「京芸和平」という文言が頻出する（「金子文書」など）。「京（京都）」は秀吉のことで、「芸（安芸）」は毛利氏のことである。つまり、秀吉と毛利方の和平ということを意味しよう。

同年九月七日、輝元は大坂へ発つ経言に書状を送った（「吉川家文書」）。書状の冒頭では、「京芸和平」のために経言が人質になるのは、衆議の結果であると記している。この決定が輝元の独断ではなく、毛利家中の意思だったことを強調したのだ。文中に「御忠貞の至り」、「感悦浅からず候」などの文言のほか、「御辛労の子細、われらにおいて毛頭忘却いたすべからず候」と書かれているので、経言の犠牲で成り立ったのは明らかだろう。経言には、餞別として太刀などが与えられた。

経言の大坂行きに供奉《ぐぶ》したのは二宮俊実《にのみやとしざね》で（「吉川家文書」）、経言が出発した場所は備後国三原《みはら》（広島県三原市）だったと推測される。隆景は経言の出発に際して、「船が目的地に着いたことを確認したら報告してほしい」と配下の乃美氏に伝えた（「浦家文書」）。

同年十月、小早川元総と経言は、初めて大坂に出仕した（「常順寺文書」）。『顕如上人貝塚御座所日記』にも記録があり、元総が大坂に着いたのは、同年十月のことと記されている。

毛利家系図

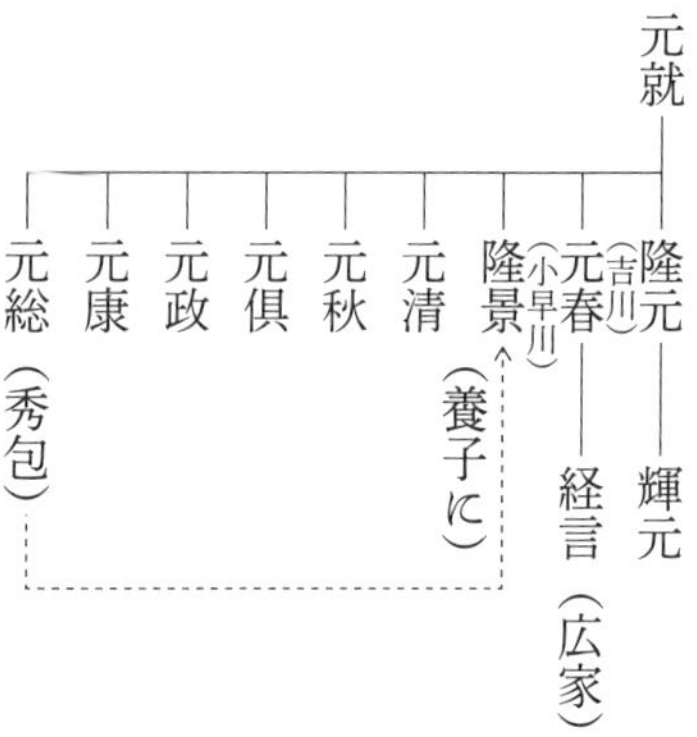

元総は和泉国堺の馬場という場所に屋敷を与えられ、大坂城に出仕した（『江氏家譜』）。のちに元総が「秀包」と名乗ったのは、秀吉から「秀」の字を与えられたからである。

一方の経言は、どうだったのだろうか。以下、『吉川家譜』によって、たどることにしよう。同年九月下旬、経言は安芸を発すると、十月二日に和泉国堺に到着した。経言は賢法寺、元総は玉蓮寺をそれぞれ宿所とした。その後、秀吉から黒田孝高と蜂須賀正勝が二人のもとに遣わされ、三日に大坂城に登城した。経言らは、大坂城の天守に登るなどしたと伝える。

ところが、同年十一月になると、経言は暇《いとま》を申し出て、急遽安芸へ戻ることになった。元総は大坂に留まったままである。安芸に到着した経言は、吉田《よしだ》郡山城《こおりやまじょう》（広島県安芸高田市）の輝元のもとに向かい、隠岐国一国を与えられた。経言は毛利家の総意によって、わざわざ大坂まで出向いたのだが、わずか二ヵ月で帰国したことになる。その理由については諸説あるが、そもそもが人質は二人も必要なかったということが原因ではないだろうか。また、経言は不満を抱いたまま大坂に向かったので、輝元は非常に気にしていたのかもしれない。

恵瓊の現状分析

このように、秀吉と毛利氏の和平交渉は互いにのらりくらりとしていて、一向に進まなかった感がある。その状況に苛立ちを隠せなかったのが、毛利方で交渉役を務めた恵瓊だった。和平交渉に臨んでの恵瓊の現状分析は、どのようなものだったのだろうか。そのことを如実に伝えているのが、天正十一年（一五八三）九月十六日の恵瓊の書状である（「毛利家文書」）。

冒頭から、恵瓊の現状認識は実に手厳しい。一条目では、和睦に関する相談が容易に決しないことに苛立った様子が窺える。すでに、恵瓊からは秀吉の考えをすべて輝元らに伝えていたようである。二条目には、もし秀吉との戦争になれば、十のうち七か八の確率で、毛利方が負けると予想している。次の三条目では、隆景と元春が、この期に及んでも領土の画定について欲心があるという。二人は可能な限り有利な条件で、秀吉と和睦をしたかったようである。

また、この時点では人質が大坂に来ていなかったので、元総か奉行衆を大坂に送り込めば、事態はすぐに収拾すると述べ、輝元の決断を強く迫った。さらに、秀吉との和睦を碁や将棋の勝負のように考えては困るとも記している（以上、四条目）。毛利方は輝元が当主だったが、実質的には元春と隆景という二人の叔父が支えていた。恵瓊は、家中の意見がまとまらないことに苛立ち、早急な決断を促しているのである。

五条目では、上方（秀吉）を贔屓して意見を述べているのではないと恵瓊は言う。そこには冷静な分析があった。恵瓊は、秀吉は「二つ取」ならば、戦いを好むと指摘する。「二つ取」とは二つの中から一つを選ぶことであるが、この場合の二つとは「和睦」と「戦争」ということになろう。しかし、秀吉が和睦と戦争を天秤にかけて、戦争による被害が大きいと予想する場合は、和睦を選ぶと指摘する。つまり、恵瓊は秀吉が戦争に勝つだろうと言いつつも、秀吉は毛利方との戦争を避けて和睦を望んでいるのだから、応じるべきだと主張しているのである。

さらに、恵瓊の鋭い分析が続く。恵瓊は、秀吉の軍勢は俊敏であり、兵站《へいたん》も十分に整っているという。一方の毛利方は、軍勢が乏しい上に機動力がなく、兵站も十分でない上に人の使い方（軍事指揮）も良くないと指摘する。秀吉と毛利方の軍事力を比較すれば、圧倒的に秀吉のほうが上だった。だから、早く交渉に応じるべく決断せよ、と恵瓊は言いたかったのである。

この恵瓊の書状は、実のところ酩酊《めいてい》しながら書かれたものだった。書状の冒頭には、恵瓊が若い衆と酒を酌み交わしたことが記されている。書状の末尾には、「余酔《よすい》（まだ酔いの残っていること）」の状態で申し上げたが、お読みになったら火中に投じてほしい、と結ばれている。まさしく、酒を飲まずしては書けないことであり、上層部の決断の鈍さに痺《しび》れを切らしているのである。

怒る秀吉

恵瓊が毛利家の上層部を叱責したのは右の通りであるが、秀吉も和睦が進まないので、大いに怒っていた。それは、天正十一年（一五八三）十一月二十四日に秀吉が黒田孝高と蜂須賀正勝に送った書状によって明らかである（「黒田家文書」）。

秀吉は書状の冒頭で、境目（国境）の城を受け取ったと思っていたが、未だに済んでいないと激怒した。それは、孝高と正勝の手落ちなので、事態が改善されないならば、すぐに帰国するよう命じた。そのことは恵瓊にも伝えたという。それだけでなく、先述した秀勝と輝元の娘との祝言も遅延しているという。秀吉は怒り心頭だった。

その後の経過には不明な点はあるが、境目の城の接収については話が進んだようである。それは、同年十二月三日に秀吉が孝高と正勝に送った書状に書かれている（「黒田家文書」）。

同年十一月二十九日、孝高らは秀吉に書状を送り（十二月二日に到着）、恵瓊ら毛利氏の家老が猿掛《さるかけ》（岡山県倉敷市・矢掛町）に来る旨を報告した。猿掛城は、現在の倉敷市から矢掛町の猿掛山に所在した城で、まさしく備前と備中の「境目の地」にふさわしい場所に位置していた。この城が交渉の場所に選ばれたのは、「境目の地」であることと関係があったに違いない。

秀吉はそれを了承し、先手（本陣の前にある部隊）寄りの四、五の城を受け取ることをもっともなこととし、早々に受け取るよう命じた。つまり、その後の両者の交渉によって、毛利方は境目の城を秀吉に譲ったのである。秀吉は毛利方の城を接収するに際して、同時に受け取るのではなく、高山城（岡山県鏡野町）などの重要な城から順に受け取るように命じた。

実は、この間も国境をめぐって争いが生じていた。天正十一年十一月二日、孝高と正勝、そして宇喜多氏の重臣岡家利《おかいえとし》は、連署して恵瓊に書状を送った（「御書判物控一」）。その内容は、毛利方は春に定めた方式で半納を実施することを希望しているが、対する秀吉方は半納の原因を毛利氏との国境問題に求め、毛利方に速やかな諸城の引き渡しと国境の確定を要求していた。

半納とは領主間に挟まれた国境付近の農民が、両方の領主へ年貢を納入することである。農民は両方に年貢を納めることで、両方に属する姿勢をとり、生き残りを図った。秀吉方にすれば、農民に半納をさせなくても、毛利氏が国境付近の諸城を譲れば済むと考えたのである。豊臣方と毛利方の国境が定まらないことは、様々な問題を派生させることになった。

この書状に、宇喜多氏の重臣である岡氏が加わっていることに注目したい。当時、宇喜多氏は備前・美作の二ヵ国を領していた。これまでは毛利方と秀吉との領土画定問題であると述べてきたが、本質的には宇喜多氏の領土問題にも関わってくることである。現実に、備中の国境付近を支配していたのは宇喜多氏だった。そのような理由があって、岡氏が右の書状に連署したのだろう。

より具体的な条件の提示

毛利方が国境付近の諸城を引き渡したのは先述の通りだが、まだ具体的な和平の条件は示されていない。冒頭で記した通り、秀吉が毛利方に求めたのは、真偽はともかく五ヵ国の割譲だった。具体的な内容は、天正十一年（一五八三）十二月十五日の恵瓊と林就長の書状に記されている（「毛利家文書」）。秀吉から毛利氏への条件の概要をまとめると、次のようになる。

①備中外郡の諸城の引き渡し

備中外郡とは、いったい何を意味するのだろうか。備中国には、高梁川という大河が流れている。高梁川は現在の新見市、高梁市、総社市、倉敷市を通り、瀬戸内海の水島灘《みずしまなだ》に注いでいる。つまり、この高梁川を境にして、東側の諸城を秀吉方に引き渡すというのが本旨である。

②美作国の割譲

黒田孝高と蜂須賀正勝は、美作国に入ろうとしており、美作国も割譲の対象となったことがわかる。美作国西部にある高田《たかだ》城（岡山県真庭市）のみが、まだ毛利方に残っていたようである。しかし、後述する通り、美作国では毛利方の草苅重継《くさかりしげつぐ》が美作国東部の矢筈《やはず》城（岡山県津山市）で抵抗を続けており、問題の解決は容易ではなかった。

③虎倉城からの撤退

虎倉城《こくら》は、現在の岡山市北区御津虎倉に所在した城で、城主の伊賀家久《いがいえひさ》は毛利方に与して戦った。同じく、毛利方の中村頼宗《よりむね》の籠もる岩屋城《いわや》（岡山県津山市）も退去の対象となった。この二城の明け渡しについては、宇喜多秀家《ひでいえ》の母からの要望があった。宇喜多氏にとって、この二つの城は目の上のたんこぶのような存在だったからだ。この二城の明け渡しが叶わないならば、孝高と正勝の面目が潰れるとも書かれている。その期限は、同年十二月二十二日、二十三日頃に設定されていた。

④児島・松山・高田から一つを選択

恵瓊は備前国児島《こじま》（岡山県倉敷市）、備中国松山《まつやま》（同高梁市）、美作国高田について、毛利氏の愁訴（いずれも残してほしいという要望）が多すぎるとし、このうち一つを選択するよう決断を促している。この中で児島は宇喜多領国の備前国に属しており、本来は毛利氏の要望から除外されるべきものである。毛利方からすれば、その港湾機能がどうしてもほしかったのだろう。

⑤来島の引渡し

来島村上氏が毛利氏を裏切ったため、攻撃していたことは先述した通りである。秀吉は毛利方に対し、来島村上氏の本領を返すよう通告しているのである。

まだ、交渉の途中段階ではあるが、秀吉方からの細々とした要求があったことを確認できる。本格的な領土割譲交渉を進めるに際して、秀吉が解決しておきたいことに付随する問題だったのだろう。

恵瓊は毛利氏内部では不満があるのかもしれないが、戦いになれば毛利氏が不利であることを述べ、決断を迫っている。その際、これまでの諸大名の栄枯盛衰、諸大名の現状分析を行っており、毛利方の慢心を鋭く指摘するものだった。

恵瓊は、いい加減な気持ちで進言をしているわけではない。あくまで毛利氏のためだった。書状の続きを読めば、その真意をはっきりと読み取ることができる。

恵瓊の真意を読み解く

この書状で、恵瓊はやみくもに秀吉の条件を飲めと言っているのではない。そこには、冷静な現状分析があった。以下、述べることにしよう。

その一つは、秀吉方と毛利方の軍事的なレベルの圧倒的な差の指摘である。過去の例として、恵瓊は毛利方の城将吉川経家が籠もる因幡鳥取城における秀吉軍の圧倒的な勝利、そして備中高松城における素早い軍事行動を挙げている。中でも備中高松城の攻防において、秀吉軍が瞬く間に近隣の冠山《かんむりやま》城と宮路山《みやじやま》城を落とし、備中高松城を二重三重に取り巻いたことは、恵瓊にとって記憶に残るものだった。

仮に、これから秀吉が軍事行動を起こした場合、十日から十五日もあれば着陣できるが、毛利方は三十日も五十日もかかるだろうと予測している。軍事面における毛利氏の劣勢は、すでに指摘したことであるが、恵瓊が最も懸念する材料だった。

そして、恵瓊の情勢分析は、過去の全国的な具体的な事例へと視野が広がっていく。かつて、毛利氏は元就の代に尼子氏討伐に成功したが、それまでの尼子氏は中国方面に威勢を誇っていた。毛利氏がかつて従っていた大内義隆《おおうちよしたか》は、陶晴賢《すえはるかた》の裏切りによって滅ぼされている。山名《やまな》、赤松《あかまつ》、土岐《とき》、細川《ほそかわ》のような往時の名門守護も、今や跡形もなく消え去っている。恵瓊は具体的な事例を挙げることによって、毛利氏ですら時勢を誤ると滅亡することを示唆したのだ。

むろん、それだけではなく、近年の状況を鋭く分析している。例えば、河野氏は伊予国守護を務めた名門だったが、新興勢力の土佐長宗我部《ちょうそかべ》氏に敗北する有様だった。このようなことは、かつては考えられないことだった。九州北部に勢力を保持していた大友《おおとも》氏でさえも、「百姓」のような龍造寺《りゅうぞうじ》氏に圧倒される始末である。全国に目を転じても、甲斐武田氏は信長によって滅ぼされ、柴田勝家や滝川一益も秀吉によって滅亡あるいは追放に追い込まれた。その上で恵瓊は、秀吉に領土を割譲しても、まだ六・七ヵ国を支配しているのだから問題ないと指摘する。

かつての名門や威勢を誇る大名であっても、ひとたび判断を誤れば、たちまち滅亡すると、恵瓊は言いたかったのである。

恵瓊は自身を「鉢開きのようなる（鉢を持った僧形の乞食）」と謙遜しつつ、「京都五畿内は言うに及ばず、日本半国（西国）を見て回ったので、世のことに疎い衆とは分析力が違う」と喝破する。実際、恵瓊は現場を回った実績があるだけに説得力のある言葉だった。さすがの毛利家の重臣たちも、何ら反論できなかっただろう。

加えて恵瓊は、衣装や弁舌の爽やかさは不要であるとも言い放っており、書状の末尾では「人の姿を申さず候、人の正念を用い候時代に候」と結んでいる。人間は外見で判断をするのではなく、「正念」つまり「正常で乱れのないしっかりした心」が必要であると述べている。まさしく恵瓊は「正念」の人だった。

恵瓊は「繰り言」と述べているが、毛利家の首脳が領土の保全にこだわるあまり、毛利家そのものが滅亡するのではないかと、強く思っていたのである。

その後の進展

天正十一年（一五八三）十二月十八日付けの安国寺恵瓊・林就長の書状には、領土割譲について次のように詳しく記している（「毛利家文書」）。

まず、書状の冒頭では、秀吉から境目の引き渡しが遅延することについて、「曲事《くせごと》（けしからんこと）」であると指摘されたことを伝えている。秀吉の分別と毛利家の分別とでは天地ほどの差があると書いているので、ここでも恵瓊が毛利家に早い決断を迫ったのは確かである。もはや、毛利家には家中でゆっくり話し合っている余地などなかったのである。

この書状によると、秀吉と毛利家は、備中高松城近くの岩崎城《いわさき》（岡山県井原市）で誓紙を交わしたと記されている。秀吉は気遣いを見せ、両者は兄弟の契りを結んだという。秀吉からは、五ヵ国（備中・備後・出雲・伯耆・美作）の割譲を求められたが、誓紙には載せなかった。恵瓊からは、備後と出雲は手放し難いと申し出たという。その後、三回にわたって交渉を重ねた結果、備中外郡の二郡、備前、美作のすべて、伯耆三郡を秀吉に割譲することになった。しかし、毛利家中ではそのほかの条件も含め、相変わらず意見の一致を見なかったようである。

毛利家中には不満もあったようだが、結局は備前国、美作国、伯耆国三郡、備中国東半分（高梁川を境にして）を秀吉方に譲ることにより、最終的に和睦が結ばれることとなった。備前国、美作国、備中国東半分は、最終的に宇喜多氏の領国になる。では、境目付近の児島・松山・高田は、どのような扱いになったのだろうか。高田は美作国に所在するので、問題なく秀吉方に引き渡された。児島は備前国にあるにもかかわらず、引き渡しが難航したようである。

しかし、天正十二年三月に至り、小早川隆景から無事に引き渡されたことを確認できる（「黄薇古簡集」）。天正十三年二月に発給されたと考えられる毛利氏の家臣口羽《くちば》春良《はるよし》の書状によると、「児島については備前国にあるので、宇喜多秀家に遣わした」とある（「湯浅家文書」）。毛利方の手元に残ったのは、備中松山城だけだった。かつて、恵瓊が「少し多すぎる」と表現した要望は、やはり一つしか叶わなかったのである。

こうした領土の境目に関しては、厳密に確認が行われたようである。おそらく、境目付近の城の受け渡しは、一つひとつ丁寧に行う必要があったのだろう。その証左として、蜂須賀氏と共に林就長と恵瓊が確認を行った例が多々見られる（「鹿野町岩崎家文書」）。のちのちのトラブルを避けるためであるが、交渉後の境目確定という事後処理も恵瓊に課された重要な役割だった。

天正十年六月における備中高松城での一時停戦後、約一年六ヵ月の時を経て、ようやく毛利氏と秀吉は全面的な和睦を締結した。毛利氏ではできるだけ多くの領土の確保を願うあまり、決断が遅れたのも事実であるが、決断が遅れたのにはほかにも理由があった。

毛利方の領主の処遇

毛利氏が領土画定に強いこだわりを見せた理由の一つとしては、備前などで毛利方に与した領主の存在があった。安芸国を本拠とする毛利氏が東進するためには、備中・美作・備前の領主層の協力が不可欠だった。一方、彼らは毛利氏と西進する秀吉軍との狭間にあって、文字通り「境目の領主」と称された。彼らは生き残るべく、どちらに味方するかを決定しなくてはならなかった。決断に際しては、相当な苦悩があったと推察される。ここでは、毛利氏に与した美作国草苅氏と備前国伊賀氏の例を挙げておきたい。

美作の草苅重継は、矢筈城に拠点を持つ領主だった。草苅氏は毛利氏に従って宇喜多氏などと戦ったが、それは自らの勢力基盤を守るための戦いでもあった。草苅氏はたびたび秀吉から寝返りを打診されたが、そうした依頼をすべて拒絶した。草苅氏は、毛利氏に与することで命脈を保とうとしたのだ。天正十一年（一五八三）六月に至っても、吉川元春は草苅重継に対して援軍を送っていたことを確認できる（『萩藩閥閲録』）。また、小早川隆景は草苅氏の軍忠に対して感状を与えている（『萩藩閥閲録』)。

しかし、毛利氏と秀吉との和睦交渉が進展するに従い、徐々に情勢は変化を遂げた。天正十一年十二月に秀吉と毛利方で和睦が締結されると、美作国東部に基盤を置く草苅重継は去就を迫られることになった。吉川元春は書状で「数年にわたるご忠義は忘れない」と恩義に感謝しているが、同時に矢筈城からの退城を迫っていた(『萩藩閥閲録』)。美作国が秀吉(実際は宇喜多氏)に譲られた以上、草苅氏は矢筈城を去る以外に道はなく、最終的には小早川氏の家臣となった。

事情は、備前虎倉城主の伊賀家久も同じだった。伊賀氏は、鎌倉幕府の御家人の系譜を引く名門である。秀吉と毛利氏が対決に至ると、伊賀氏は毛利陣営を選択する。そのこともあって、伊賀氏は本来の所領に加え、毛利氏から新たな知行地も与えられた(『萩藩閥閲録』)。ところが、両者の和睦が進展して以降、毛利氏は伊賀氏に対して知行地の安堵を伝えるが、一方で同時に虎倉城の退城を迫るようになった。

最終的に、毛利氏は知行地安堵という、伊賀氏との約束を反故にしたのである。備前国は秀吉方に割譲されたので、伊賀氏は虎倉城を退去せざるを得なかった。天正十三年二月、伊賀氏は毛利氏から周防・長門両国に三百石を与えられた(『萩藩閥閲録』)。この間、恵瓊が家久との交渉役を務めることがあった(『萩藩閥閲録』)。天正十五年、家久は小早川隆景の配下となり、筑前国名島《なじま》(福岡市東区)に移ったのである。

このように、毛利氏が秀吉と和睦を締結することは、決して自身の問題にとどまらず、味方となった領主にも大きな影響を与えたのである。

秀吉の強硬な態度

右の経過を踏まえ、伊賀氏、草苅氏の居城は秀吉によって接収された。実務を担当したのは、黒田孝高と蜂須賀正勝の二人である。天正十二年（一五八四）正月の秀吉書状では、二人に対して細かな指示がなされている（「小早川家文書」）。一つは、何かと言い訳をして城を明け渡さない時は、鹿垣《ししがき》（竹や枝つきの木で編んだ垣）で周囲を囲み、「干し殺し」にせよということである。つまり、兵粮攻めで敵対勢力の殲滅を命じるという、強い姿勢を示したのである。

もう一つは、高田、松山、児島等の扱いである。この時点においても、まだ毛利方から嘆願されたようである。ところが、それが続くようであれば、元のように五ヵ国（備前・美作・備中・伯耆・出雲）を召し置くように、と記されている。秀吉が最大の譲歩を示したのは先述の通りであるが、毛利方が納得しないならば、強硬な姿勢に出るよう指示したのである。

一方で、書状の末尾では、二人の苦労を察した上で「上洛した時は茶を振る舞おう」「寒いだろうから小袖を贈った」と秀吉は優しい心遣いを見せている。しかし、その二日後には、再び孝高と正勝に対して、「速やかに毛利氏が境目の城を明け渡さないようならば、元のように五ヵ国を召し置いてしまえ」と指示を出している。秀吉の姿勢は、極めて強硬だった。

このような秀吉の激しい気性に伴う、強い言葉が嘘でないことは、恵瓊自身も熟知していたことだろう。この間、遅々として進まなかった毛利方の領土や城の明け渡しは、粛々として進められた。このように、毛利氏は秀吉に従うことによって、その命脈を何とか保ち得たのである。もちろん、毛利家中には今回の領土割譲に不満のある者もいた。しかし、「井の中の蛙」的な毛利家中よりも、情報収集の能力に長け、豊富な人脈を駆使し、交渉能力に優れた恵瓊の判断が正しかったことは、のちの歴史が示す通りである。

天正十二年七月、秀吉の朱印状が毛利輝元と小早川隆景に対して下された(「毛利家文書」)。内容は中国方面の差配を任せるというものであり、恵瓊にすべてを言い含めていると記されている。これによって両者の関係は改善され、関係の修復が図られたのである。秀吉が恵瓊に全幅の信頼を寄せていたことは、交渉過程などによって明らかである。その後、恵瓊は豊臣政権内で特異な地位を占めることになった。

毛利氏は秀吉と和睦を結び、以後は秀吉の軍事力の主力を担った。秀吉の四国征伐、九州征伐、文禄・慶長の役では、先兵として積極的な役割を果たした。しかし、毛利家が秀吉に対して完全に服従するにはさらに時間を要し、輝元が従四位下侍従に叙位任官され、秀吉から豊臣姓と羽柴氏を与えられる天正十六年七月を待たなくてはならないのである。

【主要参考文献】

津野倫明「安国寺恵瓊の虚像と実像」（同『長宗我部氏の研究』吉川弘文館、二〇一二年、初出二〇〇〇年）
光成準治『小早川隆景・秀秋——消え候わんとて、光増すと申す』（ミネルヴァ書房、二〇一九年）
光成準治『毛利輝元——西国の儀任せ置かるの由候』（ミネルヴァ書房、二〇一六年）
光成準治『吉川広家』（シリーズ・織豊大名の研究4、戎光祥出版、二〇一六年）
渡邊大門『黒田官兵衛——作られた軍師像』（講談社現代新書、二〇一三年）
渡邊大門『戦国の交渉人——外交僧安国寺恵瓊の知られざる生涯』（洋泉社歴史新書y、二〇一一年）

第九章　小田原参陣までの伊達政宗

垣内和孝

「惣無事令」論

本章の目的は、伊達政宗が相模国小田原（神奈川県小田原市）へ参陣し、豊臣秀吉に服属するまでの過程を検証することである。その際、避けて通ることができないのは、藤木久志氏によって提起された「惣無事令」論である。天正十七年（一五八九）の蘆名《あしな》氏攻滅に象徴される政宗の一連の軍事行動が、「惣無事令」に違反する行為だったため、政宗は窮地に追い込まれたと理解されることが少なくないからである。

「惣無事令」論とは、豊臣秀吉による天下統一の過程で、紛争の解決を豊臣政権が一元的に掌握するために、大名間の武力行使を禁じた「惣無事令」が発令されたとする学説である。藤木氏は、大名の平和を実現するために出された「惣無事令」と、村落の平和を意図した「喧嘩停止令」、百姓の平和の「刀狩令」、海の平和の「海賊停止令」という四つの法令を併せて、「豊臣平和令」と総称した（藤木：一九八五）。「豊臣平和令」という名称が端的に示すように、藤木氏は豊臣政権の政策基調を「平和」の概念で説明する。

それに対して藤田達生氏は、法令としての「惣無事令」の存在を否定すると共に、秀吉による全国統一は「専制的な軍事国家」を目指したものであり、豊臣政権の本質は「独善的かつ好戦的」だったと評価する（藤田：二〇〇一）。

そもそも藤木氏の「惣無事令」論は、豊臣政権の東国政策を検討する中で提示されたものだった。その東国の視座から「惣無事令」関係史料を再検討した戸谷穂高氏は、東国領主間で形成された和睦の一形態が「惣無事」と呼称されたことを示し、「惣無事」を東国における地域秩序維持の手法とした（戸谷：二〇〇八）。豊臣政権からの一方的な政策として、「惣無事」を位置づけることの問題点が明らかになったのである。

また、竹井英文氏は、織田政権を含む織豊政権全体の東国政策を段階的に把握する中で、豊臣政権が「惣無事令」を発令した事実はないと断じ（竹井：二〇一五）、黒嶋敏氏は、豊臣政権側の史料に見られる「惣無事」という言葉が、徳川家康と富田《とみた》一白《いっぱく》（秀吉家臣）の関わったものに限られることを指摘し、両人が奥羽に介入する際、以前から東国で使われていた「惣無事」を看板として掲げたにすぎないと論じた（黒嶋：二〇一八）。以上のように、現状では「惣無事令」論をそのままの状態で肯定することはできない。

伊達政宗の小田原参陣については、すでに小林清治氏が詳細な検討を加えている（小林：二〇〇三など）。ただし小林氏は、「惣無事令」論を前提に論を展開しているため、今日の研究段階においては問題を残している。そこで本章では、右に見た研究史を踏まえ、小田原参陣までの伊達政宗の軌跡を再検証することにしたい。

よく知られているように、政宗はとても筆まめで、書状に代表される文書を実に多く残している（仙台市史編さん委員会：一九九四）。また、政宗ほどではないにしても、この時期の関係者の書状も少なくない（福島県：一九九六など）。当事者たちの生の声と言えるこれらの書状をはじめとした文書を、以下の叙述ではできるだけ多く取り上げることにする。

天正十四年の停戦命令

豊臣政権が南奥の抗争に介入したのは、天正十四年（一五八六）四月が最初である。抗争を続ける伊達氏と蘆名氏との講和の仲介を、秀吉が佐竹義重《さたけよししげ》に命じている（「上杉家文書」）。伊達政宗はこの時期、蘆名方だった二本松《にほんまつ》城（福島県二本松市）の畠山《はたけやま》氏を攻撃中だった。ただし、この停戦を命じた秀吉書状は、「上杉家文書」として伝来したことが示すように、佐竹義重のもとへは届かなかったと考えられる（藤木：一九九五）。同年六月には、「関白様（秀吉）」の意向を受けた小笠原貞慶《おがさわらさだよし》が、伊達方の田村清顕《たむらきよあき》に対して「三家和睦之儀」を要請している（「青山文書」）。その貞慶書状には、田村氏が

「近年会津（蘆名）」と「鉾楯」に及んでいることが記されており、「三家」が伊達・田村・蘆名の三氏であるとわかる。

このように、天正十四年の四月から六月にかけて、豊臣政権が南奥の領主間抗争に介入しようとしたことは確かである。同年七月には、相馬義胤《そうまよしたね》・田村清顕・白川義親《しらかわよしちか》の仲介によって、伊達氏と蘆名・畠山両氏とが講和を結ぶ。しかし、その実現に際し、豊臣政権の意向が前面に現れることはなく、停戦命令が効力を発揮したとは考え難い。中人が講和を仲介して領主間抗争を深刻化させないという、地域における秩序維持の慣行が作用した結果だろう（垣内：二〇一七）。豊臣政権の影響力は、この時点の南奥においては、まだ決定的な効力を持ち得ていなかったのである。

豊臣政権の大名統制において、大きな役割を果たしたのが、豊臣秀吉と諸大名との間を仲介した取次である。豊臣政権の取次の役割は、服属の促進や情報の伝達、軍事面・政策面での指導・支援などであり、山本博文氏はそれらを「大名の後見人としての機能」と評した（山本：一九九〇）。天正十四年四月に佐竹義重に求められたのは、豊臣秀吉と伊達・蘆名両氏との取次の役割だろう。ところが同年九月には、「伊達・会津（蘆名）辺御取次之儀」が上杉景勝に命じられる（「上杉家文書」）。六月に大坂城で秀吉との対面を果たした景勝は、豊臣政権に服属した豊臣大名として、奥羽政策に関わることになったのである。

同年十月には、徳川家康が大坂城で秀吉と対面し、家康の豊臣政権への服属が確定する。そして家康もまた、奥羽諸氏との取次として豊臣政権の奥羽政策に関わるようになる。十二月三日付けの豊臣秀吉書状によって、「関東・奥羽両国迄惣無事之儀」を家康に命じたことが、関東・奥羽の諸氏に伝えられた（「秋田藩家蔵文書」「白土文書」「伊達家文書」）。これらの書状は、藤木氏による「惣無事令」論の直接的な根拠となった史料である。書状の年次については、藤木氏が天正十五年と比定するのに対し、同十四年や同十六年とする見解があり、確定していないのが現状である。しかしいずれにしても、この時期の豊臣政権が奥羽諸氏の抗争抑止を志向していたことは明らかである。

天正十六年の「惣和」

天正十六年（一五八八）十月、「其表（奥羽）惣無事之儀」を秀吉が家康に命じたことを根拠に、家康は伊達氏と最上《もがみ》氏の抗争を調停しようとしたが、すでに講和が成立したことを知り、今後ますますの両氏の「御入魂《じっこん》」を要請している（「伊達家文書」）。また、これより先、政宗と佐竹義重・蘆名義広《よしひろ》らとの間で戦われた郡山《こおりやま》合戦の講和が、同年七月に岩城常隆《いわきつねたか》・石川昭光《いしかわあきみつ》の仲介で成立していた。天正十四年四月に佐竹義重は、伊達氏と蘆名氏の講和仲介を秀吉から命じられていたが、この時点では蘆名氏に与《くみ》して政宗と敵対する一方の当事者となっていた。豊臣政権と伊達・蘆名両氏との取次を担う資格を、義重は喪失していたと言える。

翌天正十七年四月、岩城常隆の軍事行動によってこの講和が破綻した際、政宗は「去年惣和」を仲介したにもかかわらず、「当年弓矢主」になったとして常隆を非難している（「宮城県図書館所蔵文書」）。

天正十四年の時と同様に、豊臣政権による「惣無事」とは関係なく、地域における秩序維持の慣行で「惣和」は成立したのである。しかしその一方で、ほぼ同じ時期に政宗は、施薬院全宗《やくいんぜんそう》（秀吉家臣）や富田一白からの書状で「上洛」「出仕」を求められており（「伊達家文書」）、豊臣政権からの圧力は間違いなく及び始めていた。

蘆名氏と豊臣政権

蘆名氏と上方《かみがた》の政治権力との関係は、織田信長の時代に遡る。信長と蘆名氏の関係を象徴するのは、天正十年（一五八二）の武田氏滅亡を受けてなされた両者の通交である。蘆名盛隆《もりたか》の重臣である金上《かながみ》盛備《もりはる》から、信長によって上野国（群馬県）へ配置された滝川一益《かずます》へ送られた書状には、信長の「上意」に対する「盛隆無二忠節」の姿勢が明記されている（「坂田文書」）。信長へ従属する意思を、蘆名氏は表明したのである。ところが、この直後に起こった本能寺の変によって信長は横死し、東国に対する織田政権の影響力が退潮していく中で、蘆名氏との関係も事実上清算された。

その後、上方では信長の後継者として羽柴秀吉が台頭し、豊臣政権が成立する。一方の蘆名氏では、盛隆が近臣に弑逆《しいぎゃく》され、その跡を継いだ亀若丸も夭死して当主の死去が相次ぐ。そして天正十五年（一五八七）には、佐竹義重の二男義広を養子《ようし》に迎え、佐竹氏との関係を強めることになる。翌十六年の冬、蘆名義広は「御代官」として金上盛備を上洛させ、秀吉から「種々」の「御懇意」を加えられると共に、義広自身の「御上洛」を求められている（「新編会津風土記所収文書」）。蘆名氏においては、上方の政治権力との交渉を、金上盛備が一貫して担っていたようである。秀吉は、盛備一行に対する「馳走」を越前国北庄《きたのしょう》（福井市）の丹羽長重《にわながしげ》に命じており（「新編会津風土記所収文書」）、蘆名氏と豊臣政権との通交が、日本海側の交通路によってなされたことがわかる。

翌十七年二月、会津に戻った金上盛備から佐竹義重へ送られた書状には、「関白様（秀吉）」から蘆名義広に対して「御悦喜之段」が伝えられ、「殿下様（秀吉）御下知」で「越国（上杉）・此方（蘆名）和睦之儀」が図られたことが見える（「佐竹文書」）。これより以前、上杉景勝に敵対した新発田重家《しばたしげいえ》を蘆名氏が支援したことにより、上杉氏と蘆名氏は敵対的な関係にあったが（「瀬谷文書」）、天下人としての立場を強めた秀吉は、両者の関係を調停したのである。

その後、この和睦は、石田三成の「口入」によって成立した「越国（上杉）」に対する蘆名氏の「御約束」を、金上盛備の奔走によって蘆名氏が守ったことで維持されたらしい（「新編会津風土記所収文書」）。豊臣政権に連なる関係として、上杉氏・蘆名氏・佐竹氏の連携が形成されたことが窺える。周知のように、この時期の佐竹氏は、関東では北条氏と、南奥では伊達氏と激しく対立していた。北条氏と伊達氏は親密な関係を保っていたから、伊達政宗の豊臣政権に対する意識は、微妙なものとならざるを得なかっただろう。

摺上原合戦と蘆名方諸勢力の抵抗

天正十七年（一五八九）五月、佐竹氏の南奥侵攻で主導的な役割を担っていた佐竹東義久《よしひさ》が須賀川《すかがわ》城に着陣し、仙道《せんどう》（福島県中通り地方）における伊達方と佐竹方の軍事的緊張状態が高まっていたが、佐竹義重の出馬がないことで蘆名家中に不穏な動きが生じたため、蘆名義広は仙道から会津の黒川《くろかわ》（福島県会津若松市）へと「入馬」した（「政宗君記録引証記所収文書」）。この直前、仙道に出馬していた政宗は海道（福島県浜通り地方）へと転じ、相馬氏の駒ケ嶺《こまがみね》城と新地《しんち》城（福島県新地町）を攻略するという勝利を得ていた。仙道に侵攻した佐竹方に足並みの乱れがあることを知った政宗は、再び矛先を転じて蘆名攻めを敢行する。

政宗を迎え撃つために、義広は黒川を出馬し、六月五日に磐梯《ばんだい》山麓の摺上原《すりあげはら》（福島県磐梯町・猪苗代町）において両軍が激突した。その兵数は、伊達軍が二万三千人余、蘆名軍が一万六千五百人余だったという（「蘆名家記」）。結果は兵数の多い伊達方の大勝となり、敗れた蘆名方では豊臣政権との交渉役を務めた金上盛備らが討死した。義広は黒川城に逃れるものの、富田美作守や平田周防守といった重臣が政宗に内応したこともあって支えることができず、実家である佐竹氏のもとへと退去した。蘆名氏の滅亡である。同十一日に黒川城へ入った政宗は、なおも抵抗を続ける金上平六郎や山内氏・河原田《かわらだ》氏といった蘆名方諸勢力の掃討を進め、本城を出羽国南部の米沢《よねざわ》城（山形県米沢市）から黒川城へと移す。

上杉景勝の報告によって政宗の蘆名氏攻滅を知った秀吉は、上杉景勝と佐竹義重に対し、七月四日付けの書状で蘆名方への支援を命じた（「佐竹文書」）。また、同日付けの政宗宛て書状において秀吉は、「数年」に及び秀吉の「御錠」を得て、秀吉に対し「御礼等」をしてきた蘆名氏の領国に「乱入」した政宗の行為は、たとえ「私之遺恨」があったとしても「越度《おちど》」であると非難し、その釈明を求めている（「佐竹文書」）。政宗が責められたのは、秀吉と従属的な関係を結んでいた蘆名氏を攻滅したからである。秀吉が政宗の行為を「私之遺恨」と断定する背景には、それに対置する観念として、関白秀吉の帯びる「公」が含意されていたからと言えるだろう。

豊臣政権による蘆名方への支援は、上杉氏や佐竹氏といった近隣大名に命じるばかりでなく、政宗に抵抗する蘆名遺臣などへの直接的な援助としても行われた。景勝や義重へ秀吉書状が出された翌日にあたる七月五日付けの書状で石田三成は、針生《はりゅう》民部少輔・平田周防守・富田美作守・金上平六郎に宛てて、「鉄砲百丁、同合薬百斤、鉛五拾斤、鋳鍋鋳形」を送ることを伝え、それを蘆名義広へ「披露」することを求めている（「会津旧事雑考所収文書」）。

この四人のうち、富田美作守と平田周防守は政宗に服属しており、義広はすでに会津を退去していたから、豊臣政権の中枢には、現地の正確な情報はまだ伝わっていなかったようである。金上平六郎は摺上原合戦で討死した盛備の子であり、金上氏の本拠である越後国津川《つがわ》城（新潟県阿賀町）に拠って政宗に抵抗していた。

七月二十六日、金上平六郎の七月六日付け書状を携えた使者が「京着」し、同日付けの返書が石田三成から平六郎へ出された。その三成書状には、「御親父（盛備）討死」を悼むとともに、平六郎の義広に対する「御忠節」は豊臣政権への「御奉公」であり、「御手柄」であって、「都鄙《とひ》」に隠れないと称え、「兵糧米」や「鉄砲・玉薬」の援助などを約束している（「新編会津風土記所収文書」）。しかし九月二十八日には、政宗が「金上太夫」に「本領」の金上（福島県会津坂下町）を安堵している（「政宗君記録引証記所収文書」）。「金上太夫」は平六郎とみられることから、これ以前に降伏したことがわかる。

金上平六郎のほかに会津で政宗に抵抗したのは、横田《よこた》（福島県金山町）から伊北《いほう》（同只見町）を支配する山内氏と、伊南《いな》（福島県南会津町）の河原田氏である。ただし両氏は、独立した領主権を保持したまま蘆名氏に従っていたので、厳密な意味での蘆名家臣ではなく、金上氏とは立場が異なる。一方で、山内・河原田両氏と同様な立場にあった南山《みなみやま》（福島県南会津町・下郷町）の長沼氏は、いち早く政宗に服属している。

同年七月、長沼弥七郎は「横田口」へ軍事行動を起こした（「会津四家合考所収文書」）。八月三日までには「南山・横伊間取乱」という状況になり、「横伊」は「下知」に背いて「越後衆」を引き込む（「阿部正司氏所蔵文書」）。「横伊」とは横田・伊南の略称であり、それぞれ山内氏と河原田氏を指す。「下知」は政宗の下知であり、上杉景勝が両氏を支援していることから、彼らが政宗に抵抗する姿勢を示したことは間違いない。しかし、「南山・横伊間取乱」という表現の背景には、所領が近接する長沼氏と山内・河原田両氏との潜在的な確執が想定できそうである。

九月二十三日、河原田氏からの「便札」を受け取った佐竹義宣《よしのぶ》は、「京都」すなわち豊臣政権が、蘆名義広に味方していることや、上杉景勝に対して支援を「御催促」し、すでに上杉軍の「先衆」が「伊北口」へ向かったことを知らせている（「新編会津風土記所収文書」）。上杉景勝に宛てた同月二十八日付けの書状で秀吉は、政宗が会津を「返渡」さなければ軍勢を派遣して強制執行するので、伊達領との「境目等之儀」は佐竹氏と相談して対処するよう命じている（「上杉家文書」）。豊臣政権の対政宗政策の中で、上杉・佐竹両氏の役割は小さくない。

山内・河原田両氏の政宗への抵抗は、翌天正十八年になっても続いていた。正月十三日、山内刑部大輔からの「飛札」を受け取った石田三成は、「北条御成敗」のあとすぐに「黒河」へ「乱入」して政宗を「刎首」にするので、油断なく持ちこたえるようにと励ますと共に、秀吉に対して「伊北」を「御舎弟大学助」の所領とするよう「言上」することを約束した（「新編会津風土記所収文書」）。

また、河原田治部少輔に出された二月二十七日付けの書状で蘆名義広は、会津奪還のために「川崎口（栃木県矢板市）」から南山への軍事行動を石田三成と相談して行うこと、「其地」すなわち河原田氏本拠の伊南への助勢を「越国」へ要請するので安心してよいこと、義広に対する「無二大忠」は筆舌に尽くし難いこと、正月五日に針生民部大輔と富田左近将監が上洛して会津の状況を説明したことなどを伝え、「殿下様（秀吉）」が出馬すれば、春には会津奪還が叶うだろうとの観測を述べている（「新編会津風土記所収文書」）。

以上のように、政宗に抵抗する蘆名方諸勢力の軍事行動の多くには、石田三成の関与が認められる。三成の立場は、蘆名方諸勢力と豊臣政権との取次と評価できるだろう。蘆名氏の滅亡から小田原合戦が始まるまでの豊臣政権の対政宗政策は、領国が近接する上杉・佐竹両氏と石田三成が主導して進められた。上杉・佐竹両氏の立場は、政宗と敵対的な関係にある一方の当事者と言うべきものであり、かつて佐竹義重や上杉景勝が期待された奥羽諸氏に対する豊臣政権の取次としての役割とは異質なものに変化している。

南奥制覇と北関東への視線

摺上原合戦までの南奥の政治情勢は、政宗にとって決して楽観できる状況ではなかった。会津の蘆名氏は、当主の義広が佐竹義重の二男であるように、南奥における佐竹氏の最も有力な同盟者だった。仙道の中部から南部の二階堂《にかいどう》・石川・白川の諸氏や海道南部の岩城氏は、いずれも佐竹氏と従属的な関係を結んでいた。海道北部の相馬氏も、政宗とは厳しく対立する一方で、佐竹氏とは友好的な関係を結んでいた。南奥の領主のほとんどは、佐竹氏を中心とした連合勢力に組み込まれていたことになる。政宗と友好関係にあったのは、政宗正室の実家で、仙道の中部を本拠とする田村氏のみだった。

そのような状況を大きく展開させたのが、天正十七年六月の摺上原合戦における政宗の大勝である。蘆名氏は呆気なく滅亡し、その後は雪崩を打つようにして南奥諸氏が佐竹氏から離反していく。同年七月には白川義親が政宗と同盟を結び、十月には二階堂盛義《もりよし》後室の拠る須賀川城が落とされて二階堂氏は滅亡し、十一月には石川昭光が政宗に服属、十二月には岩城常隆と政宗との間で講和が成立した。その結果、南奥における佐竹氏の領国は南郷（福島県東白川郡）と保内《ほない》郷（茨城県大子町）にまで縮小する。このような佐竹方連合勢力の急速な崩壊を受けても、相馬義胤は政宗と敵対する姿勢を変えなかったが、その劣勢は覆うべくもない。会津のほぼ全域と仙道の石川領・二階堂領以北が伊達領国となり、仙道南部の白川領と海道南部の岩城領は政宗の勢力圏に組み込まれた。

翌天正十八年正月七日、伊達氏の新たな本城となった黒川城において、正月恒例の連歌会が開かれた。その発句を政宗は、「七種ヲ一葉ニヨセテツム根芹《ねぜり》」と詠んだ。その含意は、「去年仙道七郡ヲ御手ニ入レ」たことだという（『貞山公治家記録』）。仙道七郡を春の七種に準《なぞら》えたのである。

政宗の視線は南奥に収まることなく、北関東にまで及んでいた。佐竹氏の領国である常陸国（茨城県）の小野崎昭通《おのさきあきみち》に宛てて政宗は、天正十七年十月晦日付けの起請文を与えて次の三点を約束した。①政宗が「南郷」へ軍事行動に及んだら昭通へ報知すること、②昭通が佐竹氏に対して「事切」したあとに状況が変化した場合でも、昭通からの相談に応じること、③昭通の「弓箭」すなわち佐竹氏に対する軍事行動が思い通りになった場合は、占領した那珂川北岸域の「江戸領」を宛行うこと、である（「菊池家蔵小野崎文書」）。

この起請文は、①の政宗出馬が前提となっており、それを受けて②のように昭通が挙兵し、一連の軍事行動が失敗した場合は政宗が昭通の進退を保障、成功した場合は③のように獲得した所領を与える、という構成になっている。失敗と成功の両方の可能性を提示した上で、佐竹領内の領主に挙兵を誘ったことになる。失敗した場合の対処まで明示している点に、小野崎昭通への政宗の配慮を感じる。

また、下野国足尾《あしお》（栃木県日光市）の商人とみられる足尾太郎左衛門に対して政宗は、「荷物五駄」まで伊達領国中の関所を「相違」なく通行することを許可する天正十七年九月十六日付けの黒印過所《こくいんかしょ》を与えている（「足尾原村文書（齊藤家文書）」）。蘆名氏の滅亡で足尾に隣接する会津の領主が変わったため、足尾太郎左衛門が通行の保障を新領主の政宗に願い出たのだろう。この過書と同じ獅子の黒印を使用した文書はほかに四例確認されているが、それらはすべて料紙を横長に折って使う折紙《おりがみ》という様式である。それに対してこの過書は、料紙を折らないで使う竪紙《たてがみ》という様式である（日光市歴史民俗資料館：二〇二〇年）。竪紙は折紙よりも丁寧な書式であるから、政宗は足尾太郎左衛門を丁重に扱っていたことになり、下野国への政宗の関心の高さが窺える。

政宗の弁明

政宗が豊臣政権に使者を派遣したのは、黒川入城直後の天正十七年六月十六日である（『貞山公治家記録』）。七月十三日付けの政宗宛て富田一白書状には、「去月十六日之御状」を京都で拝見したとあり、会津での「一戦」に勝利したことを「尤存候」と好意的に表現している（「伊達家文書」）。富田一白書状と同日付けで出された政宗宛て前田利家書状も、同様のニュアンスで書かれている（「伊達家文書」）。

すでに黒嶋敏氏が強調しているように、同じ豊臣政権の一員でありながら、富田一白や前田利家と、先に見た石田三成や上杉景勝・佐竹義重との意識の違いは大きい（黒嶋：二〇一八）。

両者の意識の違いは、富田一白書状で上杉景勝のことを旧姓の「長尾」と殊更に表記していることに端的に示されている。また、富田一白と前田利家が共に、事情説明のための早々の使者派遣を忠告していることから、この時の政宗からの使者は、蘆名氏攻滅について積極的な弁明は行わなかったと考えられる。

八月十四日、富田一白と前田利家の書状が政宗のもとに届き、同十六日には豊臣政権への使者として遠藤《えんどう》不入斎《ふにゅうさい》が派遣される（『貞山公治家記録』）。その目的は蘆名氏攻滅の弁明である。その使者が所持したのではないかと推測できる伊達政宗朱印覚書が、「浅野家文書」として伝来している。朱印覚書の内容は、①「今度御音信」とその内容について「一段満足」していること、②政宗が会津へ「うち入」った事情についてのこと、③政宗の「上洛」についてのこと、④「隣国」から「表裏」ある報告が上方になされているので、「其元御壱人」だけが頼りであること、である。

②によって、この朱印覚書が天正十七年のものであることは疑いない。問題となるのは、七月十三日という日付である。上方と奥羽の通交に通常は片道でおよそ一ヵ月弱の時間を要するため、①に見える「今度御音信」は六月中旬に上方を発したことになる。しかし、摺上原合戦が六月五日、政宗の黒川入城が同十一日であり、その第一報が豊臣政権に届いて秀吉が伊達政宗と上杉景勝・佐竹義重へ書状を発したのが七月四日であるから、六月中旬の「今度御音信」は考え難い。

この朱印覚書には宛所がないが、浅野家に伝来したことを踏まえれば、浅野長政宛てとみなすのが自然である。朱印覚書の要点は、②の政宗による会津侵攻と③の政宗の上洛に関する件であり、使者が口上で説明した。④の「隣国」は、蘆名氏攻滅の第一報を豊臣政権へ伝え、蘆名方諸勢力を支援した上杉景勝のことであり、「表裏」ある報告が豊臣政権になされた場合の対処を長政（「其元御一人」）に求めている。上杉景勝への政宗の不信感が示されると共に、その景勝や佐竹義重が担えなくなった豊臣政権の取次としての役割を、政宗は長政に期待したことが窺える。

秀吉への弁明にあたって政宗は、秀吉の親族であり、豊臣政権で相応の立場がある浅野長政に取次を担ってもらいたいと思慮してこの朱印覚書を作成し、その日付をあえて遡らせて富田一白や前田利家の書状と同日付けにしたのではないだろうか。①に何らかの事実が反映しているとすれば、両人の書状がもたらされた際に長政からの内意が示され、それを受けての取次の要請かもしれない。

政宗の弁明の具体的な内容は、政宗の家臣上郡山仲為《かみこおりやまなかため》から浅野長政へ出された九月三日付けの書状に示されている。使者の黒川出発が八月十六日であるから、従来のおよそ半分にあたる半月ほどで使者は上洛を果たしたことになる。そのスピードに、政宗の切迫感が表れているように感じる。長政宛ての上郡山仲為書状は「案文」が作成されて政宗のもとへも送られ、「伊達家文書」として伝来した。政宗の弁明は次のような内容である。

①秀吉の「御諚」と称して、「伊達領分」へ「越後（上杉）」から軍事行動がなされている。「政宗上洛」が「相延」しているのは、それが原因であること。

②政宗の「親父輝宗《てるむね》」の時、政宗の弟を蘆名家督とする約束をしたにもかかわらず、蘆名方はその約束を違えて佐竹義重の二男義広を家督に据え、その上、蘆名方から調略して、奥州の白川・石川・岩城・二階堂・相馬の諸氏、「おく郡」の大崎《おおさき》・黒川の諸氏、出羽の最上氏、関東の佐竹氏の諸勢力で伊達氏を「打果」たそうとした。その対立の中で輝宗は命を落としているので、蘆名氏は「親之敵」である。そのような「六、七ヶ年以来」の抗争の結果、「今度会津・仙道」を「打果」したにすぎないこと。

③「奥州五十四郡」は、室町幕府から「探題」に任じられた伊達氏が差配すべきであり、政宗もそのようにしてきた。ところが「隣国・隣郡凶徒等」が、幕府の威令が届き難い「遠国」の奥州では、「恣《ほしいまま》」に行動して混乱した状況にあったこと。

④上杉軍が「会津表」に侵攻して一戦に及び、敗れた上杉方は「横田と申城」などを放棄して退去したことを、八月十六日に黒川を発した使者が上洛する途中で知ったので、このあとに別の使者からも報告があるだろうこと。

⑤敗れて越後に逃れた蘆名遺臣等が、「種々様々計策」をめぐらせていること。

蘆名氏攻滅は蘆名方に非があると主張すると共に、武力行使の正当性の根拠として、伊達氏がかつて奥州探題に補任された事実を挙げている。政宗へ送られた「案文」には、「関白様（秀吉）」が「御立腹」であるため、上郡山仲為がまだ伊達領に在国している時に、木村吉清《よしきよ》と和久宗是《わくそうぜ》（秀吉家臣）に相談して「申上」したとの注記がある。したがって、この弁明の概要は、政宗の側に立って奔走する在京の面々が政宗の意を推察して考案し、八月十六日に黒川を出発した使者が京都へ到着する以前に豊臣政権側へ伝えられていたことになる。

その時期は、十一月二十日付けの政宗宛て浅野長政書状に、上郡山仲為が京都から黒川へ下向して「申請」した結果、八月十六日出発の二度目の使者である遠藤不入斎の派遣が実現したとあることから(「伊達家文書」)、七〜八月中のことと考えられる。その際の弁明の概要と、上洛した遠藤不入斎や上方へ戻った上郡山仲為がもたらした政宗の意見とがすり合わされ、九月三日付けの上郡山仲為書状に見られる正式な弁明が完成したのだろう。

政宗の弁明に対する豊臣政権の方針は、十一月十日までには定まり、同日付けの政宗宛て浅野長政・富田一白連署書状で秀吉の「御意」として伝えられた。その要点は、②で政宗が主張するように、たとえ「会津(蘆名氏)」から仕掛けられた合戦だったとしても、政宗の「存分」だけで判断することはできないので、伊達・蘆名の双方から「申分」を聞いた上で「会津之儀」を決定する、とのことだった(「伊達家文書」)。政宗に対して一定の配慮は示されているものの、①・④・⑤に関わる上杉景勝の動きや、③の奥州探題家としての伊達氏の由緒は全く考慮されていない。特に後者は、政宗の行為を「私之遺恨」と断じる関白秀吉の「公」に対抗する政宗の有する「公」の主張であるだけに(遠藤：二〇一六)、政宗にとっては不満のある内容だったと思われる。

小田原合戦へ

天正十六年（一五八八）八月に北条氏直《うじなお》の叔父氏規《うじのり》が上洛したことは、北条氏が豊臣政権への服属を選択したことを意味する。しかし、北条氏と真田氏との間で領有権が争われた上野国沼田《ぬまた》領（群馬県沼田市ほか）のうち、秀吉が真田領と裁定した範囲に所在する名胡桃《なぐるみ》城（同みなかみ町）を、翌十七年十一月三日に北条氏の家臣猪俣邦憲《いのまたくにのり》が奪取したことで、北条氏の豊臣政権への服属は頓挫する。そして、早くも同月二十四日に秀吉は、事実上の宣戦布告状とでもいうべき書状を北条氏直へ発する。その中で秀吉は、氏直の行為を「天道之正理」に背くと強く非難している（「伊達家文書」）。

十一月二十六日付けの片倉小十郎宛て上郡山仲為・和久宗是連署書状には、この秀吉の「御書之案」を写し送ったことが記され、政宗の上洛が遅延すると大変な事態になると忠告する浅野長政の様子は尋常ではなかったとも伝えている（「伊達家文書」）。政宗の速やかな上洛を促す政宗宛ての書状は、十二月五日付けの前田利家・浅野長政、同七日付けの斯波義近《しばよしちか》などという具合に、複数通が存在する（「伊達家文書」）。そして、これらの書状がひとまとめにされ、政宗のもとへ送られたと考えられる。

翌天正十八年二月二日、前田利家は政宗に対して、北条氏を「御成敗」する軍勢が今月中に出陣し、東海道からは徳川家康が「先手」、上野国へは真田昌幸《まさゆき》と上杉景勝が「先勢」となり、利家自身も上野国へ出陣することを伝えると共に、「会津口」から下野国（栃木県）への政宗の「御出馬」を求めている（「伊達家文書」）。豊臣政権による北条攻めが具体化し、情勢が緊迫の度を加えたことにより、政宗への要請が上洛から出馬へと変化している。秀吉自身が京都を出馬したのは、三月一日である。

北条方諸氏との通交

伊達政宗は、これまで見てきた浅野長政や前田利家といった豊臣政権の面々との交渉と平行して、豊臣政権とは敵対することになる北条氏をはじめとする諸氏との通交も継続していた。

天正十七年十二月二十日、政宗は相馬氏との境目を守る家臣の中島伊勢守へ送った書状において、「南口」すなわち関東方面が「静謐《せいひつ》」であること、「小田原（北条）」や「結城《ゆうき》・那須《なす》・糠田《ぬかだ》（額田）方々」よりたびたび通信があったこと、この「春中」の「南口」への出馬予定などを伝え、追而書《おってがき》において、相馬攻めは「来春出馬」とせざるを得ず、「南之吉事」によって相馬氏の滅亡が「相延」したことは無念だと述べている（「伊達家文書」）。「南口」への出馬と「南之吉事」が対応しており、両者は後述する対佐竹戦のことを指す。

この政宗書状に見られる「結城」は結城晴朝《はるとも》で、小田原合戦において彼は豊臣政権方となるが、「那須」とある那須資晴《すけはる》は北条氏に与した。「糠田（額田）」は、天正十七年十月晦日付けの伊達政宗起請文を与えられた額田城（茨城県那珂市）の小野崎昭通である。

翌天正十八年正月十八日、北条氏直は政宗に書状を送り、政宗の「御出陣之由風聞」があることについて問い合わせをしている（「伊達家文書」）。実際にこの時期の政宗は対佐竹戦の準備を進めており、そのことが北条氏へ伝わったのである。ただし、ここで注意しなければならないのは、それは「風聞」として伝わっており、政宗から北条氏へ知らされたわけではないことである。豊臣政権との対決が不可避となった北条氏に対し、政宗は一定の距離を置くようになっていたのだろう。

政宗と那須資晴との関係を端的に示すのは、天正十八年と推定できる三月二十一日付けの資晴宛て政宗朱印覚書である。その内容は、①対佐竹戦への政宗の出馬が延期されたこと、②状況が変化しても親密な関係を維持すること、③伊達方の軍備の現状であり、それらの詳細は使者の口上で説明された（「那須家文書」）。先に見た浅野長政宛てとみられる朱印覚書でもそうだったように、覚書の文言は極めて簡潔であり、使者の説明に多くを負っていた。なお、前川辰徳氏は、天正十八年の正月から三月にかけて、那須氏と伊達氏の間で使者の往来がたびたびある事実を踏まえ、この朱印覚書に見られる二人の関係を「密約」と表現している（前川：二〇一四）。

同年の四月九日、政宗は壬生義雄《みぶよしお》宛ての書状を認めた。しかしこの書状は、「伊達家文書」として伊達家に残されており、差出者である政宗の花押がない上に、端裏《はしうら》には「あんもん」と記されているように草案である。おそらく正文《しょうもん》は作成されず、壬生義雄へは送付されなかったと考えられる。というのも、壬生義雄は北条氏に与し、この時は小田原城に籠城中だったからである。この書状には、壬生義雄と政宗の関係が「近年」特に「入魂」であると記されており、これ以前に両者の通交があったとわかる。壬生氏の所領は下野国鹿沼《かぬま》（栃木県鹿沼市）から日光にかけてであり、先に触れた足尾の商人に対する政宗の丁重な扱いとの関連が想定できる。

服属の決断

天正十八年、政宗は佐竹氏に対する軍事行動を準備していた。二月二十一日付けの書状で政宗は、和田なる人物に対して、自身が三月二日に黒川を出馬することや、同十一日の須賀川着陣予定が同六日に変更となったことを知らせている（所蔵者不明文書・仙台市博物館所蔵写真）。和田なる人物は、岩瀬郡和田（福島県須賀川市）に関わる領主で、二階堂氏の旧臣だろう。

ところが、三月二日の政宗出馬は延期される。河東田《かとうだ》上総守に対して二月二十六日付けで出された政宗書状で、「来二日」に「其表（白河）」へ出馬の予定だったが「遅引」したことを知らせている（「政宗君記録引証記所収文書」）。河東田上総守は、政宗と同盟を結んでいた白川義親の家臣である。出馬の延期を知らせる同様の書状は、同日付けで伊達氏の家臣大町宮内や西大条《にしおおえだ》兵衛尉などにも出されている（「登米伊達氏文書」「貞山公治家記録附録三所収文書」）。二月二十一日から二十六日の間に、対佐竹戦が延期、というより事実上の中止が決定されたことになる。

豊臣政権による小田原攻めの諸軍の配置を政宗に知らせ、豊臣政権方として政宗が下野国へ出馬することを要請した二月二日付けの前田利家書状は、同二十日に黒川へ到着している（『貞山公治家記録』）。政宗は当然、その書状をその日のうちに読んだはずであり、上方の緊迫した状況を知ったことだろう。

しかし、翌二月二十一日付けの書状では、三月二日出馬の予定を変更しなかった。にもかかわらず、その数日後には出馬そのものを事実上中止する判断を下した。その数日のズレに、政宗の心の揺れを感じる。

政宗が秀吉への服属を決断したのは、三月の下旬頃だろう。対佐竹戦への出馬延期を那須資晴に対して報知したのは、三月二十一日付けの朱印覚書においてだった。その三日後にあたる三月二十四日付けの前田利長《としなが》宛て書状で政宗は、秀吉が関東へ「御動座」する「後詰」として出馬することを知らせている（「村木善四郎氏所蔵文書」）。前田利家から要請された豊臣政権方としての出馬を、承諾したことになる。秀吉への服属を決断した以上、秀吉の敵対者である北条氏に与する那須資晴に対して、政宗は自身の立場の変化を説明する必要があると感じたのだろう。那須資晴宛ての朱印覚書は、「密約」というよりは、政宗にとってはけじめとしての意味を持っていたのだろう。

三月二十六日付けの政宗書状では、「関白殿」が小田原へ「御動座」する「後詰」としての出馬の期日を、四月六日としている（「伊達家文書」「政宗君記録引証記所収文書」）。「関白殿」「関白様」という表記が政宗の書状に多く見られるようになるのは、この頃からである。些細な点だが、三月までは「関白殿」だった表記が、四月には「関白様」に変化している。ただし、四月九日付けで作成された壬生義雄宛ての政宗書状の草案では、例外的に「関白」という具合に敬称を省いている。この事例は、壬生義雄が北条氏に与していたため、その立場に配慮したのだろう。

義姫置毒・小次郎誅殺

しかし政宗は、四月六日になっても黒川を出発することはなかった。その理由として決まって取り上げられるのが、義姫《よしひめ》置毒・小次郎誅殺事件である。事件の顚末は、伊達家の正史である『貞山公治家記録』の詳しい記事で知ることができる。出発予定前日の四月五日、政宗は母義姫の居所である黒川城「西館」で催された饗応に赴いたところ、毒殺の謀計があることを察知し、「虫気」と称して退出した。同書の引く「或記」は、実際に「菓子」を食したところ「吐逆」し、片倉小十郎らに助けられて何とか退出したとするが、『貞山公治家記録』の編者は「或記」の説を退けている。その二日後の四月七日、「西館」での置毒は、政宗の弟小次郎を家督に立てようとした「御母公」義姫の命だったことが判明する。

母親を処分できないと考えた政宗は、小次郎を「御前」に呼んで「御手撃」にした。同書の引く「或記」は、この時伺候《しこう》していた屋代《やしろ》勘解由兵衛に小次郎殺害を命じたが、固辞されたために「御自身」で「撃倒」したとする。また、「遠侍」では小次郎の「御守」である小原縫殿助が誅殺された。そしてその日の夜、義姫は黒川城を退去し、実家である最上氏の山形城へ移った。以上のように事件の顚末を記したあと、『貞山公治家記録』の編者は、事件が起こったのは最上義光《よしあき》が義姫に政宗の殺害を教唆した結果だと説明する。伊達家の正史である『貞山公治家記録』の記事なので、同書が編纂された江戸時代においては、以上の内容が伊達家の公式見解だった。

ところが、『貞山公治家記録』の編纂にも利用された同時代史料の『伊達天正日記』には、この事件の発生を直接的に示す記事はない。『貞山公治家記録』は置毒の現場を「西館」とするのに対し、『伊達天正日記』は政宗の出御先を「御東」と記す。義姫は『伊達天正日記』に「御東様」と記されることがあるので、「西館」に居る「御東」を訪れたと解釈できる。確かに政宗は、四月五日に義姫のもとで「御虫気」となり体調を崩しているが、重篤な状態に陥ることなく快復している。また、四月七日に小原縫殿助が「御てい(亭)」で成敗されたことは『伊達天正日記』にも見えるが、小次郎誅殺の記述はない。高橋明氏が指摘するように、「御てい(亭)」を「遠侍」とする『貞山公治家記録』の解釈は適切ではないし、小原縫殿助が小次郎の守役だったことはほかの史料で確認できない(高橋:二〇一二)。

『伊達天正日記』の記事を素直に読む限り、小原縫殿助成敗の理由は、さして身分が高いとは思えない小原縫殿助が、身分不相応な場に迷い込んだためと考えられる。筆まめで知られる政宗が、『貞山公治家記録』附録三に収められた消息を例外として、一連の事件について一切触れていないことも不自然である。

一連の事件について、初めて本格的な検討を加えたのは佐藤憲一氏である。佐藤氏は、山形への義姫の出奔が文禄三年(一五九四)十一月四日の夜だったことを明らかにした上で、それ以前の義姫と政宗との間で交わされた「母子の愛情溢れる手紙」を見る限り、『貞山公治家記録』が記すような置毒事件があったとは考えられないとした（佐藤：一九九五）。それを受けて高橋明氏は、義姫による置毒事件が存在しない以上、これと密接に関わる小次郎誅殺も疑問であるとし、一連の事件の根拠となっている『貞山公治家記録』附録三に収められた政宗消息を「偽書」と断じ、義姫置毒・小次郎誅殺の風説が流布する中で、政宗や伊達家の名誉を守るために政宗消息が捏造されたとする（高橋：二〇一一）。

佐藤氏や高橋氏が指摘するように、義姫置毒・小次郎誅殺は事実ではないと思われる。しかし、『伊達天正日記』に「御虫気」と見えるように、この時の政宗が体調を崩していたことは間違いない。しかもその発症は、政宗が秀吉へ服属するために黒川を出発する予定日の前日だった。秀吉への服属決断と政宗の「虫気」とに、何らかの関係があると考えるのが自然ではないだろうか。

この時の「虫気」について政宗自身は、四月十日付けの書状で、「一両日中」は「虫気」だったが、すぐに「本復」したと記したように、二日間程度は「虫気」だったと証言している（個人所蔵文書）。『伊達天正日記』には四月五日のうちに「御平元」とあるが、「一両日中」という文言からは、翌日ぐらいまでは本調子でなかったことが窺える。政宗の「虫気」はすぐに伊達家中へ伝わった。遠方に居た一門の留守《るす》政景《まさかげ》や国分盛重《こくぶんもりしげ》は見舞いの使者を派遣し（「八槻神社文書」「秋田藩家蔵文書」）、比較的近い場所の岩瀬（福島県須賀川市）に居た浜尾駿河守は自ら見舞いに訪れている（「政宗君記録引証記所収文書」）。

実は、政宗は天正十二年（一五八四）十月の家督相続の直後にも体調を崩したことがあった。政宗の父輝宗の十一月二十一日付けの書状には、政宗の体調が「追日本復」していることが見え、同じく十二月十七日付けの書状では、政宗の体調は「平元」で「本復」したとある（「伊達政宗記録事蹟考記所収文書」）。政宗のこの時の体調不良について入間田宣夫氏は、家督相続に伴う「過度の緊張によるものであったか」と推測する（入間田：一九九四）。

この家督相続から五年以上が経過しており、伊達家当主としての政宗の経験と実績は十分だったが、豊臣政権からの圧力や小田原合戦の勃発という政治情勢の緊迫化を受けて、政宗が慎重な判断を求められていたことは間違いない。そのような状況であるがゆえに、伊達家中の面々は政宗の「虫気」に無関心ではいられなかっただろうし、政宗自身もそのような家臣たちの心情を察していたと思われる。政宗「虫気」の原因は、これらの重圧によって生じた精神的なストレスにあるのではないだろうか。となれば、政宗は深く懊悩《おうのう》していたことになる。

小田原参陣

留守政景が政宗「虫気」を心配して見舞いの使者を派遣したことに対し、政宗は返礼の書状を認めた。その書状には、豊臣軍が小田原をことごとく「押詰」ているので、「当方（政宗）ヨリも日光表（栃木県日光市）」へ「打出」ために、「明日十五」には「大内（福島県下郷町）」まで出馬するとある（「八槻神社文書」）。果たせなかった四月六日の出馬を、十五日にいよいよ実行することに決したのである。

そして、十五日に政宗は実際に出馬し、大内への到着後に「談合」を行い、十六日には小田原より帰った富田丹波から「南方ノ様子」の報告を受け、その夜に再び「談合」し、十七日には片倉小十郎・片倉以休斎・原田旧拙斎を召し加えて、さらに「談合」した(『貞山公治家記録』)。政宗が十六日以降どこに居たかは定かでないものの、たびたび談合を行っていることから、遅くとも十七日には黒川城へ戻ったと考えられる。「日光表」までは進まなかったのである。「南方ノ様子」を踏まえた結果の方針変更だろう。

四月二十一日付けの政宗書状では、大内への出馬を「後詰事切」と表現している(「政宗君記録引証記所収文書」)。「事切」とは、それまで友好関係にあった相手に対する軍事行動を伴う行為である。大内への出馬には、北条氏との関係を解消する意味が込められていたのだろう。この行為によって、政宗は北条氏との関係にけじめをつけたのだと考えられる。

同日付けの別の書状で政宗は、浅野長政からの「内意」として、政宗の上洛に「入魂之理《じっこんのことわり》」をもって対応するとあるので、それに従って「上洛」する覚悟だと述べている(「仙台市博物館所蔵文書」「政宗君記録引証記所収文書」)。すでにこの時、豊臣軍は小田原城を包囲していたから、この「上洛」は小田原への参陣と読み替えることができよう。その一方で、その前日にあたる四月二十日付けで長政から片倉小十郎へ出された書状や、同日にあたる四月二十一日付けで木村吉清・和久宗是の連署で政宗へ出された書状では、「会津」を「関白様」へ進上することが求められていた(「伊達家文書」)。政宗の「上洛」が実現しないうちに、政宗への要求はさらに厳しいものとなっていたのである。

四月二十九日付けの政宗書状には、「上洛之義」は「来四日必定候」とあり、「上洛」すなわち小田原参陣への出発は五月四日の予定だった（「浅川家文書」）。ところが政宗は、予定日に出発することができず、伊達成実《しげざね》に宛てた五月八日付けの書状において、「明日九日」に出発が決定したことを知らせている（「亘理伊達家文書」）。九日には実際に出発し、その「御共」は片倉小十郎以下「御譜代及ヒ会津・磐瀬ノ降臣等都合百騎許リ」となり、伊達成実には「黒川御留守居」が命じられた（『貞山公治家記録』）。

出発が九日に遅れたのは、伊達領国境目の警固を各方面に指示するためだったと考えられる。五月二日には、相馬氏との境目に位置する駒ヶ嶺城（福島県新地町）の黒木上野守に、同城への在番衆の顔ぶれを知らせると共に、城の「普請」に手抜かりなく、「兵儀」を起こさないよう指示している（「政宗君記録引証記所収文書」）。

当初の出発予定日だった五月四日には、佐瀬伯耆守に対し、「伊南口（福島県南会津町）」の「警固」、「簗取・布沢筋（福島県只見町）」への「助成」を命じ、「那須口并日光口（栃木県）」についても油断しないよう指示している（「政宗君記録引証記所収文書」）。佐瀬伯耆守は、摺上原合戦に際し、蘆名家臣でありながら政宗に味方したことで蘆名重臣の佐瀬氏の名跡を与えられた人物で、小田原参陣時の伊達領国の警固体制を記録した「諸境警固賦之日記」によれば、この時、南山城（福島県南会津町）に配置されていた（菅野：二〇一〇）。

五月十七日付けの政宗書状には、「昨十六」に「越後屋彦（新潟県弥彦村）」に到着したこと、「路次中」は上杉景勝の配慮があったこと、「関白様」への出仕の準備は整っているので「早々」に参陣するようにと「指南中」から連絡があったことなどが見える（「政宗君記録引証記所収文書」）。政宗の小田原参陣は上杉景勝も承知しており、領内の通過に協力したのである。「指南中」とは、豊臣政権との取次を務めていた浅野長政や前田利家らを指すのだろう。

政宗は、五月二十七日・二十八日という具合に、浅野長政へ立て続けに書状を送っている。書状の内容は、二十七日には甲府（山梨県甲府市）に到着したが、長政が「武州口（埼玉県）」に出陣中で小田原には不在のため甲府に「滞在」していること、長政を取次として「憑入《たのみ》候筋目」があるので早く小田原の「御本陣」に帰ってほしいこと、その際は秀吉への「御執成」を「憑入」ことなどである（「浅野家文書」「杉浦千代夫氏所蔵文書」）。秀吉に服属する政宗にとって、取次としての長政の存在は極めて大きかったと言える。

政宗が小田原へ到着したのは六月五日であるが、浅野長政はまだ帰陣していなかった。ただ、翌六日付けの政宗書状には、「鉢形表（埼玉県寄居町）」に在陣中の長政と前田利家に対して、「関白様」が使者を派遣し、小田原への帰陣と政宗の「指南」を命じたことが見える。同じ書状で政宗は、「彼一儀」について「関白」からの指図がないことを、どうしたことかと訝《いぶか》っている（「登米懐古館所蔵登米伊達家文書」）。「彼一儀」とは、長政らが要求してきた「会津」を「関白様」へ進上することだろう。同じ書状の中で政宗は、この件に関する部分では「関白」という具合に敬称を省いている。意図的に「関白様」と「関白」を使い分け、秀吉への抵抗感を示したのではないだろうか。

政宗の秀吉への出仕は、六月九日午前十時頃に実現した。政宗はその直後の正午頃、黒川城を守る伊達成実に宛てた自筆の書状を認め、「関白様」から直々に「御入魂」の言葉をかけられたこと、「かほとまて御懇切」にされ感激したこと、翌十日の「御茶湯」に招待されたこと、「明々後日」に黒川へ帰る許しが得られたこと、「奥州五十四郡も、おおかた調《ととのい》さう」なことを伝えると共に、この書状を写して配布するよう指示している（「宮城県図書館所蔵文書」）。おそらくこの対面では、心配していた「会津」の件は触れられなかったのだろう。書状の文面には政宗の安堵の気持ちが滲み出ている。

ここに見える「奥州五十四郡」は、先に見た政宗の弁明の③に対応している。この時、政宗は奥州探題家としての伊達氏の由緒に秀吉が理解を示したと感じたと思われる。六月十一日付けの政宗書状には、「奥州」ばかりでなく「出羽」まで「当方（政宗）」の「下知」に任されたとある（「桑折文書」「吉田文書」）。同十四日付けの政宗書状では、「奥州五十四郡・出羽十二郡」の「仕置」を秀吉から命じられ、「会津」について一度は秀吉から安堵されたものの、まずは「関白様御蔵所」にすることになったとある（「伊達家文書」）。

同二十二日付けの政宗書状には、「会津」は「先々、関白様御蔵所」となることに決定したが、ゆくゆくは「手前（政宗）」に返還され、「奥州・出羽」は政宗の「下知」によることになったとある（「政宗君記録引証記所収文書」）。政宗の「下知」「仕置」の及ぶ範囲が、「奥州五十四郡」から「奥州五十四郡・出羽十二郡」へと拡大する一方で、懸念していた「会津」が伊達領国から欠落していく。政宗が実際に黒川への帰途に就いたのは、当初の帰国許可から大幅に遅れた六月二十五日だった。そして七月五日には、北条氏が秀吉に降伏して滅亡した。

その後の奥羽仕置において、伊達領国の削減が強制執行された。秀吉の蔵入地となるはずだった会津のほか、仙道の南部から中部にかけての範囲が蒲生氏郷《がもううじさと》の領国となる。奥州探題家としての伊達氏の由緒は認められず、「奥州五十四郡・出羽十二郡」の「下知」「仕置」は空手形に終わった。

政宗の自己認識

関白秀吉に体現される豊臣政権の本質が、平和的か好戦的かはともかくとして、東国で進められた豊臣政権の「惣無事」に、上位者からの強制執行という面が色濃く表れているのは間違いない。実際に紛争や抗争が発生し、一方の当事者が豊臣政権との上下の関係に依存しようとすれば、もう一方の当事者も自動的に豊臣政権よりは下位の立場に位置づけられることになる。当事者同士はあくまでも並立だからである。政宗の場合、相対する抗争当事者は蘆名義広であり、その没落後は蘆名方諸勢力となる。蘆名方諸勢力を支援した上杉景勝や佐竹義重も、抗争当事者としての一面を有しただろう。

政宗が領国や勢力圏を拡大したのは、奥羽の中でも主に南奥においてだった。その南奥では、領主間で抗争が発生した場合、一方が壊滅的なダメージを受ける前に、抗争の当事者ではない別の領主が中人となって講和を結ぶことが一般的だった。ある時は当事者だった領主が、別の時には中人を務め、合戦と講和が繰り返されて一定の秩序を維持することが規範化していたのである。講和を結ぶ当事者が二者を超えて多数になる場合、その講和は「惣和」と呼ばれることがあった。

南奥に侵攻した佐竹義重は、そのような慣行を利用する一方で、南奥の諸領主を佐竹氏のもとに系列化していく。政宗はそれに強く反発し、南奥は佐竹・伊達二大勢力の角逐の場となる（垣内：二〇一七）。政宗は、奥州探題家としての由緒を持つ伊達氏の当主として、南奥の「惣和」を差配する立場にあると自己認識していたと思われる（小林：二〇一七）。佐竹義重に強く反発したのはそのためであり、自らの立場を自己否定することになる豊臣政権への服属を、深い懊悩なしに決断することはできなかっただろう。

【主要参考文献】
会津若松史出版委員会編『会津若松史』第八巻（会津若松市、一九六七年）
茨城史料ネット「レスキューされた伊達政宗の「密書」」（『常総中世史研究』創刊号、二〇一三年）
入間田宣夫「天正十三年以前の動向」（仙台市史編さん委員会編『伊達政宗文書1』仙台市、一九九四年）
遠藤ゆり子「公権の形成と国郡・探題職」（同『戦国時代の南奥羽社会』吉川弘文館、二〇一六年、初出二〇〇二年）
垣内和孝『伊達政宗と南奥の戦国時代』（吉川弘文館、二〇一七年）
菅野正道「小田原参陣時における伊達領の警固体制」（『仙台市博物館調査研究報告』三〇号、二〇一〇年）
黒嶋敏『秀吉の武威、信長の武威――天下人はいかに服属を迫るのか』（平凡社、二〇一八年）
小林清治『奥羽仕置と豊臣政権』（吉川弘文館、二〇〇三年）
小林清治「奥羽仕置と政宗」（同『伊達政宗の研究』吉川弘文館、二〇〇八年、初出一九八七年）
小林清治「伊達政宗の奥州王意識」（小林清治著作集1『戦国大名伊達氏の領国支配』岩田書院、二〇一七年、初出一九八六年）
佐藤憲一「伊達政宗の母・義姫の出奔の時期について」（『仙台市博物館調査研究報告』一五号、一九九五年）

仙台市史編さん委員会編『伊達政宗文書1』（仙台市、一九九四年）
高橋明「義姫置毒・小次郎誅殺をいう伊達政宗釈明消息は偽書である」（『福島史学研究』八九号、二〇一一年）
竹井英文『織豊政権と東国社会』（吉川弘文館、二〇一二年）
東京大学史料編纂所編『伊達家文書之一』（一九〇八年、東京大学出版会覆刻二〇〇一年）
戸谷穂高「関東・奥両国『惣無事』と白河義親」（村井章介編『中世東国武家文書の研究』高志書院、二〇〇八年）
日光市歴史民俗資料館編『発見!! 足尾の戦国時代』（日光市歴史民俗資料館、二〇二〇年）
福島県編『福島県史』第七巻（福島県、一九六六年）
藤木久志『豊臣平和令と戦国社会』（東京大学出版会、一九八五年）
藤木久志「東国惣無事令の初令」（同『戦国史をみる目』校倉書房、一九九五年、初出一九八六年）
藤田達生『日本近世国家成立史の研究』（校倉書房、二〇〇一年）
前川辰徳「那須資晴と伊達政宗」（大田原市那須与一伝承館図録『近世大名那須氏の成立』、二〇一四年）
山本博文『幕藩制の成立と近世の国制』（校倉書房、一九九〇年）

第十章　豊臣政権と北条氏政・氏直

片山正彦

最大の敵

本章は、豊臣秀吉と対峙した諸大名のうち、北条氏政《ほうじょううじまさ》・氏直《うじなお》との交渉過程について、近年の研究成果を踏まえつつ概観していくものである。

中国・四国・九州を平定後、さらに天下統一に邁進する秀吉にとっての最大の敵は、関東一円に勢力を及ぼす小田原北条氏だった。天正十八年（一五九〇）七月、秀吉の小田原攻めによって北条氏は実質的に滅亡することとなるが、当主氏直の妻は徳川家康の娘督《とく》であり、北条氏と徳川氏には強い結びつきがあった。

秀吉と家康との交渉過程については第六章で詳述されると思うが、秀吉と北条氏との交渉過程においては、自身の娘を氏直に嫁がせていただけでなく、地理的にも秀吉と北条氏との間に存在した家康の位置づけには注意する必要があるだろう。

そこで本章では、家康の位置づけにも留意しながら、秀吉と北条氏政・氏直との交渉過程を跡づけていくこととしたい。

徳川家康と北条氏との和議

天正十年（一五八二）六月、本能寺の変によって、織田信長は「天下布武」の達成を目前にして、非業の最期を遂げた。家康は同年五月十五日に武田氏討滅の戦勝を賀するために近江安土城（滋賀県近江八幡市）を訪れ、引き続き信長の勧めで上方《かみがた》遊覧に赴き、本能寺の変当時は和泉国堺（大阪府堺市）にあった。急遽、苦難の伊賀越えで四日には三河岡崎《おかざき》城（愛知県岡崎市）に戻ったが、別行動をとった穴山信君《あなやまのぶきみ》は途中で殺害されてしまった。

信長の死後、甲斐の河尻秀隆《かわじりひでたか》は殺され、上野の滝川一益《たきがわかずます》は北条氏と戦って敗れ、かつての領国伊勢へと逃げ帰った。それを追うように、北条氏直の軍勢が上野からさらに信濃へと進出した。また森長可《もりながよし》は、越後の上杉景勝《うえすぎかげかつ》と対陣していたが、旧領美濃に撤退したため、川中島《かわなかじま》四郡は上杉方が制圧した。

この六月中に岡部正綱《おかべまさつな》や穴山衆と共に、徳川方のいわば先鋒隊としての役割を果たしたのは、大須賀康高《おおすがやすたか》と曾根昌世《そねまさよ》だった。曾根は、岡部と同じく家康に降った武田氏旧臣だったが、甲斐侵攻当初の活躍はめざましかった。次いで六月末には、家康は第二陣ともいうべき大久保忠世《おおくぼただよ》・石川康道《いしかわやすみち》・本多広孝《ほんだひろたか》・康重《やすしげ》父子らを派遣し、甲斐からさらに進んで信濃経略をも指示した。家康自身も七月三日に遠江国浜松《はままつ》（静岡県浜松市）を発ち、九日には甲斐国甲府《こうふ》（山梨県甲府市）に入った。

こうして、信濃・甲斐の領有をめぐって、徳川氏と北条氏との抗争になった。徳川方は新府《しんぷ》城（山梨県韮崎市）を押さえ、南下して若神子《わかみこ》（同北杜市）に陣を張った北条勢と対峙した。北条方の軍勢は二万人余り（一説に四万人とも）、徳川方は新府城の三千人を含めて一万人程度と言われていた。八月十二日には、徳川方を挟撃しようとして動いた北条勢の一部を、甲府の留守部隊である鳥居元忠《とりいもとただ》らが撃破するという黒駒《くろこま》（同笛吹市）の合戦が起こった。戦いは徳川方の勝利となり、多くの首級が若神子の北条方の陣に向けて晒されたため、北条方は大いに戦意がそがれ、それ以後、戦線は膠着状態に陥った。北条方にとってさらに打撃だったのは、北条氏の信濃侵攻時に帰属していた上田《うえだ》城（同上田市）の真田昌幸《さなだまさゆき》が離反し、九月末に徳川方へ降ったことである。

北条氏略系図

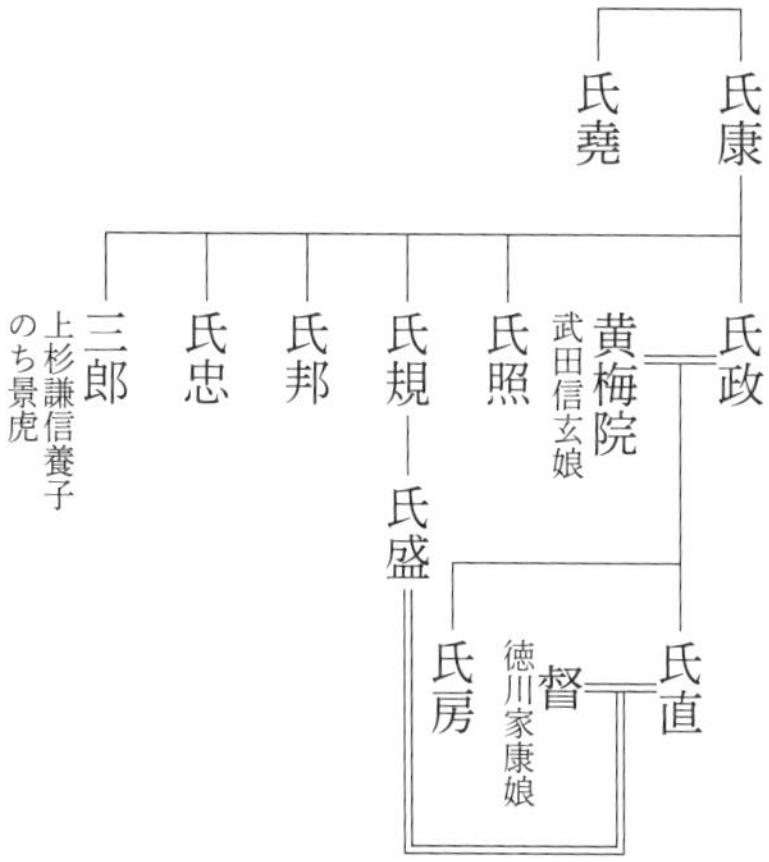

十月末になると、信長の子である信雄《のぶかつ》・信孝《のぶたか》兄弟の勧めもあり、両軍の和議が成立した。和睦の条件は主として二点で、第一に、北条方が占領していた信濃国佐久《さく》郡と甲斐国都留《つる》郡とを徳川方に割譲し、代わりに上野国は北条領とする、第二に、家康の娘（督姫）を氏直の正室に迎え、両家は婚姻・同盟関係を結ぶ、というものだった。

和議の成立で、両軍は人質を取り交わし、兵を引くこととなった。北条軍は二十九日に撤退したが、家康はなお甲府にとどまり、甲斐・信濃の経略に努めた。和議の際の領土協定は「手柄次第」、つまり実力に任せてということであり、新たな領国の統治はそれぞれの才覚に委ねられたからである。

こうして天正十年末には、家康は新たに甲斐と佐久郡より以南の南信濃を手中にし、それまでの三河・遠江・駿河と合わせて五ヵ国を領有するに至った。他方、上野では真田氏が沼田《ぬまた》城（群馬県沼田市）と岩櫃《いわびつ》城（群馬県東吾妻町）によって西上野を押さえており、北条氏による領国化は進まなかった。この沼田領問題は、のちの北条氏滅亡の遠因ともなり、今後に大きな火種として残された（本多：二〇一〇）。

小牧・長久手合戦と北条氏

北条氏直は、天正八年（一五八〇）八月十九日に氏政から家督を譲られ、北条氏の当主となった。以後においては、「御屋形様」と称されている。同十一年八月十五日には、家康の二女督姫を正室に迎え、徳川氏とは同盟関係となった。

徳川氏との婚姻を成立させた北条氏は、天正十二年四月、北条氏から離反した由良国繁《ゆらくにしげ》・長尾顕長《ながおあきなが》兄弟とこれに隣接する佐野《さの》氏攻略のために、下野足利《あしかが》領と佐野領に進攻した。これに対して、由良・長尾両氏や佐野氏らを支援する常陸佐竹《さたけ》氏らが結集して佐野領へ出陣してきたため、両軍は渡良瀬川《わたらせがわ》を挟んで、それぞれ藤岡《ふじおか》・沼尻《ぬまじり》（栃木県藤岡町）に対陣した。両軍の対陣は四月下旬から七月上旬にわたり、約三ヵ月に及んで展開された（黒田：二〇〇五）。

この合戦は「沼尻合戦」などと呼ばれる。この合戦については、これまであまり注目されていなかったが、秀吉と家康・織田信雄が戦った小牧《こまき》・長久手《ながくて》合戦と関連づけて注目したのが斎藤慎一氏である。

斎藤氏は、この合戦前後、氏政・氏直父子は家康と、佐竹義重《よししげ》をはじめとする北関東の諸領主は秀吉と気脈を通じていたとし、そのため濃尾《のうび》平野で戦う家康と秀吉の構図が下野国でそのまま展開されたとする。沼尻合戦の最中は、秀吉・家康共にその戦況に注意を払っていたとされ、関東における抗争が中央の政治情勢と全く無関係に展開されることはなかったと指摘している（斎藤：二〇一九）。以下、斎藤氏の見解に従って、二つの合戦の関連性について述べていきたい。

小牧・長久手合戦の主たる戦場は、現在の愛知県内だった。しかし、連動する合戦は各地で起きている。織田信雄は秀吉の背後を襲わせるため、四国の長宗我部元親《ちょうそかべもとちか》に協力を要請している。また、家康と連名で紀州雑賀《さいか》衆と根来《ねごろ》衆に大坂城を攻めるよう依頼した。そのほか、越中の佐々成政《さっさなりまさ》も家康と気脈を通じ、能登侵攻を画策した。これに対して秀吉は、丹羽長秀《にわながひで》・前田利家《まえだとしいえ》・上杉景勝と連携をとり、織田信雄・家康の行った戦略に対処した。

一連の外交戦略には、北条氏政・氏直や佐竹義重も関連していた。北条氏政・氏直は若神子の対陣後から家康と同盟を結んでいた。他方、秀吉は佐竹義重ほか佐竹家の面々と連絡を取り合っている。

したがって、小牧・長久手合戦が、役者と舞台を変えて沼尻で行われていたという関係になる。二つの合戦は、列島の視野で見ると、連動した合戦だったのである。

佐竹義重と秀吉との外交関係は天正十一年よりあったようで、徳川・北条同盟の成立に対抗して関係が結ばれていたと考えられる。翌天正十二年、沼尻合戦の直前では、三月二十日に佐竹義重が書状を送り、「当国の様子については、多賀谷重経《たがやしげつね》が申し越します」と連絡している。秀吉は佐竹義重に返書して上方の戦況を細かく連絡しているが、注目されるのは秀吉の書状に添えられた滝川一益の書状である。この書状では、秀吉が家康を滅ぼして北条氏政・氏直を攻める旨を報じており、二つの合戦が連動していることを確認できる。

天下統一を目指す秀吉は、沼尻の対陣に関して一定の動きを示していた。小牧・長久手合戦の最中、北陸方面は佐々成政の動向のために不安定な情勢だった。隣国の上杉景勝は秀吉方として行動し、佐々成政に対置している。その上、上杉景勝は会津の蘆名盛隆《あしなもりたか》とも連携を図り、背後から佐竹義重を援助していた。秀吉は上杉景勝を通じて、背後から佐竹義重を助力し、積極的に沼尻合戦に関わっていたのである。

尾張に出陣する家康は、自国の背後を固める必要が生じていたが、基本的には同盟関係にある北条氏政・氏直が東側に領国を持っており、問題はなかった。北条家では家康と同盟が結ばれている間、交渉の窓口は韮山《にらやま》城主北条氏規《うじのり》があたっていた。この役目のため、氏規は沼尻へ出陣せず、韮山にとどまっていた。氏規は幼少の頃、家康と同じように人質として今川義元《いまがわよしもと》に差し出され、共に駿府《すんぷ》にいたことがあり、家康との交渉には適任だった。

その氏規のもとには家康から、小牧・長久手合戦に際して氏政もしくは氏直のどちらかが尾張まで加勢に来てほしい旨の要請が届いていた。当時の北条氏の状況から考えると、軍勢を割き分けてすぐに尾張へ送ることは困難だったが、氏規が上方の問題はそのまま関東にまで連動していると認識していた点は注目に値する。

また家康は、長久手合戦での勝利を氏政・氏直に報告したりもしている。一方、北条氏からも、沼尻の対陣の状況が伝えられており、氏政・氏直と家康は相互に戦況を報告し合っていたのである。

沼尻合戦が終結すると、氏政・氏直は家康への加勢の準備を始めることとなる。天正十二年九月には、「様子により家康に加勢する」旨の命令が北条家から下っている。十月には北条家の重臣遠山直《とおやまなお》景《かげ》へ、家康への加勢についての命令が具体的な内容をもって伝えられた。しかしながら、このあと十一月十五日、織田信雄が秀吉と単独講和することになった。小牧の陣にいた家康は陣を払い、三河へ帰国する。結局、氏政・氏直の加勢は実現することはなかったのである。重要なのは、沼尻合戦が終結した直後に氏政・氏直が家康のために加勢準備をしたことであり、彼らが沼尻合戦を終結させたかった一因には、間違いなく家康への加勢問題があった。氏政・氏直は、正面に佐竹義重らを見つつも、背後に秀吉を見ていたのである（斎藤：二〇一九）。

小牧・長久手合戦後の家康との関係

織田信雄が秀吉と単独講和することになったため、家康は取り残される形となったが、天正十二年（一五八四）十一月下旬には秀吉との交渉を開始する。同年十二月、家康は二男於義丸《おぎまる》（のちの秀康《ひでやす》）を人質として差し出し、戦争状態はとりあえず解消された。

家康は、引き続き氏政・氏直との連携を重視していたらしく、天正十三年十月には交渉を行った。十月二十九日には、氏直が家康との同盟を強化した旨の条書を作成している。これには、「遠州（家康）と西国（秀吉）が万が一に合戦となった場合には、遠州に味方する」「明日にも遠州と西国の国境が合戦になったならば、遠州からの連絡次第に時日を移さず加勢する」などとあり、対秀吉戦を意識した内容になっている。一般的には、天正十三年・一四年初頭段階の秀吉・家康関係は相互の交渉で語られているが、家康は氏政・氏直との関係を確固なものとした上で臨んでいた。秀吉が相手にしていたのは家康だけでなく、実質的には氏政・氏直も含まれていたことになる。

天正十三年閏八月、家康は家臣の大久保忠世を派遣して、真田昌幸の籠もる信濃上田城を包囲し、攻撃していた。この頃、上野国内でも氏直による真田攻めが行われていた。氏直の出陣は沼田を目指したものであり、即座に真田方の森下《もりした》城（群馬県昭和村）を落とした。この出陣は家康の依頼によるものだったが、結局、沼田城を攻め落とすまでには至っていない。氏政・氏直は自力で沼田を確保することができなかったものの、天正十三・十四年段階において西側は家康との関係を頼りとし、下野方面に大きく領国を拡大させた。

天正十二年十二月二十日、秀吉は佐野宗綱《むねつな》に書状を出す。佐野宗綱は、由良国繁・長尾顕長に翻意の工作をし、沼尻合戦を引き起こした人物である。秀吉は書状の中で「家康は、いかようとも天下次第に任せますと懇望した。そこで、家康ならびに相州の氏直に人質を出し置かせた。こちらは、先に申し遣わした筋目をありきたりのように申し付けた。もし相違するのであれば、明春早々に出馬して、誅伐を加える」と述べている。

氏直が秀吉に人質を出した事実は確認できないが、先述したように家康は二男於義丸を差し出している。確認しておきたいことは、秀吉が家康と同一線上に氏直を見据えており、小牧・長久手合戦と沼尻合戦を同一次元で考えていることである。つまり、氏直も誅伐の対象だったことになる。そして誅伐は、来春早々、すなわち天正十三年正月がその時期と定められていた。

秀吉が小牧・長久手合戦と沼尻合戦を同一次元で考えていたことは、沼尻合戦の最中に出された滝川一益の書状にも見られた。佐竹義重に対して「家康をこのたび討ち果たすことは、もはや眼前である。その上、早速に相模国へ馬を寄せる手筈となっている」と申し送っている。つまり、沼尻合戦の段階で、秀吉は北条氏政・氏直を明確に敵と位置づけていたのである（斎藤：二〇一九）。

しかし秀吉は、北条対策以前に家康との交渉が難航しており、結局、具体的な対応としてはやや直接介入を避けて、東国での自力解決に期待した。市村高男氏によれば、天正十三年三月段階の秀吉は、東国の諸勢力による主体的な紛争解決に対して「助言」する立場でしか関わることができず、しかもこの時の秀吉の「助言」が効果を上げた様子はほとんど認められないという（市村：二〇〇九）。この時期の秀吉は、小牧・長久手合戦の戦後処理で畿内近国の対応に追われていた。具体的には、根来・雑賀一揆の制圧や四国・北国問題への対応であり、したがって関東の問題は先送りとなったのである。

天正十三年六月、秀吉は佐々成政討伐に向かう途次、上杉景勝に書状を出して、「面会して、小田原軍慮のことについて申し述べたい。前田利家と申し合わせて関東越山について内談するように」と書き送っており、小田原攻めが秀吉の政治日程にのぼっている。

この秀吉の意志は、実際に行動に移されようとしていた。天正十三年九月、北条氏直の攻撃にさらされていた皆川広照《みながわひろてる》は上杉景勝に対して、北条氏直を撃退したと連絡しつつ、「来春は義重・（宇都宮《うつのみや》）国綱《くにつな》と申し合わされて上野国にまで御出馬いたしてください。お約束ですので、その時節になりましたら、早くの御越山を念願申し上げます」と依頼しており、斎藤氏は六月の秀吉の指示があってのことと考えるのが妥当だろうと捉えている（斎藤：二〇一九）。

また、十一月には滝川一益が梶原政景《かじわらまさかげ》（当時は佐竹義重に従属）に小田原攻めの実施を予告している。「寒天に向かいますが、小田原追討に出馬しますので、ご安心ください」と冬場での合戦を予告し、「西国・南方・北国ともすべて問題がないので、御出馬は疑いありません。状況については関東に下る道中より申し入れます」と書き添えており、斎藤氏は滝川一益も北条氏政・氏直への恨みが深かったはずであると推測している。

このように、天正十三年の時点で、秀吉の指示により、上杉景勝・宇都宮国綱・佐竹義重が申し合わせた北条誅伐は間違いなく想定されていた、と斎藤氏は述べている（斎藤：二〇一九）。

天正十四年の秀吉による東国出馬命令

天正十四年（一五八六）正月、秀吉によって東国出馬の直書《じきしょ》が発せられた。具体的な内容は出陣日程だったが、先発隊は今月中、秀吉自身は二月十日頃に出陣、上杉景勝には二月中旬に信濃国へ出馬するようにというものである。

ただし、この東国出馬は、結局は中止となってしまう。理由は、秀吉と家康との和睦交渉である。天正十四年正月段階での東国出馬は、北条氏政・氏直だけが目標ではなく、家康の問題も含まれていたからである。

天正十四年二月、秀吉は家康を「赦免」したと家臣の一柳直末《ひとつやなぎなおすえ》に報じている。それによれば、「何様にも関白（秀吉）次第」と家康が望んだので「赦免」し、直末には出陣の必要もないと伝えている（「一柳文書」）。

この直後、家康は北条氏政に面会を申し入れている。その主題は「上方方面の防備について」であり、会談は三月八日から十一日まで、駿河国沼津《ぬまづ》（静岡県沼津市）で行われた。この会談で話し合われた内容について、斎藤氏は、「日程から考えて秀吉への和議申し入れの直後であることから、北条氏政・氏直に疑心を持たれないようにすること、続いて同盟関係の維持を確認し、政治情勢について共通認識を持つこと」などが目的だったろうと推測している。会談終了の数日後、家康は浜松に帰城した。所期の目的を達し、背後を万全にすることができたので、家康は対秀吉交渉に専心することができるようになったと斎藤氏は考えている（斎藤：二〇一九）。

家康の上洛と秀吉の対北条政策

天正十四年（一五八六）四月、秀吉は妹の旭姫《あさひ》を家康に嫁がせることを決定し、五月十四日に御輿が浜松に到着した。九月二十四日、三河国岡崎にいた家康のもとへ秀吉から使者がもたらされた。実母の大政所《おおまんどころ》を人質として家康のもとに送るので、上洛するようにと促すものだった。この使者を受けて、家康は上洛することを九月二十六日に岡崎で決定した。

家康は、十月十四日には三河国吉田《よしだ》（愛知県豊橋市）に到着し、二十七日には大坂城で秀吉と対面することとなった。その場で家康が「どのようにでも関白（秀吉）様次第」と言上した、と秀吉は言う。

この家康上洛にあたって、北条氏政・氏直にも緊張が走った。万が一に備えての準備として、上野の由良国繁には家康への加勢のため、二百人の軍勢を引き連れて来るようにと命令が出されている。富岡対馬入道《とみおかつしまにゅうどう》（秀高《ひでたか》）には、子息に百人を添えて家康の加勢に出陣させ、自身は残る軍勢を率いて上野金山城《かなやま》（群馬県太田市）に入城するよう指示が出されている。

また、北条氏邦《うじくに》（氏政の弟）に対しては、上野の押さえとして自らの本拠地である武蔵鉢形城《はちがた》（埼玉県寄居町）に残り、西上野・東上野の差配を行うよう命じている。氏政・氏直にしてみれば、家康との三月の会見を踏まえてということだろうが、大坂での会見で家康が秀吉と近い関係になったことに比べ、氏政・氏直は反対の方向へと一歩踏み出した感すらある。家康上洛を境として、徳川・北条間は徐々に距離を広げることになる。

秀吉は家康との会見の席で、関東の問題についても話題にした。この頃、秀吉と氏政・氏直は直接の交渉経路を持っていなかった。秀吉と関東との主な交渉相手は、北関東の佐竹義重・宇都宮広綱・結城晴朝《ゆうきはるとも》らであり、この人脈には上杉景勝・天徳寺宝衍《てんとくじほうえん》などが関係していたが、彼らは反北条の面々である。したがって、家康の上洛は、対北条の外交戦略にも大きな変化をもたらすことになる。

家康の上洛を機に、秀吉は家康を主体とする対北条宥和路線を模索することになった。しかし、秀吉も簡単に路線変更できると考えていたわけではなかったらしい。「もし北条が下知に背き、佐竹・宇都宮・結城へ攻め込んだならば、此方から命令を出すので、後詰めの用意をするように」との認識を秀吉は示しており、天正十四年段階においても北条氏政・氏直父子対佐竹義重・宇都宮広綱・結城晴朝という構図で関東の政治情勢を理解していた。

すなわち、秀吉の対北条問題は、正面からは家康が交渉にあたって平和的解決を目指すと同時に、その一方で従前からの方針だった軍事行動による制圧も念頭に置いていたのである（斎藤：二〇一九）。

秀吉の関白任官と「惣無事令」論

天正十三年（一五八五）七月、秀吉は関白となった。秀吉が全国を統治する権限について、その源泉をこの関白任官に求めて説明することがある。任官から約三ヵ月後の天正十三年十月、秀吉は薩摩の島津義久《しまづよしひさ》に宛てて、「関東は残らず奥州の果てまでも、綸命《りんめい》によって天下を静謐《せいひつ》にする」と述べ、天皇の命により関東・奥羽までの天下静謐を執行する関白秀吉が位置づけられている。その具体的施策として、①国郡境目争論については、双方の主張を調査の上、天皇の命として秀吉が裁定する、②軍事紛争は天皇の命令により即座に停止を命じる、③このことに違反した場合は秀吉が成敗する、の三点が挙げられる。

この施策は、これまで豊臣平和令に一括される諸政策のうちで、「惣無事令」と名づけられる法令の一つとの位置づけがなされてきた。いわゆる「惣無事令」論であり、これを提唱した藤木久志氏によれば、豊臣期の諸大名は「惣無事令」によって自力救済権を否定され、軍事力集中と行使は「公儀の平和の強制と平和侵害の回復の目的にのみ限定」されていたとし、「平和の強制」が豊臣政権による「惣無事」の政策基調だったという（藤木：一九八五）。

藤木氏は、十二世紀中期のドイツに見られた「ラントフリーデ」（帝国平和令）に示唆を受け、豊臣政権が施行した大名・領主の交戦権を否定する「惣無事令」、百姓の合戦・喧嘩を禁圧する「喧嘩停止令」、百姓・町人への身分法令としての「刀狩令」、海賊行為を厳禁する「海賊停止令」を一括して「豊臣平和令」と規定し、豊臣政権の全国統一を軍事征服とした従来の見方に根本から修正を迫った。

一方で、このような藤木氏の「惣無事令」論を批判する研究もある。例えば藤田達生氏は、秀吉が賤ヶ岳《しずがたけ》合戦以来、「戦争→国分《くにわけ》執行→仕置令発令」という一連の手続きを繰り返しながら全国統一を完了したとし、秀吉が主張した「惣無事」というスローガンは、あくまでも直接境界を接しない遠隔地の戦国大名間紛争に軍事介入するための名分であり、「国分」に至る一連の政治過程と軍事動員からは、独善的かつ好戦的な政権の本質が明瞭になると指摘した（藤田：二〇〇一）。

さらに藤田氏は、「惣無事令」という（豊臣政権）独自の法令は想定できず、秀吉が発令したのはあくまでも「停戦令」で、「惣無事」や「天下静謐」は武力介入を正当化するための政策基調だったとの見解を示し（藤田：二〇〇六）、藤木氏の見解と相反する。

また、藤木氏が提起した「惣無事令」論を、「令」の性格に注目し、その存立の正否について論じたのは藤井譲治氏である。藤井氏は、藤木氏の「惣無事令」論について、最初に東国領主宛てに出された三通の十二月三日付け秀吉直書を根拠に提起された初発の段階から「四国国分」「九州停戦令」の「惣無事令」への組み込み、天正十五年とした「惣無事令」を遡る初令の発見、その法源を関白任官に求めるなど変遷、成長を遂げたとする。そして、その結果として藤木氏の「惣無事令」は、停戦命令、当知行の暫定的安堵、公の裁定、不服従者の公による制裁、を内容とする豊臣政権の天下統一にあたっての政策基調であり、その権限は、天正十三年の関白任官によって秀吉が手にしたといい、「秀吉あるいは豊臣政権が、関白任官を機に領土高権を自らのものとし、明確な政権構想のもとに天下統一を推し進めたとすることの理解は、豊臣政権の性格に高い戦略性を付与することになった」という。

そこで藤井氏は、秀吉が関わった「惣無事」を検討した結果、それぞれが個別的・時事的なものであり、藤木氏が想定された広域的かつ持続性のある「令」の姿をそこには確認できないとした。また、これまで天正十四年とされ、「惣無事令」の根拠とされてきた北条氏政宛ての徳川家康書状が秀吉の関白就任以前の天正十一年のものと確定されたことから、「惣無事令」の持つ「領土高権」の掌握が秀吉の関白就任によるとする藤木氏の理解は、否定されきらないまでも変更を余儀なくされるとした（藤井：二〇一〇）。藤井氏の見解を換言すれば、「惣無事」と記した史料は存在するが、「惣無事令」と記す史料、あるいは「惣無事」という法令の内容を示した史料は確認できないということだろう。

いずれにせよ、「惣無事」に関する研究は、豊臣政権の統一作業が完了するまでの過程を如何に捉えるか（軍事力集中と行使をどのような目的で実行したか）が、研究者によって異なっていると言えよう。

「惣無事令」論の見直しと北条氏

さて、ここでの問題関心から言えば、これまで天正十四年（一五八六）とされ、「惣無事令」の根拠とされてきた徳川家康書状が北条氏政宛てであることは注目される。

これまで「惣無事令」の根拠とされてきた北条氏政宛ての徳川家康書状（「埼玉県立文書館寄託持田

（英）家文書」）は、天正十四年のものと推定する説が有力だった。内容については、「関東惣無事之儀」について「羽柴方」より家康へ申し入れがあったこと、これを受けて家康は家臣の朝比奈弥太郎《あさひなやたろう》（泰《やす》勝《かつ》）を北条氏へ遣わし、「羽柴方」の意を伝えたこと、それについて北条氏はよくよく考えること、だった。さらに、氏直へもこの内容を伝えようとしたが、この時、彼は「在陣」中だったことから叶わず、氏直の陣へ届けられることが肝要であるという。

ここで藤木氏は「羽柴方」を秀吉と捉え、秀吉から家康経由の惣無事令の発動時期は、家康の服属直後の天正十四年十一月に求めることが可能となり、徳川家康の帰服を機に、彼を介して北条氏の服属を説得することが豊臣の関東惣無事令の最優先の課題となったと述べ、天正十四年十月の家康上洛・臣従後、秀吉が「惣無事之儀」の執達を家康に命じたとしている（藤木：一九八五）。

天正十四年十月の家康上洛・臣従を「惣無事」の画期と捉える見解は、藤木氏が「惣無事令」を発見して以来通説とされ、「惣無事」や「惣無事令」論を語る際の前提条件として利用されてきた。「惣無事令」そのものの存在を批判する藤田氏は、天正十四年段階の秀吉にとって最大の課題は、天正十年以来、北条氏と同盟関係にあった家康の臣従であり、この問題が天正十四年十月に家康が大坂城に出仕したことで落着したという。また、北条氏の圧力を受ける関東の中小大名は、家康を「惣無事」の実現主体として期待しており、のちに秀吉も彼の外交能力に大きく依存したと捉える（藤田：二〇〇七）。やはり、天正十四年十月の家康の上洛・臣従（藤田氏は「大坂城に出仕」としているが）を「惣無事」の画期と捉えている点では、藤木氏も藤田氏も同様である。

しかし、豊臣政権の「惣無事」伝達が天正十四年十月の家康の上洛・臣従を前提とする見解は見直され、戸谷穂高氏が北条氏政宛ての徳川家康書状を天正十一年に推定することとなる（戸谷：二〇〇五）。戸谷氏がこれを天正十一年に推定するのは、「羽柴方」という表現が天正十三年七月の秀吉関白任官以後では薄礼すぎる点、氏直の「在陣」が天正十一年十一月にも確認できる点などを根拠としているようである。

まとめると、「惣無事令」の持つ「領土高権」の掌握が秀吉の関白就任によるとされ、秀吉が家康を介して「惣無事令」を関東に伝達することができるのは、天正十四年十月の家康の上洛・臣従以後であると考えられてきた。しかし、豊臣政権の「惣無事」伝達が天正十四年十月の家康の上洛・臣従を前提とする見解は見直され、北条氏政宛ての徳川家康書状を戸谷氏が天正十一年に推定した。すなわち、北条氏政宛ての徳川家康書状が秀吉の関白就任以前の天正十一年のものと捉えられるようになったことにより、天正十四年の家康上洛以前に、家康を介しての秀吉と北条氏政・氏直との交渉経路が存在していた可能性が出てきたのである（片山：二〇一五）。ただし、秀吉が家康を介して氏政・氏直と交渉することに関しては、天正十四年十月の家康の上洛が大きな意味を持っていた。

北条氏の合戦準備

天正十四年（一五八六）十月の家康上洛後、北条側の動きとして指摘できるのは、本城・支城の普請である。まず、本城である小田原城での普請が大掛かりに実施された。この時、課役をかけられた北条氏房《うじふさ》（氏政の四男）は、天正十五年正月に家臣の関根石見守、二月に同じく道祖土《さいど》図書助に役を分配している。また北条氏邦は、永楽百余貫文と兵粮五百俵以上を負担している。五月には、下総小金《こがね》城（千葉県松戸市）の高城《たかぎ》氏にも課せられる。郷村に対しても、正月に大普請と称して北条氏政・氏直から朱印状で人足役が配分されている。この大普請には北条氏照《うじてる》（氏政の弟）が立ち会っている。

支城については、上野国では五月に松井田《まついだ》城（群馬県松井田町）と箕輪《みのわ》城（群馬県箕郷町）の普請が氏政・氏直の命令で課される。金山城でも普請が行われている。七月には金山城下の藤阿久《ふじあぐ》に普請人足が課され、九月には清水康英《しみずやすひで》の指揮によって普請が行われている。

上野国は従前より上杉勢の越山が想定されており、普請も念が入っていたらしい。武蔵国では、十月に岩付《いわつき》城（さいたま市岩槻区）において「諸曲輪塀破損」と称して、修築が郷村に賦課されている。下総国では、十一月に栗橋《くりはし》城（茨城県五霞町）の普請について、北条氏の命令が出されている。相模・駿河国境地帯は、十月頃に足柄《あしがら》城（神奈川県南足柄市・静岡県小山町）、十一月には山中《やまなか》城（静岡県三島市）の普請が実施されている。

この天正十五年で目立つのは、七月三十日付けでいっせいに行われた「人改め」である。これは、秀吉との一戦を想定した軍事動員の準備であり、陣触が間もないことが誰にでも感じられただろう。この「人改め」は、栢山《かやま》（神奈川県小田原市栢山）、中島（同小田原市中町付近）のほか、相模・武蔵両国の随所に発給されており、おそらく領国規模で実施されたものと考えられている。

天正十五年十二月には、北条氏照が秀吉との合戦に備え、陣触を領内に発している。同月には北条氏政も発令しており、小田原着府はいずれも天正十六年正月十五日が日限と定められていた。氏政・氏直は、天正十六年正月十五日を軍事行動の具体的な開始日と決めていたのである。郷村にも役が賦課されるようになっており、伊豆国桑原《くわはら》（静岡県函南町）には材木調達の人足が課されている。武蔵国馬込《まごめ》（東京都大田区）・相模国千津島《せんづしま》（神奈川県南足柄市）には境目普請の人足二人が課されたり、伊豆国桑原・塚本《つかもと》（静岡県函南町）には山中城の普請役が課されたりしている。軍事物資の調達については、鉄砲玉の鋳造御用として大磯《おおいそ》（神奈川県大磯町）から小田原までの伝馬《てんま》が使用されている。北条氏照領内では、寺院の鐘が借用と称して徴用された。氏照が下野国佐野（栃木県佐野市）から小田原へと遠路の派兵を行うことから、家臣に対して兵糧調達のために出銭も命じた。

このように、北条側では合戦の準備が着実に進展しており、緊迫した情勢を呈していた（斎藤：二〇一九年）。

北条氏の方針転換と家康

しかしながら、天正十六年（一五八八）正月十五日を目処として動いていた北条側の合戦準備は、予定日をすぎた時点で動きを止めたらしい。天正十六年二月中旬、北条氏政の命令で上洛していた笠《かさ》原康明《はらやすあき》は、秀吉の侍医だった施薬院全宗《やくいんぜんそう》に氏政の書状を届けた。内容を確認した全宗は、北条氏規に宛てて「上洛をお待ちしております」と返書した。秀吉と氏政・氏直との合戦は、この段階では回避されたのである。

ただし、北条氏の方針は完全に一本化したわけではなかった。特に下野国内で活躍していた北条氏照は、秀吉との和平路線に批判的だったと言われている。氏照は秀吉との交渉が続いていたこの時期に、伊達政宗《だてまさむね》との交渉を活発化させる。天正十六年四月、政宗から北条氏直に宛てて出された書状を受けて、片倉景綱《かたくらかげつな》に「向後、貴国と当方が無二の御入魂《じっこん》あるように、お取り成しが大事である」と依頼している。七月には、政宗に宛てて進物を贈り、佐竹攻めを共同して実施し、本意を遂げるようにと申し送っている。政宗は、佐竹攻めの連携について了解した旨の返書を氏直に送った。

このようなこともあり、北条氏の対秀吉和平交渉は順調には進まなかったが、この北条氏の対応に対処したのが家康だった。四月の段階では、秀吉から氏政・氏直へ伝えられた内容が難題だったと家康の家臣松平家忠《いえただ》が日記に記している。また五月には、秀吉と氏政・氏直の交渉が決裂状態とも書き留めている（斎藤：二〇一九）。

この頃、京都では北条攻めの出陣は六月頃と触れられており、交渉が暗礁に乗り上げた時点で、合戦の準備が開始されつつあったらしい。この状況を打開するため、五月に家康は氏政・氏直に宛てて三ヵ条の起請文を突きつけた。この起請文には、①家康が秀吉に対し、北条父子のことを悪く言わず、北条領国を所望しないこと、②北条氏政の「兄弟衆」の上洛を促すこと、③上洛なき場合は娘の督姫を離縁して返してほしいこと、が述べられている（「鰐淵寺文書」）。

秀吉が北条を討つということが現実味を帯びていたのは、閏五月の秀吉書状（磐城平城主の岩城常《いわきつね》隆《たか》の家臣白土右馬助《しらどうまのすけ》宛て）により明らかである。この書状には、「北条氏から、いかようにも上意（秀吉）次第と詫言を述べてきた」と書かれている。北条氏は秀吉の強硬な姿勢に屈したと言えよう。その続きには、秀吉から上使を派遣し、国の置目を申し付けると記されている。北条氏が上洛を拒否したならば、戦争になるのは明らかだった。

これに対応して、北条側では六月になって氏規の上洛資金を配分している。天正十六年のものと推定される六月七日付けの北条氏邦朱印状写（「武州文書所収秩父郡秀三郎所蔵文書」）によれば、家康が突きつけた起請文の二条目に対応して「美濃守」＝北条氏規が上洛することとなり、上洛するための資金が徴発されていたことがわかる。またこの朱印状には、家康の「御取持」をもって北条氏規が上洛することになったとも記している（片山：二〇〇八）。

資金集めが始まって一ヵ月後、氏規の上洛はまだ実現していなかった。七月に入り、家康は家臣の朝比奈泰勝に、「北条氏規の上洛が遅延しているので、一刻も早く上洛するよう伝えよ」と指示している。

天正十六年八月十日、北条氏規は家康の領国である三河国岡崎に参着した。京都への到着は八月十七日で、宿所は相国寺《しょうこうこくじ》（京都市上京区）だった。二十二日、氏規は大坂城で秀吉と対面した。この時の北条氏直からの進物は、金覆輪《きんぷくりん》の太刀一腰・馬十疋・鷹十一居《もと》（うち白鷹一居）・漆器十盃であり、方広寺《ほうこうじ》大仏造営の御合力《ごうりき》と詞書きが添えてあった。氏規から秀吉への進物もあり、また秀吉から氏規へは刀・脇指それぞれ一振が下賜されて、対面が終了した。八月二十四日、氏規は秀吉の弟秀長《ひでなが》の接待を受け、二十九日には関東へと帰国した。

九月に入ると、秀吉は関東の諸領主に朱印状を送っている。「北条はどのようにでも上意次第と種々懇望してきたので、御赦免とした。そして、その礼儀として、このたびは北条氏規を上洛させた」との内容である。注目されるのは「御赦免」という語が使用されていることであり、秀吉が北条氏政・氏直を赦免したと関東の諸領主へ報じることに大きな意味があったと見られる（斎藤：二〇一九）。

沼田問題と北条氏政の上洛

「沼田問題」とは、上野国内にある真田領の帰属問題である。若神子《わかみこ》合戦で、沼田は家康より北条氏政・氏直に権利が認められていた。この決定に不満を持った真田昌幸は家康に背き、上杉景勝や秀吉を頼り、所領の維持を模索した。真田昌幸は、天正十四年（一五八六）二月に秀吉から発せられた信濃国の「矢留（休戦）」を受け、家康上洛時には家康への帰属が決定され、天正十五年三月には出仕を果たしている。

天正十七年正月、氏直は豊臣方の富田一白《とみたいっぱく》と津田盛月《つだもりつき》に対し、新年の祝儀として太刀や馬などを送った。北条氏は秀吉から赦免されたものの、その一方で、氏直は佐竹氏を攻撃すべく、上野松井田衆に出陣を命じていた。また、北条氏と長尾顕長との抗争も続いていたという。このような事情もあって、秀吉は家康を通して、氏直に弁明の使者を遣わすよう要請を行った。

天正十七年二月、北条氏の家臣板部《いたべ》岡江雪斎《おかこうせつさい》は交渉のために上洛した。板部岡江雪斎は、実名を融《とお》成《なり》といい、小田原城の奉行衆をまとめる宿老だった。伊豆国の出身で、若くして諸道に秀で、北条氏《うじ》康《やす》の側近として仕えたのち、氏政の代には奉行に任命されて、その側近となった。氏政と行動を共にすることが多く、氏政が隠居した天正八年前後からは、氏政の直接支配となった岩付城の経営にも関わり、子息たちはのちのちまで岩付城主北条氏房の家臣となっている。入道して「江雪」と号したが、詩歌や書をよくする文化人でもあり、茶道にも詳しかった。また、天正十年の甲斐・信濃の領有をめぐる北条と徳川の領土分割の会合にも出席し、その経過については熟知していた。氏直の夫人として家康の娘督姫を貰い受ける交渉を行ったのも彼だった（下山：一九九六）。

この上洛の最中に、沼田問題の裁定が秀吉によって下された。上野国内の真田領のうち三分二は沼田城に付けて北条氏政・氏直に割譲、残る三分一の所領は城ともども真田昌幸に安堵、割譲する三分二相当の所領を家康が真田昌幸に宛行うといった裁定だった。ただし、この裁定には、秀吉から「北条上洛」を約束する一札の提出という条件が付けられていた。「北条上洛」とは、北条氏政・氏直のどちらか一名の上洛を指していた。

江雪斎は秀吉との交渉の途中で、細川幽斎《ほそかわゆうさい》（玄旨《げんし》）のもとを訪ねていた。幽斎の邸宅では、和歌会が行われた。その席上において、江雪斎は「露や先　あき（秋）のすかた（姿）を　こほすらん　花はな（放）つ野の　草の夕風」という和歌を詠んだ。秋の待ち遠しさを読んだ和歌で、江雪斎の心のゆとりが感じられる。豊臣と北条は厳しい交渉を乗り越えた過去があったので、江雪斎は今回の交渉もまとめられるという自信があったのだろう。

北条側からの一札は即座には提出されなかったが、天正十七年六月、北条氏直は秀吉側の交渉窓口である妙音院《みょうおんいん》と一鷗軒《いちおうけん》に宛てて、「北条氏政が極月（十二月）に小田原を出立する」との書状を認めている。北条領国では、上洛に伴う人数と負担金の手配がなされている。

秀吉からは、沼田城を含む上野国真田領三分二を引き渡す上使が下向することとなった。北条側の受取人は北条側と秀吉側との協議により、七月十三日に氏政の叔父氏堯《うじたか》と定められ、即日に命令された。七月二十五日と二十六日に予定された引き渡しは無事終了し、あとは北条氏政の上洛を残すのみとなった。斎藤氏によれば、十月十四日には下野国佐野領内でも上洛資金の配分がなされており、氏政の上洛は確実に準備されていたという。その一方で、秀吉側では北条攻めの準備が始まりつつあったらしい（斎藤：二〇一九）。秀吉は側近衆に対して、北条氏が年内に上洛しない場合は、征伐を実行に移すと明言していた。

秀吉の宣戦布告と家康の小田原参戦

天正十七年（一五八九）九月、秀吉は諸大名に対して妻子上洛命令を発している。大和興福寺《こうふくじ》の僧侶英俊《えいしゅん》が記した『多聞院日記《たもんいんにっき》』には、諸国の大名衆に「女中衆」を聚楽第《じゅらくてい》へ同道させ、「今後在京させるように」との秀吉の命があったことが記されており、諸大名の妻子らを在京させようとしていたらしい（藤田：二〇〇一）。これにあわせて、豊臣秀長や筒井の「女中衆」が上洛したという。

十一月、家康の家臣松平家忠の日記には、北条氏が真田の城一ヵ所を攻め取ったことが書き記されている。天正十七年十一月二十四日、秀吉が北条氏直に宣戦を布告したとされる朱印状（「真田家文書」）には、秀吉は北条側が沼田を受け取れば氏政が上洛・出仕すると思っていたが、北条側が真田領の名胡桃《なぐるみ》城（群馬県みなかみ町）を奪ってしまったことが記されている。

このことが問題になったのは、もちろん言うまでもない。秀吉は事件の被害者である真田昌幸に書状を送っている。その内容は、「仮に氏政が上洛したとしても、名胡桃城事件を引き起こした当事者の処分を行わない限り、北条氏の赦免はあり得ない」というものだった。秀吉の強い決意の表れでもある。ここで豊臣・北条間の軍事的な緊張は一気に高まったが、秀吉はすぐに北条を討とうとしたわけではなかった。この時点で氏政が上洛すれば、事は穏便に収まったかもしれないが、結局はそうならなかったのである。

真田昌幸の属城である名胡桃城が乗っ取られたこと、そして約束されていた北条氏政の上洛が見込めなくなったことは、小田原合戦の原因となった（斎藤：二〇一九）。松平家忠の日記には、天正十七年十二月十三日の段階で、秀吉が年明けの三月一日に出馬、織田信雄が二月五日、そして家康には正月二十八日に小田原へ出陣するよう、「京よりの御ふれ」があったと記されている。

小田原合戦の準備が進む天正十八年正月、家康の「世継ノ子」と目されていた「御長殿」（長丸、のちの「秀忠」）が上洛し、「小姫君」との祝言が聚楽第において行われたらしい。「小姫君」は、織田信雄の息女であり、この時は秀吉の養女となっていた。英俊が記した日記によれば、これから合戦を予定する北条氏の所領が関白秀吉の「存分」となれば、秀忠にその「三ケ国」を遣わすという噂になっていた。小田原合戦が実施される直前に、さらに秀吉と家康の関係は強化されたのである。

家康の軍勢は正月二十八日に出陣、家康自身も二月十日には出陣している。これまで秀吉と氏政・氏直の仲介役を果たしていた家康は、秀吉軍の先鋒として、その兵を小田原へ送り込むことになる（片山：二〇〇五）。

余談ではあるが、小田原評定（小田原談合、小田原咄ともいう）のエピソードについて触れておこう。本来の小田原評定とは、月二回開催される北条家の重臣会議である。この評定によって様々な重要事項の決定がなされたのだが、小田原合戦における小田原評定は意味が違う。

秀吉との対決を控えた北条家では、小田原評定を催して作戦を検討することになった。その席上において、出撃して野戦に持ち込むのか籠城するのか、あるいは徹底抗戦するのか和睦をするのか議論が交わされた。ほかにも議題はあったが、評定は揉めに揉めて、なかなか結論が出なかったという。それゆえ、小田原評定と言えば、「話が長引くだけで、いつまでたっても結論の出ない会議や議論」の喩えになったのである。

このエピソードは一次史料で確認できず、享保十一年（一七二六）に成立した『関八州古戦録』や、天保八年（一八四二）に成立した『改正三河後風土記』などでしか確認できない。したがって、小田原評定の逸話は、現在では史実でないと否定されている。

秀吉の宣戦布告状を読む

ここでは、秀吉が氏直に送った宣戦布告状（天正十一年十一月二十四日付け）を、もう少し詳しく読み解いてみよう。実のところ、宣戦布告状は原本が残っておらず、複数の写しが残るにすぎない（『豊臣秀吉文書集』四）。本文は五ヵ条で構成されており、写しによって字句の異同があるものの、書いていることは同じである。秀吉が北条と対決するに至るまでの心情や経過を綴っており、誠に興味深い内容と言える。

一ヵ条目は、氏直が秀吉を蔑ろにして関東で勝手な振る舞いをしたので、秀吉が討伐しようとしたところ、縁者の家康を通して詫びを入れてきたので、氏規の上洛をもって赦免することにしたと書いている。二・三ヵ条目は、先述した北条と真田との領土画定の経過を記し、面会に訪れた江雪斎のことなどが記されている。そして、四ヵ条目で名胡桃城事件のことが取り上げられ、弁明のために派遣された北条の使者に会うことなく、追い返したという。

五ヵ条目には、秀吉の生い立ちから北条討伐の決意が吐露されている。以下、内容を確認することにしよう。秀吉は若年から織田信長の配下となり、昼夜を問わず軍功に励み、やがて世間に名を知られるようになった。信長から中国計略を申し付けられた際、明智光秀が信長を討ったので、秀吉は光秀の首を討って仇をとった。その後、秀吉は柴田勝家を討つなどし、今や麾下《きか》に属さない大名がいなくなったという。秀吉の強い自信の表れだった。

ところが、氏直は天道の正理に背き、帝都（京都＝天皇）に奸謀《かんぼう》を企てたのだから、天罰を蒙るのは当然のことだと喝破する。こうして、秀吉は氏直に宣戦布告を行った。

同年十一月二十八日、秀吉は佐竹氏らに出陣を促す朱印状を送った（「秋田藩家蔵文書」など）。朱印状の冒頭には、「今度北条の事、表裏をいたし、天命を恐れず、恥辱を顧みず、無道の仕立て、是非の題目に及ばず候」と書かれている。北条氏が約束を守らず、天命を恐れず、恥辱すら顧みないので、もはや検討の余地すらないというのが秀吉の考えだった。この文言に続けて、秀吉は来春早々に出馬し、北条氏を討伐するので応じてほしいというのである。この朱印状には、秀吉の氏直に対する宣戦布告状も添付されていた。

小田原合戦の展開と終結

秀吉から先鋒を命じられた家康は、東海五ヵ国の軍勢を率いて駿府城（静岡市葵区）を出陣した。それから間もなく、前田利家も加賀・能登・越中の軍勢を率いて出陣し、途中で越後の上杉景勝の軍勢と合流、西から小田原城へ迫る徳川軍と呼応する形で北から北条領内へ攻め入ろうとした。同じ頃、毛利輝元《もうりてるもと》も秀吉の命によって水軍を出発させる準備を整えていた。そして三月一日には、秀吉が大軍を率いて京都を出陣した。

秀吉の小田原出陣に際しては、御所の建礼門《けんれいもん》の前に仮屋が設けられ、後水尾《ごみずのお》天皇と正親町《おおぎまち》上皇が秀吉の出発を見送った。奈良興福寺の寛尊は三条大橋で秀吉の軍勢を目の当たりにして大いに感嘆し、一時は身動きすら取れなかったと出陣の状況を記している（『蓮成院記録』）。

三月二十九日、秀吉は駿河で家康に対面したあと、甥の秀次《ひでつぐ》に命じて北条方の拠点である伊豆山中城（静岡県三島市）を攻略し、城主の松田康長《まつだやすなが》以下を討ち取り、相模鷹巣《たかのす》城（神奈川県箱根町）・足柄城（同南足柄市）・根府川《ねぶかわ》城（同小田原市）などを攻略、四月二日には小田原城を攻める体制を整えた。

これに対して北条方は、小田原城内に氏政・氏直父子のほか氏照・氏房・氏忠《うじただ》らの一族、成田氏長《なりたうじなが》・上田憲定《うえだのりさだ》・内藤直行《ないとうなおゆき》・松田憲秀《まつだのりひで》らの主だった城主層が人衆《じんしゅう》を率いて籠城した。六月下旬になると、小田原城と武蔵忍《おし》城（埼玉県行田市）を除くすべての城が豊臣方に攻略された。

この間、六月六日と七日の両日にわたり、岡田利世（織田信雄の家臣）が信雄と家康の命により、氏直に投降を求めるべく面会した。利世は氏直が信頼していた小幡信定《おばたのぶさだ》と親交があったので、交渉役に選ばれたのだろう。面会には信定も同席する予定だったが、結局、信定は姿を見せることなく、両者の交渉は失敗に終わった。しかし、氏直は信定に書状を送り、和睦の交渉内容を報告した。氏直は徹底抗戦への構えを崩さなかったが、実際には和睦を模索しており、信定を通して交渉の糸口を探ろうとしたのかもしれない。

六月二十四日、秀吉は黒田孝高《くろだよしたか》・滝川雄利《たきがわかつとし》を氏直の弟氏房のもとに遣わし、和睦交渉を行うこととした。この日、氏規が降参したので、それを機にして和睦を持ち掛けたのだろう。その後、津川義近《つがわよしちか》（斯波義銀《しばよしかね》）が秀吉に対し、氏政・氏直父子が剃髪の上で投降して赦免を願っている旨を申し出た。ところが、秀吉は大いに機嫌を損ね、義近を追放処分とした。非常にセンシティブな問題だったので、秀吉は余計なことを言われたくなかったのだろう。

七月一日、戦況を察知した氏直は、家康ら仲介者の説得に応じて秀吉のもとへ出頭する意志を固めた。七月五日、弟氏房を伴って滝川雄利《かつとし》の陣所へ赴き、雄利と黒田孝高《くろだよしたか》を通じて氏直は「腹を切り、城中の者どもを助けたい」と秀吉に嘆願した。秀吉は神妙に対応した氏直を助命、主戦論者の氏政・氏照兄弟と大道寺政繁《だいどうじまさしげ》・松田憲秀の四人を切腹させると伝えた。七月六日、秀吉からは脇坂安治《わきざかやすはる》・片桐直盛《かたぎりなおもり》（且元《かつもと》）、家康からは榊原康政《さかきばらやすまさ》が派遣されて小田原城を接収すると、退城した氏政・氏照は十一日に切腹した。次いで十六日には、武蔵忍城が石田三成《いしだみつなり》と佐竹・宇都宮・結城・多賀谷・水谷《みずのや》氏ら二万余の軍勢によって攻め落とされ、ついに北条領全域が秀吉によって平定されたのである（市村：二〇〇九）。

北条氏のその後

本章では、家康の位置づけにも留意しながら、秀吉と北条氏政・氏直との交渉過程を近年の研究成果を踏まえつつ、概観していった。本章でも若干述べたが、秀吉の対北条政策という視点で見た場合、近年捉え直されるようになった「惣無事令」論に触れることになる。

最後に、小田原合戦後の北条氏について、簡単に述べておきたい。

当主の北条氏直は高野山《こうやさん》（和歌山県高野町）へ追放されることとなり、七月二十一日に小田原を出立した。この時、氏直の妻である督は、高野山には行かず、新たに旧北条領国に入部した父家康に庇護され、小田原に留まることとなった。氏直は、八月十日に奈良へ到着し、同十二日には高野山に入ったらしい。高野山では、以前から相模国からの参詣者の宿坊となっていた高室院を宿所としたが、その後、秀吉の配慮によって山麓の天野（大阪府河内長野市）に移ったという。

翌天正十九年春には、高野山麓の天野から和泉国南部の興応寺（大阪府岸和田市）に移ったようである。同年八月には大坂城へ出仕、氏直は正式に秀吉から赦免され、併せて知行を拝領した。家康らの取り成しがあったらしい。しかし十月下旬になって疱瘡《ほうそう》を患い、そのまま快復することなく、十一月四日に死去した。享年三十。氏直には男子がいなかったため、遺領は従弟の氏盛《うじもり》（氏規の子）に相続された。

当主氏直とは別に、秀吉に取り立てられたのが氏直の叔父にあたる氏規である。氏規は、天正十九年八月、秀吉から河内国丹南《たんなん》郡内に二千石を与えられている。先に述べたように、氏規は小田原合戦前から秀吉側との外交交渉にあたっており、また家康とも親密な関係にあった。文禄三年（一五九四）十二月には、秀吉から改めて河内国内の六千九百八十八石を与えられているが、これらの中には氏直の遺領も含まれていたらしい。慶長五年（一六〇〇）二月に死去すると、その家督と遺領は嫡男氏盛に継承され、氏盛は河内狭山《さやま》藩北条氏の始祖となった（片山：二〇一六）。

【主要参考文献】
市村高男『東国の戦国合戦』（戦争の日本史10、吉川弘文館、二〇〇九年）
片山正彦「豊臣政権の対北条政策と「長丸」の上洛」（拙著『豊臣政権の東国政策と徳川氏』思文閣出版、二〇一七年、初出二〇〇五年）
片山正彦「天正後期秀吉・家康の政治的関係と「取次」」（拙著『豊臣政権の東国政策と徳川氏』思文閣出版、二〇一七年、初出二〇〇八年）
片山正彦「「惣無事」についての研究動向」（渡邊大門編『真実の戦国時代』柏書房、二〇一五年）
片山正彦「戦乱に敗れた者たち」（『敗者の日本史2』洋泉社、二〇一六年）
黒田基樹『戦国北条一族』（新人物往来社、二〇〇五年）
黒田基樹・浅倉直美編『北条氏康の子供たち』（宮帯出版社、二〇一五年）
斎藤慎一『戦国時代の終焉――「北条の夢」と秀吉の天下統一』（吉川弘文館、二〇一九年）
下山治久『小田原合戦――豊臣秀吉の天下統一』（角川選書、一九九六年）
竹井英文『織豊政権と東国社会――「惣無事令」論を越えて』（吉川弘文館、二〇一二年）
戸谷穂高「戦国期東国の「惣無事」」（『戦国史研究』四九号、二〇〇五年、戦国史研究会第二九五回例会報告要旨）
藤井讓治「「惣無事」はあれど「惣無事令」はなし」（『史林』九三巻三号、二〇一〇年）
藤木久志『豊臣平和令と戦国社会』（東京大学出版会、一九八五年）
藤田達生『日本近世国家成立史の研究』（校倉書房、二〇〇一年）
藤田達生『近世成立期の大規模戦争―戦場論　下』（岩田書院、二〇〇六年）
藤田達生『秀吉神話をくつがえす』（講談社現代新書、二〇〇七年）
本多隆成『定本徳川家康』（吉川弘文館、二〇一〇年）

あとがき

まず初めに、ご執筆いただいた各位には、改めて厚くお礼を申し上げる次第である。

秀吉の天下統一過程については、これまで俗説が少なからずあった。清須会議などは、その好例と言えるだろう。もともと秀吉は、別に織田信雄・信孝を差し置いて、天下を望んだわけではなかった。ほかにも俗説はあるが、本書では一次史料に基づいたうえでの叙述をお願いしたので、そのあたりの誤解を解くことができたのではないかと思う。

ところで、本書の「はじめに」で掲げた通り、秀吉に関するテーマは多岐にわたる。今後、『豊臣秀吉文書集』の完結により、いっそう研究が進むことを期待したい。しかし、『豊臣秀吉文書集』に収録されているのは、あくまで秀吉個人の発給文書に限られている。どうしても、関連文書の確認が必要なのは言うまでもない。

しかし、自治体史の中世史料編の多くは、天正十年（一五八二）、天正十八年、慶長五年（一六〇〇）などと、地域の事情によって収録範囲が区切られている。近世史料編に関係史料が含まれることもあるが、秀吉時代の全貌を明らかにすべく、収録範囲をさらに広げてほしいものである。

なお、本書は一般書であることから、本文では読みやすさを重視して、学術論文のように逐一、史料や研究文献を注記しているわけではない。執筆に際して多くの論文や著書に拠ったことについて、厚く感謝の意を表したい。また、各章の研究文献は膨大になるので、参照した主要なものに限っていることをお断りしておく。

最後に、本書の編集に関しては、東京堂出版の小代渉氏のお世話になった。小代氏には原稿を丁寧に読んでいただき、種々貴重なアドバイスをいただいた。ここに厚くお礼を申し上げる次第である。

二〇二一年十一月

渡邊大門

執筆者略歴（五十音順）

垣内和孝（かきうち・かずたか）
一九六七年東京都生まれ。中央大学大学院文学研究科博士前期課程修了。修士（文学）。現在、郡山市文化・学び振興公社文化財調査研究センター所長。主な業績として、『室町期南奥の政治秩序と抗争』（岩田書院、二〇〇六年）、『伊達政宗と南奥の戦国時代』（吉川弘文館、二〇一七年）など。

片山正彦（かたやま・まさひこ）
一九七三年大阪府生まれ。佛教大学大学院文学研究科博士後期課程修了。博士（文学）。現在、市立枚方宿鍵屋資料館学芸員など。主な業績として、『豊臣政権の東国政策と徳川氏』（思文閣出版、二〇一七年）、「大坂冬の陣における堤防の役割――主に「文禄堤」と京街道を事例として」（『交通史研究』九三号、二〇一八年）など。

角　明浩（かど・あきひろ）
一九七八年福井県生まれ。駒澤大学大学院人文科学研究科博士後期課程単位取得退学。修士（文学）。現在、坂井市教育委員会みくに龍翔館学芸員。主な業績として、「越前北庄城主期の堀秀政・秀治――発給文書の検討をとおして」（『戦国史研究』七〇号、二〇一五年）、「天正二年の信長による蘭奢待切り取りの再考察――織田権力の大和支配の観点から」（久保田昌希編『戦国・織豊期と地方史研究』岩田書院、二〇二〇年、共著）など。

柴　裕之（しば・ひろゆき）
一九七三年東京都生まれ。東洋大学大学院文学研究科博士後期課程満期退学。博士（文学）。現在、東洋大学非常

勤講師など。主な業績として、『織田信長――戦国時代の「正義」を貫く』（平凡社、二〇二〇年）、『図説　豊臣秀吉』（戎光祥出版、二〇二〇年、編著）など。

須藤茂樹（すどう・しげき）

一九六三年東京都生まれ。國學院大學大学院文学研究科博士課程後期単位取得満期退学。修士（文学）。現在、四国大学文学部教授。主な業績として、『戦国武将変わり兜図鑑』（新人物往来社、二〇一〇年、共著）、『武田親類衆と武田氏権力』（岩田書院　二〇一八年）など。

田中宏志（たなか・ひろし）

一九七一年神奈川県生まれ。駒澤大学大学院人文科学研究科修士課程修了。修士（日本史学）。現在、曹洞宗文化財調査委員会調査員。主な業績として、「景勝期上杉氏の情報と外交――対豊臣氏交渉を中心として」（『（駒沢大学）史学論集』三〇号、二〇〇〇年）、「関東公方発給文書の書札礼についての再検討――書留文言の書体の再検討を中心に」（佐藤博信編『中世東国の社会と文化』、中世東国論7、岩田書院、二〇一六年、共著）など。

平野明夫（ひらの・あきお）

一九六一年千葉県生まれ。國學院大學大学院文学研究科博士課程後期満期退学。博士（歴史学）。現在、國學院大學兼任講師など。主な業績として、『徳川権力の形成と発展』（岩田書院、二〇〇六年）、『家康研究の最前線　ここまでわかった「東照神君」の実像』（洋泉社歴史新書y、二〇一六年、編著）など。

水野伍貴（みずの・ともき）
一九八三年愛知県生まれ。高崎経済大学地域政策研究科博士後期課程単位取得退学。修士（地域政策学）。現在、株式会社歴史と文化の研究所客員研究員。主な業績として、『秀吉死後の権力闘争と関ヶ原前夜』（日本史史料研究会、二〇一六年）、『関ヶ原への道――豊臣秀吉死後の権力闘争』（東京堂出版、二〇二一年）など。

光成準治（みつなり・じゅんじ）
一九六三年大阪府生まれ。九州大学大学院比較社会文化学府博士課程修了。博士（比較社会文化）。現在、九州大学大学院比較社会文化研究院特別研究者。主な業績として、『天下人の誕生と戦国の終焉』（列島の戦国史9、吉川弘文館、二〇二〇年）、『本能寺前夜――西国をめぐる攻防』（角川選書、二〇二〇年）など。

渡邊大門（わたなべ・だいもん）
奥付参照。

【編者略歴】
渡邊大門（わたなべ・だいもん）
1967年神奈川県生まれ。佛教大学大学院文学研究科博士後期課程修了。博士（文学）。
現在、株式会社歴史と文化の研究所代表取締役。
［主な業績］
『戦国時代の表と裏』（東京堂出版、2018年）
『山陰・山陽の戦国史——毛利・宇喜多氏の台頭と銀山の争奪』（ミネルヴァ書房、2019年）
『清須会議——秀吉天下取りのスイッチはいつ入ったのか？』（朝日新書、2020年）
『考証　明智光秀』（東京堂出版、2020年、編著）
『戦国大名の戦さ事情』（柏書房、2021年）
『関ケ原合戦全史　1582-1615』（晶文社、2021年）
『関ヶ原合戦人名事典』（東京堂出版、2021年、編著）
など多数。

秀吉襲来《ひでよししゅうらい》

2021年12月10日　初版印刷
2021年12月20日　初版発行

編　者　　渡邊大門
発行者　　大橋信夫
発行所　　株式会社 東京堂出版
〒101-0051　東京都千代田区神田神保町1-17
電話　03-3233-3741
http://www.tokyodoshuppan.com/

装　丁　　常松靖史［TUNE］
組　版　　有限会社 一企画
印刷・製本　　中央精版印刷株式会社

ISBN978-4-490-21059-0 C1021